Laura Wrede
Laura von Arabien

LAURA WREDE

Laura von Arabien

Als Frau allein unter Beduinen

Dieser Titel ist auch als E-Book erschienen

Dieses Buch beruht auf einer wahren Geschichte. Alles ist so beschrieben, wie die Autorin es erinnert. Einige Namen, Orte und Details wurden zum Schutz der Rechte der Personen geändert.

Originalausgabe

Copyright © 2018 by Bastei Lübbe AG, Köln
Textredaktion: Swantje Steinbrink, Berlin
Umschlaggestaltung: ZERO Werbeagentur, München
Fotos Umschlag: Isabel Ruiz Caro, Klaus Leix
Fotos Innenteil: © Laura Wrede, © Maria Isabel Ruiz Caro,
© Sinje Gottwald, © Gregor Nicolai, © Gregor Koppenburg,
© Sara Zainal, © Alistair Crighton, © Klaus Leix,
© Jessica Palanca, © Minou Engelen
Bilder Klappen innen: © FinePic unter Verwendung von
Motiven von Shutterstock, © Juan Repo, Alamy Vektorgrafik
Satz: hanseatenSatz-bremen, Bremen
Druck und Verarbeitung: Druckerei C. H. Beck, Nördlingen
Printed in Germany
ISBN 978-3-404-60998-7

2 4 5 3 1

Sie finden uns im Internet unter: www.luebbe.de
Bitte beachten Sie auch: www.lesejury.de

Ein verlagsneues Buch kostet in Deutschland und Österreich
jeweils überall dasselbe.
Damit die kulturelle Vielfalt erhalten und für die Leser bezahlbar bleibt, gibt es
die gesetzliche Buchpreisbindung. Ob im Internet,
in der Großbuchhandlung, beim lokalen Buchhändler, im Dorf
oder in der Großstadt – überall bekommen Sie Ihre
verlagsneuen Bücher zum selben Preis.

There is freedom waiting for you,
On the breezes of the sky,
And you ask »What if I fall?«
Oh but my Darling,
what if you fly?
Erin Hanson

Dieses Buch widme ich all jenen, die fliegen wollen.

Inhalt

1. Wüstentraum — 11
2. Inschallah — 24
3. Faszination Falke — 40
4. Zwischen Wolkenkratzern und Wüstensand — 54
5. Das Gastgeschenk — 74
6. Die freundliche Siegerin — 85
7. Der Falke im Flugzeug — 98
8. Der Beduine — 119
9. Qatarische Qultur — 143
10. Vom Winde verweht — 164
11. Zufluchtsort Wüste — 195
12. Suhail — 213
13. Sonne, Sand und Sterne — 230
14. Isabel la Católica — 251
15. *Mosta'hiel* ist nur ein Wort — 273

Hast du dir das auch gut überlegt? – Ein paar Worte meiner Freundin Sinje

Obwohl ich kaum etwas über Qatar wusste, fühlte es sich doch erst einmal paradox an: Laura, diese so freiheitsliebende Person, in einem Land, in dem sich die Frauen verschleiern!? Dennoch war meine spontane Reaktion rein rhetorischer Natur, denn nach unserer langjährigen Freundschaft wusste ich schließlich ganz genau, dass Entschlossenheit, Willensstärke und Mut zu ihren Charaktereigenschaften zählen und an ihrer Entscheidung somit nicht mehr zu rütteln war. »Hast du dir das auch gut überlegt?« Das kurze und für Laura typische Lachen als Antwort auf meine Frage überraschte mich daher kaum – und Lauras Zuversicht ließ keine Zweifel zu. Trotzdem fragte ich mich insgeheim, ob ihr das beständige und angenehme Leben in Madrid, ihre Freunde und der Job nicht fehlen würden. Aber Laura ließ sich auf das Abenteuer Qatar ein, ohne je zuvor auch nur einen Fuß in dieses fremde Land gesetzt zu haben.

Angesteckt von ihrem Optimismus und gespannt auf Lauras Leben in Doha, flog ich bereits wenige Wochen nach ihrer

Ankunft hin. Laura zeigte mir den Souq, das Museum für Islamische Kunst, diverse Malls, wir fuhren in die Wüste und testeten mehrere Restaurants. Es fühlte sich an wie Urlaub. Ähnliches erwartete ich bei meinem zweiten Besuch ein Jahr später, doch diesmal war das Programm ein gänzlich anderes. Laura hatte sich inzwischen gut eingelebt, lernte Arabisch, hatte einen Falken und viele neue Freunde – Expats und Einheimische. So begleitete ich sie auf eine qatarische Hochzeit, schaute ihr beim Falkentraining in der Wüste zu, wir saßen mit Beduinen in ihrem traditionellen Zelt, aßen mit ihnen zu Mittag und lauschten ihrem Abendgebet. Für Laura war es offenbar schon Alltag, doch ich kam aus dem Staunen nicht mehr heraus. Wie hatte sie es geschafft, sich innerhalb kürzester Zeit so gut zu integrieren?

Entsprechend war ich bei meinem dritten Besuch auf alles gefasst, wurde jedoch abermals überrascht: Laura sprach inzwischen Arabisch, wurde – egal, ob in der Wüste oder im Souq – von fremden Menschen erkannt und mit »Lora« begrüßt. Mit ihrer Leidenschaft für die Falknerei, ihrem Status als Ausländerin in einer von Männern dominierten Tradition sowie ihrem starken Willen, ihrem Mut und ihrer Beharrlichkeit war sie in Qatar zu einer bekannten, vor allem aber respektierten Person geworden.

Laura von Arabien gewährt nicht nur spannende Einblicke in die Kultur Qatars und die Kunst der Falknerei, sondern gibt auch einen ehrlichen Einblick in Lauras Gefühlswelt, Erfahrungen und Herausforderungen während ihrer Zeit in Qatar.

Lauras Freundschaft und dieses Buch haben mich gelehrt, dass Träume erlaubt sind und dass es sich lohnt, diese mit aller Kraft und Energie zu verfolgen.

1
Wüstentraum

Ich habe die Wüste immer geliebt.
Man setzt sich auf eine Sanddüne.
Man sieht nichts. Man hört nichts. Und
währenddessen strahlt etwas in der Stille.
Antoine de Saint-Exupéry

Eine unvorstellbare Weite – ich fühle mich so klein, fast schon verloren. Kaum zu glauben, wie bezaubernd die Wüste ist. Mir ist, als könnte ich über den Horizont hinaus schauen. Diese scheinbare Unendlichkeit beeindruckt mich. Wohin ich auch blicke, es geht immer weiter … Hoch über mir steht die gleißende Sonne. Es weht ein heftiger Wind, und kleinste Sandkörner peitschen mein Gesicht. Ich versuche, mich mit meinem Tuch zu schützen, doch der feine Sand dringt durch alles hindurch. Mein Hals ist trocken von der heißen Wüstenluft. Ich gehe weiter und spüre, wie der heiße Sand bei jedem Schritt unter meinen Sohlen rauscht. Mal ist der Untergrund etwas fester, dann wieder so weich, dass meine Füße versinken. Nur sehr langsam komme ich vorwärts, die Hitze ist erdrückend und diese absolute Stille beinahe erschreckend.

Plötzlich sehe ich einen Reiter mit weißem Turban und in einem langen schwarzen Gewand auf mich zukommen. Auf seinem majestätischen Araberhengst scheint er über den Wüstensand zu fliegen …

»Was hältst du denn nun von der Idee, nach Qatar zu ziehen?« Alfredos Stimme riss mich aus meinem Tagtraum, aus der fernen unendlichen Wüste zurück in unsere Madrider Stadtwohnung. In Wirklichkeit wusste ich noch so gut wie gar nichts über Qatar und die arabische Welt. Da waren nur Bilder wie aus 1001 Nacht und *Lawrence von Arabien*. Ich musste erst mal googeln, um herauszufinden, wo Qatar eigentlich genau liegt. Dubai sagte mir schon eher etwas, seit ich mit dem Gedanken gespielt hatte, dort zu studieren, doch dann war es bei dem Studium in Madrid und einem Semester in Paris geblieben. Alles im heimischen Europa. Wäre ich nach Dubai gegangen, hätte ich wahrscheinlich keinen Spanier geheiratet. Aber wer weiß das schon so genau. »Ach, *da* ist es!«, sagte ich begeistert. Direkt am Persischen Golf, ein kleiner Zipfel, der von Saudi-Arabien absteht. Da war es, das kleine Qatar. Irgendwie mittendrin, und doch so weit von Madrid entfernt. Dahin sollten wir nun also ziehen?

Eine spanische Immobilienfirma, die auf Innendesign spezialisiert ist, hatte meinem Mann vor Kurzem angeboten, in Doha, der Hauptstadt von Qatar, eine Dependance aufzubauen. Ein kleines Büro in Abu Dhabi, der Hauptstadt der Vereinigten Arabischen Emirate (VAE), gab es schon, jetzt setzte man auf das Nachbarland Qatar. Das reichste Land der Erde, erlebte gerade ein beachtliches Wirtschaftswachstum, und die Prognosen für die nächsten Jahre waren vielversprechend, vor allem auf dem Immobilienmarkt, denn es würde tüchtig gebaut werden: Häuser, Anlagen, Hotels und noch mehr Häuser, die natürlich alle hochwertig ausgestattet werden mussten.

Da ich nun geklärt hatte, wo das Land lag, galt es, als Nächstes festzustellen, ob Donald überhaupt mitkommen könnte. Schnell fand ich heraus, dass Hunde in Qatar nicht nur erlaubt sind, sondern auch ohne Quarantäne einreisen können, sofern alle Impfungen, insbesondere gegen Tollwut, vorliegen. Damit war die wichtigste Frage beantwortet.

Obwohl Alfredo und ich uns auf den ersten »Schuss« verliebt hatten und die Jagdleidenschaft teilten, wäre Donald, der kleine Jack-Russell-Rüde, vor drei Jahren fast ein Trennungsgrund gewesen. Da ich mit Hunden groß geworden bin, wollte ich unbedingt wieder einen Hund haben. Ein Leben ohne einen treuen vierpfötigen Begleiter konnte ich mir einfach nicht vorstellen. Doch Alfredo war strikt dagegen, er meinte, ein Hund passe nun mal nicht in die Stadt. Das sah ich ganz anders. »Ein Hund kann sogar sehr gut in einer Stadt wohnen, man muss ihm nur genügend Auslauf bieten.« Und das konnten wir zweifellos, denn wir wohnten direkt an dem großen Stadtpark Retiro. Da musste ich nicht bis zum Sank-Nimmerleins-Tag oder auf eine Finca warten. Um meinen Hund würde ich mich immer kümmern können.

Alfredo blieb zwar stur, doch ich blieb sturer. Ich wollte nicht weiter ohne Hund leben. Punkt. Darum teilte ich Alfredo schließlich mit, dass ich aus der gemeinsamen Wohnung aus- und mit meinem zukünftigen Hund in meine eigene Wohnung einziehen werde. Wozu sich noch länger über das Thema streiten? Als er sah, wie ernst es mir war, gab Alfredo nach – und heiratete mich samt Hund. Er hat es auch nie bereut, denn trotz aller Anti-Hund-Argumente verliebte Alfredo sich Hals über Kopf in das kleine, zwei Kilogramm leichte Fellknäuel mit Knopfaugen. Insofern stand für ihn auch außer Zweifel, dass Donald auf jeden Fall mit nach Qatar musste. Bei Alfredo durfte unser Hund sowieso alles. Während ich Donald streng erzog und zu einem Jagdhund ausbildete, damit er uns tatkräftig bei Jagden begleiten kann, verwöhnte Alfredo ihn von vorn bis hinten. Donald genoss unsere täglichen Ausflüge in den Retiro, und jede Katze in der Umgebung fürchtete den kleinen Jäger. An den Wochenenden begleitete er uns auf die Jagd oder aufs Land. Auch wenn ich nach Deutschland flog, war Donald immer im Handgepäck dabei und schon ganz erpicht darauf, den Englischen Garten unsicher zu machen. Weder er noch ich verstehen, weshalb es kein Hundevielfliegerprogramm gibt. In Europa fühlte sich der kleine Racker zu Hause, aber würde es ihm auch in der heißen Wüste gefallen?

Und mir? Wie würde es mir dort gefallen? Vielleicht musste ich mich dort ja verschleiern. Aber in dieser Hinsicht konnte Google mich schnell beruhigen. Während Frauen im benachbarten Saudi-Arabien verpflichtet sind, sich zu verschleiern, ist es den Frauen in Qatar selbst überlassen, ob sie sich mit oder ohne Schleier in der Öffentlichkeit bewegen möchten. Und im Gegensatz zu den Saudis haben die Qataris auch keine Angst vor autofahrenden Frauen. Das klang doch schon mal gut.

Für mich waren somit alle wichtigen Fragen geklärt, und so gab ich Alfredo grünes Licht für unsere Reise ins Morgenland. Doch damit, dass ich mich so rasch und vor allem so klar für Qatar entscheiden würde, hatte er wohl nicht gerechnet. Offenbar wusste er selbst noch nicht recht, ob ihm die Idee, in den Wüstenstaat zu ziehen, behagt. Immerhin ist Alfredo ein Vollblutspanier: spanische Eltern, in Madrid geboren, aufgewachsen, zur Schule gegangen und studiert. Alles hat er in der Heimat abgewickelt, immer in der Muttersprache, eingebettet in die Familie und den vertrauten Freundeskreis. Auch die meisten Reisen wurden innerhalb Spaniens unternommen – im Sommer nach Marbella an den Strand, im Winter nach Baqueira zum Skifahren. Nur in die USA hat es ihn ab und zu verschlagen, zum ersten Mal für einen Schüleraustausch, weshalb er heute sehr gut Englisch spricht. Für jemanden, der in Qatar beruflich Fuß fassen will, war das von Vorteil, denn nach der Landessprache Arabisch ist Englisch dort weit verbreitet. Trotzdem merkte ich an Alfredos Reaktion auf mein schnelles »Vamos!«, dass ihm mulmig zumute war. Vielleicht hätte er sich sogar gefreut, wenn ich mich gegen die arabische Wüste entschieden hätte. Eine ängstliche Ehefrau hätte er seinem Arbeitgeber viel einfacher erklären und seinen Auftrag womöglich auf längere Geschäftsreisen beschränken können. Nun aber hatte ich mit leuchtenden Augen Ja gesagt, so dass es plötzlich feststand: Wir ziehen nach Qatar!

Ich bin zwar mit Kindern aus aller Welt auf eine Internationale Schule gegangen, habe auch einige spannende Reisen machen dürfen und meinen Wohnsitz ins Ausland verlegt, aber in einem Land wie Qatar war ich noch nie gewesen. Insofern empfand ich diesen Umzug keineswegs als Spaziergang, aber andere Länder und Sitten kennenzulernen, hatte für mich schon immer etwas Einladendes und Reizvolles – ob nun USA, Italien, Zimbabwe, Rumänien oder Qatar.

Unsere Familien hingegen hatten größte Bedenken, obwohl noch niemand je einen Fuß dorthin gesetzt hatte. »Ein arabisches Land«, das hörte sich in ihren Ohren nach politischer Instabilität, nach Krieg und unterdrückten Frauen an. Wir könnten ja verschleppt, ins Gefängnis geworfen oder sogar geköpft werden. »Und gibt es dort nicht Terroristen?«

Neben diesen extremen Befürchtungen gab es auch ein paar näherliegende wie eine Finanzkrise; schließlich sei Dubai gerade erst davon heimgesucht worden. »Warum dann nicht auch Qatar?« Tja, warum eigentlich nicht? Immerhin hat auch Europa seine Finanzkrisen. Aber das Leben geht trotzdem weiter. Manchmal können solche Krisen ja auch wichtig sein, um längst überfällige Veränderungen in Gang zu bringen und die Wirtschaft in neue Bahnen zu lenken. »Und wo bitte schön gibt es denn keine Krisen?«, entgegnete ich den Bedenkenträgern.

Auf all die anderen Horrorszenarien wollte ich gar nicht erst eingehen. Darüber zu diskutieren, was man so alles in den Medien liest und wie viel davon nun wirklich wahr, wahrscheinlich oder weit hergeholt ist, hätte sowieso nichts gebracht.

»Sag mal, Laura, willst du dir Qatar nicht erst mal anschauen, bevor wir anfangen zu packen?« Mit hochgezogenen Augenbrauen schaute mich Alfredo an. »Aber wozu denn, wenn wir eh dorthin ziehen?«, konterte ich. »Das Thema ist durch. So eine Reise wäre jetzt nur verschwendete Zeit und rausgeschmissenes Geld. Wir sollten uns lieber auf den Umzug konzentrieren!« Alfredo seufzte und kraulte Donald gedankenversunken hinter den Ohren.

Von nun an musste Alfredo öfter nach Qatar reisen, wegen etlichen Geschäftsterminen, Hausbesichtigungen und sonstigen Vorbereitungen. Von der Villa, die für uns ausgesucht worden war, bekam ich ein paar Fotos zu sehen. Was ich darauf sah, machte einen ganz guten Eindruck. Allmählich rückte Qatar aus meinem 1001-Nacht-Traum in die Wirklichkeit.

Unterdessen lief die Packerei auf Hochtouren. Sachen wurden aussortiert, gespendet, verschenkt, eingelagert oder sorgfältig in Kisten verpackt und beschriftet. Das mag ziemlich einfach klingen, doch zu entscheiden, was wir vor Ort brauchen, von was wir uns trennen und was wir einlagern sollten, war anstrengender als gedacht. Mit den Jahren hatte sich viel Krempel angesammelt. Am schwierigsten war es bei jenen Dingen, die zwar längst löchrig, angeschlagen oder verfärbt, aber mit Erinnerungen verbunden waren. Letztlich aber lagerten wir nur wenige Erbstücke ein, die anderen fotografierten wir und ließen sie los.

Die schöne Wohnung zwischen Retiro und Prado-Museum wurde immer leerer, das Mobiliar entweder Familienmitgliedern geschenkt oder bei ihnen untergestellt. Mitnehmen konnten wir es nicht, weil das Haus in Doha von Alfredos Innendesign-Firma ausgestattet werden sollte. Ein wenig wehmütig schaute ich mich in den Zimmern um – so viele Erinnerungen, so viele schöne Stunden. Ein Kapitel schließt sich, damit sich ein anderes öffnen kann, dachte ich, als ich die Tür zuzog und zur Arbeit ging – begleitet von Gedanken an Araberhengste, Falken und Kamele, die durch die Wüste ziehen.

Doch bevor wir wirklich in der Wüste waren, gab es noch viel zu erledigen. Ganz oben auf der To-do-Liste standen Donalds Impfungen. Um auf Nummer sicher zu gehen, kontaktierte ich eine auf Haustierumzüge spezialisierte Agentur in Doha, die sich um die Einfuhrgenehmigung von Hunden kümmerte. Eine nette Dame aus Südafrika gab mir gute Tipps bis hin zur Hundebox für den Transport, in die ich einen Behälter mit gefrorenem Wasser stellen sollte, damit es nicht verschüttet wird. Wenn Donald während des Fluges dann Durst bekommt, ist es aufgetaut. Die Box war außerdem mit Donalds Foto und Daten zu versehen, um in Doha keine Schwierigkeiten bei der Zuordnung zu bekommen. Ich hielt mich strikt an die Anweisungen, denn Donald war zwar schon sehr oft mit mir zusammen in der Kabine geflogen, aber noch nie in einer Box im Cargo-Bereich. Qatar Airways lässt aber nun einmal nur Falken in der Kabine zu.

Während das Organisieren und Packen kein Ende zu nehmen schien, kam eines Tages die Nachricht, dass Qatar die Fußballweltmeisterschaft 2022 ausrichten würde. Jetzt war ich plötzlich nicht mehr die Einzige, die Qatar googelte. Millionen von Menschen wussten offenbar nicht, wo Qatar lag oder dass dieses Land überhaupt existierte. Vom Emirat Dubai hingegen hatte man schon mal gehört, denn Dubai zeigte der Welt gerade, wie steil es in der Wüste nach oben geht: Kürzlich war der Burj Khalifa eröffnet worden, mit 828 Metern das höchste Gebäude und mit dem Burj Al Arab das erste Sechssternehotel der Welt. Nun aber zog Qatar nach, indem es demnächst die Fußballnationen der Welt bei sich begrüßen würde. Und siehe da: Auf einmal schwanden alle Ängste und Bedenken von Familie und Freunden, Vorurteile lösten sich auf – Qatar war die Zukunft. Da müsse man unbedingt hinziehen, wurde mir gesagt. Da gäbe es gar keinen Zweifel. Es ist schon erstaunlich, was so ein bisschen PR bewirken kann.

Weihnachten verbrachte ich mit Alfredo und seiner Familie in Madrid, schließlich war noch immer viel zu erledigen. Meinen Job zu kündigen fiel mir besonders schwer, denn nachdem ich mit meiner ersten Stelle nach Abschluss meines BWL-Studiums wenig Glück gehabt hatte – von morgens bis abends in endlosen Meetings zu sitzen war mir schlicht zu öde –, hatte ich beim zweiten Anlauf einen Volltreffer gelandet: Propaganda Global Entertainment Marketing. Das junge Team war inspiriert, dynamisch und kreatives Denken ein Must-have. Wir wurden von unserem Chef motiviert und unterstützt; und auch für einen Spaß war er sich nicht zu schade. Im Gegenteil: Wenn er im Büro kurzfristig Patten üben wollte, ließ er sich von Teamhund Donald immer den Golfball zurückbringen. Dieser Job war einfach perfekt. Und zum ersten Mal konnte ich Menschen verstehen, die, wenn sie die Wahl haben, lieber dort bleiben, wo sie sich wohl- und zu Hause fühlen, als sich auf die komplette Ungewissheit einzulassen.

Alfredo hatte bereits seine Aufgabe in Doha, aber womit und wo würde ich mein Geld verdienen? Scheich Al Thani,

Alfredos Sponsor – denn ohne Sponsor kann kein Ausländer in Qatar wohnen und arbeiten –, versuchte, mich zu beruhigen: Mit einem Wimpernschlag würde er mir einen Traumjob in Qatar besorgen. Ich bräuchte mir die Firma nur auszusuchen. Ohne einen blassen Schimmer von der qatarischen Arbeitskultur zu haben, hatte ich mit dieser Zusage des unbekannten Scheichs immerhin eine Versicherung im Unsicheren in der Tasche.

Kurz nach Weihnachten flog Alfredo nach Qatar, um letzte Vorbereitungen zu treffen und auf meine Ankunft zu warten. Donald und ich konnten allerdings erst nachkommen, wenn unser Haus in Doha einzugsbereit war, weil in den Hotels keine Hunde erlaubt waren. Aber Alfredo würde sich bestimmt nicht langweilen; geschäftlich hatte er jetzt viel um die Ohren, und außerdem musste er sich um sein Arbeitsvisum kümmern, das er nicht ohne die Erlaubnis »seines« Scheichs beantragen konnte. Diese Erlaubnis wiederum war abhängig von zig Unterlagen und ärztlichen Untersuchungen.

Mir war diese kleine Verschnaufpause vor dem Neuanfang ganz recht, und ich nutzte die Zeit für einen Besuch bei meiner Familie in München.

Zurück in Madrid packte ich auch die letzten verbliebenen Sachen in die wenigen noch offenen Kisten und verklebte sie so fest wie möglich. Dann wurden alle Kisten abgeholt, um sie auf ein Schiff Richtung Qatar zu verfrachten. Da standen Donald und ich nun in der leeren Altbauwohnung. Die Wintersonne fiel durch die geöffneten großen Fenster. Adiós Madrid! Wie wird es sich anfühlen, in dem schicken Haus in Doha zu stehen, was werde ich sehen, wenn ich dort aus dem Fenster schaue?

Dann war es so weit: Auf nach Qatar! Am Flughafen gab es noch ein letztes Streicheln und ein Leckerli für Donald, bevor seine Box geschlossen wurde. Es war ein mulmiges Gefühl, mich von Donald verabschieden zu müssen, und sein bohrender Hundeblick machte es mir nicht leichter. »In ein paar Stunden sind wir wieder zusammen«, tröstete ich uns. Als Donalds Box abgegeben war, konnte ich es mir nicht verkneifen, die Dame am Schalter zu fragen, ob denn auch Falken mitfliegen würden. Aber ich wurde enttäuscht: »Leider nicht auf diesem Flug.«

Meine Freundin Fe hatte mir noch zwei Bücher auf den Weg mitgegeben. Das eine behandelte die arabische Küche mit entsprechenden Rezepten. Das andere hieß: *KulturSchock. Kleine Golfstaaten und Oman: Qatar, Bahrain, Oman und Vereinigte Arabische Emirate*. Eigentlich waren das zwei sehr praktische Geschenke, aber viel Zeit zum Lesen blieb mir nicht: In knapp sieben Stunden würden wir in Doha landen. Trotzdem nahm ich mir während des Fluges den *KulturSchock* vor und blätterte zu dem Kapitel mit gängigen arabischen Wörtern. *Salam aleikum* sagt man zur Begrüßung, *shukran* heißt »Danke«. Prima, dachte ich, das ist doch ein Anfang.

»Ladies and gentlemen in just a few minutes we will descend towards Doha. Please take your seat and fasten your seatbelt.« Gespannt schaute ich auf den kleinen Wüstenstaat hinunter, doch ich konnte nur funkelnde Lichter erkennen. Es hätte auch jede andere Stadt der Welt sein können. Mit einem Seufzer ließ ich mich in den Sitz zurücksinken, schloss die Augen und genoss diesen besonderen Moment an der Schwelle zu einem neuen Lebensabschnitt.

Aber kaum waren wir gelandet, begann ich schon, mich nach Donald zu erkundigen, blickte aufgeregt aus dem Fenster, hoffte, irgendwo seine Box zu entdecken. Ich müsse mich noch etwas gedulden, sagte die Flugbegleiterin lächelnd. Dann wurden alle Passagiere mit Flughafenbussen zum Terminal gebracht, wo sich vor dem Schalter für das Einreisevisum bereits eine lange Schlange gebildet hatte. Sämtliche Nationalitäten schienen hier vertreten zu sein. Eine UN-Generalversammlung sozusagen.

Endlich war ich an der Reihe und wurde von einem Qatari in der weißen Nationaltracht *thoab* begrüßt. Freundlich fragte er mich, wo ich wohnen werde, und nach meiner Kreditkarte, denn das Visum muss bei Ankunft mit Kreditkarte bezahlt werden. Es kostet 100 Qatar-Riyal (QAR), umgerechnet etwa 22 Euro.* Dafür würde ich den schicken arabischen Stempel in meinen Reisepass bekommen und einen Monat lang im Land bleiben dürfen. Während ich meine Kreditkarte aus dem Portemonnaie zog, sagte ich: »Ich werde in meinem Haus wohnen«, und lächelte den Herrn selbstsicher an. Als er jedoch nach der Adresse fragte, musste ich mit einem weniger breiten Lächeln zugeben, dass ich die gar nicht wusste. Er winkte mich trotzdem durch – und ich betrat offiziell qatarischen Boden. Noch einmal wurde das Handgepäck durchleuchtet und besonders auf Flüssigkeiten hin kontrolliert, denn Alkohol darf in das islamische Land nicht eingeführt werden.

Da war ich also, in diesem so fremden Land, auf mein Gepäck und, noch viel wichtiger, auf meinen Hund wartend, umgeben von Weiß und Schwarz: Die Männer waren in Weiß, die Frauen in Schwarz gekleidet. Und die Männer trugen weiße, die Frauen schwarze Schleier. Das war ein harter Kontrast. Einige Frauen hatten sogar ihr ganzes Gesicht verschleiert, so dass sie wie eine schwarze Silhouette wirkten.

---

* Seit Sommer 2017 bekommen Reisende aus Deutschland und einigen anderen Ländern ein kostenloses Reisevisum.

Während all die neuen Eindrücke auf mich einprasselten, wollte ich aber nur wissen, ob es Donald gut geht. Unruhig wanderte mein Blick zwischen dem surrenden Gepäckband, den Türen und Schaltern in der Umgebung hin und her, bis endlich eine sympathisch aussehende Blondine auf mich zukam und sich als Nicky von der Haustiertransport-Agentur vorstellte. »Wir haben schon per E-Mail wegen der Papiere und Impfungen kommuniziert«, sagte sie und gab mir die Unterlagen. Sie muss meine Nervosität bemerkt haben, denn sie fügte sofort hinzu: »Donald wird gleich wieder bei Ihnen sein.« Tatsächlich ging nur wenige Minuten später eine Tür auf, und Donald wurde in seiner geräumigen Box zu mir gebracht.

Ich war so erleichtert, meinen kleinen Racker wiederzusehen. Dieser wedelte zufrieden mit dem Schwänzchen, als wäre nichts passiert. Er freute sich aber offenbar auch, mich zu sehen. Im Nu waren alle Sorgen verflogen, ob Donald die Reise gut überstehen würde, was wäre, wenn er verloren ginge, ob ihm im Frachtraum des Flugzeugs zu heiß oder zu kalt werden würde … Ich schaute in seine dunklen Knopfaugen und verstand: »Frauchen, alles ist gut.«

Alfredo erwartete uns schon hinter der Glastür. Wie schön war es in diesem Moment, ein vertrautes Gesicht zu sehen. Aber er war mindestens genauso froh, dass Donald und ich gut angekommen und wir drei wieder zusammen waren. Er strahlte übers ganze Gesicht. »Willkommen in Qatar, ihr zwei!«, rief er, nahm den schwanzwedelnden Donald hoch und drückte uns beide fest an sich. Nun waren wir hier, um ihn bei dem Abenteuer zu unterstützen.

Ich war so gespannt auf unsere neue Umgebung, vor allem auf die Wüste, doch die Sonne war schon untergegangen, so dass ich noch nichts von der Wüste würde sehen können.

Unsere Autofahrt führte uns vom Flughafen aus quer durch Doha in den Bezirk West Bay Lagoon. Die Skyline an der imposanten Strandpromenade Doha Corniche war hell erleuchtet. Es war, als führen wir durch eine glitzernde Hochhäuserwüste. Von Sand aber war weit und breit nichts zu sehen.

2
Inschallah

Reisen bedeutet herauszufinden, dass alle Unrecht haben mit dem, was sie über andere Länder denken.
Aldous Huxley

Da waren wir nun, Alfredo, Donald und ich in »unserer« Villa, einem dreigeschossigen, sandfarbenen Gebäude. Es war allerdings noch weit davon entfernt, halbwegs wohnlich zu sein. Jeder unserer Schritte hallte durch die leeren Räume. »Wie sollen wir bloß all diese Zimmer mit Leben füllen?«, fragte ich und riss unwillkürlich die Fenster auf, damit nicht jedes unserer Worte von einem Echo begleitet wurde. Die Villa mit zwei Parkplätzen vor der Tür lag auf einem umzäunten Gelände mit fünf weiteren Villen. Eine sah aus wie die andere. Obwohl die gesamte West Bay Lagoon nur durch vier kontrollierte Eingänge zugänglich war, wurden die Villen zusätzlich von einem eigenen Sicherheitsdienst bewacht.

Überwältigt von den Dimensionen unseres neuen Zuhauses wanderte ich von Raum zu Raum: Gleich rechts neben der Haustür war ein Gästezimmer mit Bad, linker Hand eine große moderne Küche, zu der auch ein Zimmer mit Bad für die Hausangestellte gehörte. Von dem riesigen Wohn- und Esszimmerbereich samt Kamin aus blickte man in den kleinen

Garten mit Palmen und beleuchtetem Pool. Im ersten Obergeschoss war noch ein weiteres, etwas kleineres Wohnzimmer. »Von hier aus kannst du tagsüber das Meer sehen«, erklärte Alfredo, während ich auf die glitzernden Hochhäuser auf der anderen Seite der Bucht schaute. Um dieses Wohnzimmer herum waren vier Zimmer angeordnet, natürlich wieder jedes mit eigenem Bad. Und ganz oben befanden sich ein zweiter Gästebereich sowie eine herrliche Dachterrasse mit weitem Blick auf Garten, Strand, Meer, Doha und die üppig angelegte West Bay Lagoon.

Ich wusste nicht so recht, was ich davon halten sollte, dass ich diesmal – anders als bei unserer Wohnung in Madrid – kaum Gestaltungsfreiheit hatte, um diese Villa wirklich zu unserem Zuhause zu machen. Diesmal würde hauptsächlich Alfredos Firma den Charakter unserer vier, besser gesagt, 40 Wände bestimmen. Spanische Innenarchitekten grübelten bereits, wie sich daraus eine vorzeigbare Designer-Luxusbude zaubern ließe. Eine Showroom-Villa mit Alfredo und mir als Vorzeigepärchen – das war der Plan. Nun würde die Expertin für Product-Placement also selber zum platzierten Produkt werden. Ich war gespannt, wie sich das anfühlen würde. Vielleicht müssen wir stocksteif auf einem mit Swarovski-Steinen verzierten Glassofa sitzen, in der einen Hand ein Designermagazin, in der anderen ein vergoldetes Cocktailglas, statt gemütlich auf unserem guten alten Ikea-Sofa zu kuscheln, dachte ich schaudernd.

Noch konnten wir allerdings weder auf dem einen noch auf dem anderen sitzen, denn es gab rein gar nichts außer dem kalten Marmorboden, um sich niederzulassen. Das einzige Möbelstück weit und breit war ein Bett in einem der sechs Schlafzimmer. Bis die Designermöbel einträfen, brauchten wir unbedingt noch einen einfachen Tisch, zwei Stühle und vielleicht ein kleines Sofa, um hier wohnen zu können. Nur unsere Kleidung wäre im Nu in einem der zahlreichen Einbauschränke unseres neuen Domizils verstaut, schließlich würden wir nur aus insgesamt drei Koffern leben, solange die Kisten mit unserem Hab und Gut gen Qatar geschippert wurden.

Jetzt freute ich mich allerdings erst einmal darüber, endlich in Qatar angekommen zu sein, die Hektik der letzten Wochen hinter mir lassen zu können – und auf das eine Bett. Obwohl wir drei Musketiere bereit waren, uns gemeinsam den Herausforderungen dieses Neuanfangs zu stellen, gab es in diesem Moment nichts Dringenderes als zu schlafen. Auch Donald, der bisher nur einen kurzen Blick in den Garten geworfen und sein Revier markiert hatte, war damit einverstanden, die Erkundungstour durch die neue Nachbarschaft auf den nächsten Tag zu verschieben. Und so verbrachten wir unsere erste Nacht in der Villa – Donald auf seiner Decke neben dem Bett, Alfredo und ich Arm in Arm, den ungewohnten Geräuschen lauschend, die durch das geöffnete Fenster hereinkamen.

Kaum hatte ich morgens die Augen in dem lichtdurchfluteten Zimmer aufgeschlagen, war ich schon putzmunter und voller Tatendrang: Wie werden das Haus, der Garten und die Umgebung bei Tageslicht aussehen? Donald und ich freuten uns darauf, alles genauestens in Augenschein zu nehmen. Barfuß und noch im Schlafanzug lief ich gleich ein zweites Mal durch die Villa: Alles war hell und freundlich trotz der Leere. Und vom oberen Wohnzimmer aus konnte ich nun tatsächlich das türkisblaue Meer und den Strand sehen. Fast hätte ich mich selbst gekniffen, so traumhaft war es.

Als ich nach unten kam, war Donald bereits im Garten und in seinem Element: Wohin er auch schaute, überall bunte Vögel, denen er hinterherjagen konnte. Das musste mit einer genüsslichen Runde im Pool gefeiert werden – und zack war er im Wasser. Jetzt war der Pool offiziell eingeweiht. Schnell machte ich mich fertig und kam zu Donald in den Garten. Lachend öffnete ich das Gartentor und machte mich auf den kurzen Weg zum Strand, gefolgt vom patschnassen Donald, der sich freute, nun auch das Meer auf seine Art zu begrüßen. Eine echte Wasserratte, dieser Hund!

Zu den sechs Villen gehörte ein privater Strandabschnitt. Für einige Minuten setzte ich mich in den noch kühlen Sand, vergrub meine Füße und sah Donald beim Baden und Buddeln zu. Ein Strand direkt vor der Tür, ein Pool im Garten, umgeben von Palmen und exotischen Gärten – es war die reinste Idylle. So grün, blütenprächtig und anmutig hatte ich mir den Wüstenstaat Qatar wahrlich nicht vorgestellt. Bisher war von einer Wüste weit und breit nichts zu sehen.

»Komm, Donald, weiter geht's! Ich habe noch so viel zu erledigen!« Wir liefen am Strand entlang, und ich staunte über die aufwendig angelegten Gärten, an denen wir vorbeikamen, über kleine Parks mit Spiel-, Tennis- und Basketballplätzen. Die Luft war erfüllt von fröhlichem Vogelgezwitscher. Von lachenden Kindern, schwitzenden Tennisspielern oder ein paar simplen Spaziergängern fehlte allerdings jede Spur. Noch waren Tiere und Pflanzen unter sich. Voller Freude rannte Donald auf dem gepflegten Rasen hin und her. Hier fand er alles, was er brauchte. Kurzum: Donald hatte sich im Nu akklimatisiert.

Ich bemühte mich, es ihm möglichst rasch gleichzutun, indem ich mich erst mal auf die Suche nach ein paar provisorischen Möbeln für die Villa machte. Die wenigen Möbelgeschäfte in Qatar warten jedoch nur mit teurem Prunkmobiliar auf, weshalb Alfredo mir riet, mich im Online-Shop von Ikea Abu Dhabi umzusehen. Also stellte ich eine Liste zusammen:

einen kleinen Esstisch mit vier Stühlen, ein Sofa mit Beistelltischchen und ein paar Küchenutensilien. Diese Liste leitete Alfredo an das Büro seiner Firma in Abu Dhabi weiter – und dann blieb uns nichts anderes übrig, als zu hoffen, dass seine Kollegen Einkauf und Transport möglichst umgehend organisierten, denn niemand wusste, wann die angekündigten Designermöbel eintreffen würden, und bei aller Liebe zur Improvisation: Lediglich ein Bett war auf Dauer doch etwas zu spartanisch.

Für uns strukturverwöhnte Mitteleuropäer war es offenbar gar nicht so einfach, sich in Qatar einzuleben; dazu passte auch meine Bekanntschaft mit dem qatarischen Lieferservice, die ich wenige Stunden später machen durfte. Alfredo hatte mich von unterwegs aus angerufen und vorgeschlagen, etwas zu essen zu bestellen. Im Internet recherchierte ich Restaurants, die einen Lieferservice anboten, und entschied mich für ein indisches Lokal. Ich musste nicht mal auf die Speisekarte schauen, weil Alfredo und ich sowieso immer die gleichen Gerichte essen, wenn wir beim Inder bestellen. Sicherheitshalber notierte ich noch unsere »Adresse«[*], um mich nicht wieder wie bei der Ankunft am Flughafen zu blamieren, dann wählte ich die Nummer des Restaurants. Leider war der nette Inder sehr schwer zu verstehen, doch freundlicherweise wiederholte er meine Bestellung mehrmals, bis ich endlich sicher war, dass er mich richtig verstanden hatte. Nur die Lieferadresse fehlte noch. »West Bay Lagoon, Nordeingang, Straße 4, Villa 5. Also die vierte Straße ganz runter und dann die erste rechts«,

---

[*] West Bay Lagoon, North Entrance, Street 4, Villa 5. Ohne Postleitzahl, dafür aber mit umso mehr Erklärungen verbunden, da es sich um eine der zahlreichen neuen Wohnanlagen in Doha handelte. Binnen kurzer Zeit werden hier komplette Stadtteile hochgezogen. Aber eine Postleitzahl gibt es auch in den alten Stadtteilen nicht.

erklärte ich. Er: »Ah ja, okay. In dem Zickzack-Turm ... Welches Apartment, bitte?« Ich: »Nein, nicht der Zickzack-Turm, sondern West Bay Lagoon, das ist eine Wohnanlage gegenüber vom Golfplatz.« Er: »Ach so! Aber welcher Golfplatz?« Komisch, dachte ich, es gibt doch nur einen einzigen Golfplatz in dem überschaubaren Doha, das muss man doch wissen. Nein, er wusste es nicht. Und ich fand auch keinen Weg, es ihm zu erklären. Google Maps kannte er auch nicht. Ich gab es auf.

 Als Alfredo eine halbe Stunde später zur Tür hereinkam, schilderte ich ihm das Bestellspektakel. »Ich schätze, wir müssen heute auswärts essen, wenn wir noch etwas in den Magen bekommen möchten, oder wir bestellen und holen das Essen selber. Aber das mit dem Liefern ist zu gefährlich. Wer weiß, ob das jemals ankommt.« Lachend sagte Alfredo, er wisse auch schon, wohin er mich entführen werde. Schnell zog ich mir meine Cinderallaschühchen an, rief Donald herbei, der den Vögeln im Garten auf die Nerven ging, und schon fuhren wir – kutschiert von Alavi, dem Inder unseres Vertrauens – durch die hellerleuchteten Straßen Richtung »The Pearl«, einer künstlichen Edelinsel mit diversen Apartmenthäusern, Villen, einem Hafen, Shopping- und Restaurantmeile. Hier gab es sogar Alkohol in den Restaurants, was sonst eigentlich nur den Fünfsternehotels vorbehalten war. Entspannt genossen wir unsere leckeren Gerichte und lachten immer wieder über meinen missglückten Bestellversuch.

 Am nächsten Morgen wartete Donald bereits aufgeregt auf seine Gassirunde. Und da Alfredo und ich noch immer so gut wie nichts im Kühlschrank hatten, um ausgedehnt zu frühstücken, musste er auch gar nicht lange auf mich warten. »Lass uns heute Abend einen Großeinkauf machen«, schlug Alfredo auf dem Weg zur Tür vor. »Ich hol dich ab!« »Gute Idee, bin gespannt, wie Einkaufen auf Qatarisch geht«, rief ich, schlüpfte in meine Flipflops und folgte Donald durch die Terrassentür in den Garten. Der Einkaufsliste konnte ich mich auch später noch widmen.

Donald flitzte bereits am Pool vorbei zum Gartentor. Kaum hatte ich es einen Spalt geöffnet, sauste er den Weg hinunter zum Strand, diesmal aber erstaunlicherweise nicht direkt ins Meer, sondern am Strand entlang in den nächstgelegenen Park – und schon hatte er etwas gepackt. Eine Katze war es diesmal zum Glück nicht, so viel konnte ich von Weitem erkennen. Aber was war es dann? Ich sah, wie Donald in etwas hineinbiss, es schüttelte, fallen ließ und bellend umkreiste. Schnell rannte ich hin. Es war eine Schlange. Ach herrje! Sie war nicht besonders groß und offensichtlich auch schon seit Längerem tot. So ein komisches Wesen hatte Donald noch nie im Maul gehabt und war entsprechend stolz. Aber auch ich war neugierig und nahm ihm seine Eroberung weg, um mir die Schlange näher anzuschauen. Ein bisschen beunruhigte mich der Fund ja schon. Angesichts so viel Chemierasens in der Umgebung wäre ich nie auf die Idee gekommen, dass sich Schlangen hier wohlfühlen könnten. Womöglich gibt es hier sogar Skorpione!? Ich würde dieses Exemplar mit nach Hause nehmen und mich ein wenig schlaumachen.

Auf dem Rückweg ließ sich Donald seine Runde im Meer nicht nehmen, doch er war noch nicht einmal mit allen vieren eingetaucht, da fing er wieder an, laut zu bellen, umkreiste etwas im Wasser, sprang vor und zurück. Im nächsten Moment war ich bei ihm und erblickte eine Krabbe: leuchtend blau und salatkopfgroß. Die Krabbe war sichtlich nervös und ihre furchteinflößenden Zangen abwehrbereit. Wenn die zupackte, täte das empfindlich weh. Schnell ließ ich die Schlange fallen und beeilte mich, Donald von der Krabbe wegzutragen, als sie auch schon im Meeressand verschwand. Unglaublich.

Was mochte sich noch so alles in dieser harmlos wirkenden Lagune tummeln?

Am Strand ließ ich Donald wieder frei, dummerweise ohne an die dort liegende tote Schlange zu denken. Donald war so überdreht, dass ich beschloss, die Schlange vorsichtshalber nur zu fotografieren und sie dann sofort zu vergraben. »Jetzt aber ab nach Hause«, rief ich Donald zu, als der bereits drauf und dran war, seinen kostbaren Fund wieder auszubuddeln. »DONALD!«, rief ich streng. »Für heute haben wir genug von Schlangen und blauen Riesenkrabben.«

Trotzdem wollte ich natürlich wissen, worauf wir gefasst sein mussten. Sobald das Gartentor hinter uns ins Schloss gefallen war, zückte ich mein Smartphone, um die hiesigen Schlangenarten zu googeln.

Nur leider funktionierte die Internetverbindung plötzlich nicht mehr. Wahrscheinlich irgendwas mit dem Router, dachte ich und erinnerte mich mit Grauen an die langen Stunden, die ich in den Warteschleifen Madrider Telefonfirmen verbracht hatte. Daher probierte ich alles, um dieser nervenzehrenden Zeitvergeudung aus dem Weg zu gehen, redete dem Router gut zu, erst auf Deutsch, dann auf Englisch. Ich fragte den Router freundlich, ob er nicht einfach funktionieren wolle; dann müsste man ihn nicht mit langwierigem Konfigurieren foltern oder gar austauschen. Er tat aber, als hätte er mich nicht gehört. Wer weiß, vielleicht verstand er nur Arabisch. Und so musste ich dann wohl oder übel die Qtel-Nummer heraussuchen.

Die staatliche Qtel hatte zwar vor Kurzem Konkurrenz durch Vodafone Qatar bekommen, doch Alfredo hatte erzählt, das Netz sei in dem jungen Land noch nicht ausgereift. Also war es Aufgabe von Qtel, diesen starrköpfigen Router irgendwie zu motivieren, seine Aufgabe zu erledigen. Eine männliche Automatenstimme meldete sich mit einer arabischen Ansage, allerdings glücklicherweise gefolgt von einer englischen: Ich wurde gebeten, die 2 zu drücken, was ich sofort tat, und landete tatsächlich bei einem Agenten. Der nette Herr am anderen Ende der Leitung fragte mich als Erstes nach meinem qatarischen Personalausweis, den ich zu seiner großen Enttäuschung noch nicht hatte. Ich erklärte ihm, dass das Internet in der Villa aber schon geschaltet sei und bezahlt werde. »Bis vorhin hat es ja auch funktioniert«, betonte ich. »Aha. Haben Sie es denn schon mal mit Aus- und Wiedereinschalten versucht?« Woher sollte er auch wissen, dass ich nicht nur das Ein-Aus-Spiel, sondern auch den Regentanz um den Router herum längst probiert hatte.

»*Inschallah*«, sagte der Qtel*-Mann. Völlig überfordert sagte ich, dass ich gerade erst in Doha angekommen sei und wirklich noch kein Arabisch verstünde. Freundlich erwiderte er: »*Inschallah* wird das Internet später wieder funktionieren.« Ich hätte ausrasten können. »Was bitte schön soll denn *Inschallah* heißen?« Ich wusste, dieses Nachfragen machte es nicht einfacher, aber jetzt war ich genervt. Doch mein Gesprächspartner blieb geduldig: »Ma'am« – diese respektvolle Anrede sollte mich wahrscheinlich beruhigen – »*Inschallah* bedeutet ›So Gott will‹.« »Aha.« Mehr fiel mir dazu nicht ein, denn ich konnte mir partout keinen Reim auf den Zusammenhang zwischen Gott und Internet machen. Also blieb mir nichts anderes übrig als zu fragen, was das jetzt für meine Internetverbindung bedeute. »*Inschallah* funktioniert es später.« Der nimmt dich nicht für voll, dachte ich und fuhr ihn an: »Das ist doch nicht Ihr Ernst! Wieso sollte der Router einfach so später funktionieren? Und dann auch nur, wenn Gott will?

---

* Inzwischen Ooredoo.

Ich sage Ihnen jetzt mal, wer was will: Ich will einen Techniker. Und zwar flott.«

Natürlich war sein *Inschallah* überhaupt nicht böse gemeint, aber geholfen hat er mir damit leider auch nicht. Und woher hätte ich wissen sollen, dass *Inschallah* eine gängige Redewendung der Demutshaltung in arabischen Ländern ist. Also stritten wir noch eine Weile um den Techniker, wann er ihn schicken würde und vor allem *wohin*. Denn ohne eindeutige Adresse würde der Techniker mich nie finden.

»Das Internet wird später funktionieren«, sagte der Q-Tel-Mann zum dritten Mal. »*Inschallah.*« »Ja. *Inschallah.*« Entnervt legte ich auf. Bestimmt muss ich noch gefühlte tausend Mal dort anrufen, bevor ein Techniker über die Türschwelle tritt, schimpfte ich vor mich hin, und die ganze Zeit wäre ich ohne Internet. Es war zum Mäusemelken. Doch all die Schimpferei würde den Router auch nicht gefügig machen. Dann konnte ich auch genauso gut in Ruhe den Einkaufszettel vorbereiten, dann war wenigstens das erledigt. Danach würde ich meinen Hitzkopf im Meer kühlen, beschloss ich. Blaue Riesenkrabben hin oder her …

Donald war begeistert von meiner Idee, den Nachmittag wieder am Strand zu verbringen, wahrscheinlich hoffte er auf die eine oder andere neue Entdeckung. Die ließ auch nicht lange auf sich warten: Es war eine kleine schwarze Krabbe auf ihrem Weg vom Meer zu den bräunlich gelben Felsen am Strand. Donald machte einen Satz auf sie zu, und vor Schreck blieb die Krabbe stocksteif stehen. Donald rechnete wohl damit, dass sie im nächsten Moment einen Sprung nach vorn machen würde, so dass er nur noch zuzupacken bräuchte. Doch wider Erwarten krabbelte die Krabbe blitzschnell seitwärts weg und hinein in eine Felsspalte. Da war er nun, der kleine Jäger Donald, fassungslos mit halb geöffnetem Maul und ohne Beute. Schon viele Grashüpfer, Mäuse, Ratten und auch einige Katzen hatte er in seinem Hundeleben geschickt erwischt. Doch die seitliche Fluchtstrategie der Krabbe hatte ihn überrumpelt. »Komm«, rief ich ihm zu, »geh lieber noch mal ins Meer, und überlass den Krabbenfang den Fischern.«

Während Donald und ich ausgetobt zur Villa zurückgingen, stellte ich mich seelisch und moralisch auf den nächsten Qtel-Anruf ein. Doch siehe da, das Internet funktionierte plötzlich wieder einwandfrei. Ohne tausend Anrufe, ohne Techniker und ohne weitere Regentänze. Vielleicht war das *Inschallah* ja doch nicht so schlecht? Dafür fühlte ich mich jetzt allerdings etwas schlecht. Da hatte ich den armen Mann dermaßen zurechtgewiesen, nur weil ich das arabische Wort nicht verstanden hatte. Dabei hatte er ja eigentlich Recht: Es wird sich schon regeln, so Gott will. *Inschallah* eben. Offenbar musste ich diese arabische Lebensphilosophie erst noch verinnerlichen. Vielleicht sollte ich es gleich mal an einem Lieferservice ausprobieren: Ob er mich wohl findet, ohne die Adresse zu kennen? *Inschallah.*

Aber vorher wollte ich zumindest noch ein paar Punkte meiner To-do-Liste abarbeiten: Zurück im Netz studierte ich den Stadtplan von Doha. Wo lagen welche Sehenswürdigkeit und welches wichtige Gebäude? Wie weit war was von unserer Villa entfernt? Und vor allem: Wie lange muss man fahren, um in der Wüste zu sein? Das Meer vor der Haustür zu haben ist ja gut und schön, aber ich sehnte mich danach, endlich den Wüstensand unter meinen Füßen zu spüren.

Bislang wusste ich eigentlich nur, dass wir gegenüber vom einzigen Golfplatz der Stadt wohnten, aber der war ja bekanntlich nicht jedem ein Begriff. Ich notierte mir alles. Dann schaute ich nach, wo es Falken zu sehen gab, fand allerdings nur spärliche Informationen auf veralteten Webseiten mit Hinweisen auf *Katara* und *Souq*. Also setzte ich beide Begriffe auf meine Erkundschaften!-Liste und klickte mich anschließend bis zum E-Mail-Verteiler der Deutschen Botschaft, um mich dort anzumelden. Blieben noch die Spanische Botschaft und alle möglichen Expat*-Gruppen. Ich musste ja auf dem Laufenden sein und mich bestmöglich in mein neues Lebensumfeld einfügen. In der nächsten Woche, las ich, würde ein Kinoabend in der Deutschen Schule stattfinden, organisiert von der Deutschen Botschaft. »Tja, da hat Frauchen wohl einen Kinobesuch vor sich, Donald!«

Plötzlich hörte ich ein Hupen auf der Einfahrt: Alfredo war da, um mich zum Einkaufen abzuholen. Er hatte ein Auto für uns gemietet, damit wir die Einkäufe bequem transportieren konnten und in Zukunft nicht jedes Mal auf Alavi angewiesen waren. Zu Fuß, mit dem Fahrrad oder öffentlichen Verkehrsmitteln ist niemand in Doha unterwegs. Hier wird jede noch so kleine Strecke mit einer glänzenden Karosse gefahren.

Auf dem Weg zum Supermarkt berichtete ich von den vielen Vögeln im Park, der blauen Riesenkrabbe und vor allem von der Schlange. »Guck mal, ich hab' sie sogar fotografiert«, sagte ich und hielt ihm an der nächsten Ampel das Display vor die Nase. »Ne Schlange? Weißt du, was das für eine ist?«, fragte er.

Ach herrje, vor lauter QTel und *Inschallah* hatte ich komplett vergessen, es nachzuschauen. Sofort googelte ich los und

---

* Expat ist die Kurzform vom englischen *expatriate*, das wiederum aus dem Lateinischen kommt und übersetzt so viel heißt wie »außerhalb des Vaterlandes«. Dabei handelt es sich um Fach- und Führungskräfte, die zwei bis drei Jahre lang für ihr Unternehmen im Ausland arbeiten.

fand die entsprechende Schlange auch gleich: Psammophis. Welch schöner Name! »Durchaus giftige Schlange, aber für Menschen definitiv ungefährlich«, fasste ich den Interneteintrag zusammen. Das klang beruhigend, wenngleich ich ihre Wirkung auf den kleinen Donald lieber nicht ausprobieren wollte.

Eine gute Viertelstunde später erreichten wir den »Mega Mart«. »Das soll der beste Supermarkt von Doha sein«, sagte Alfredo. »Mit allem, was das Expatherz begehrt.«

Um mit diesem unserem Megaeinkauf möglichst schnell fertig zu werden, zog jeder von uns mit einer Hälfte der Einkaufsliste und einem Einkaufswagen ausgestattet los. Wasch- und Putzmittel, Salz, Pfeffer, Öl, wir brauchten einfach alles, da wir nichts in Küchen- und Kühlschrank hatten. »Zwiebelkühlschrank«, sagt mein Bruder dazu, denn wenn man so einen leeren Kühlschrank öffnet, kommen einem die Tränen.

Die meisten Produkte im Supermarkt waren importiert und nachträglich mit arabischen Aufklebern versehen worden. Nur sehr Weniges wie Datteln war tatsächlich arabischer Herkunft, selbst Gemüse und Früchte waren offenbar eingeführt worden. Mein persönlicher Favorit war das Waschmittel, eine Sonderedition für den Persischen Golf aus dem Hause Henkel: ein Waschmittel namens Persil Abaya[*] für die schwarze Kleidung der Frauen und eines für die weißen Gewänder der Männer. Das nenne ich Kundennähe!

Der Nationalitäten-Mix, der mir hier im Supermarkt begegnete, erinnerte mich an den Flughafen von Doha. Auch der eine oder andere Qatari war zu sehen, doch Qatari sind in ihrem eigenen Land in der Minderheit. 80 Prozent der

---

[*] Die Abaya ist ein schwarzes Überkleid, das muslimische Frauen überziehen, wenn sie aus dem Haus gehen.

Einwohner von Qatar sind Expats aus aller Herren Länder: Baustellenarbeiter, vorwiegend aus Nepal, Bangladesch und Indien, Verkäufer, Fahrer, Köche und Gärtner aus Indien und Pakistan, Putzfrauen und Kindermädchen von den Philippinen und Sri Lanka, Büroangestellte aus Westeuropa und den USA, aber auch aus Ägypten, Syrien und dem Libanon. Die Qatari hingegen haben Top-Jobs in Verwaltung und Wirtschaft inne; das durchschnittliche Pro-Kopf-Einkommen der Qatari liegt bei 90.000 Euro im Jahr (steuerfrei versteht sich!).

Da unsere Einkaufswagen am Ende randvoll waren, half uns ein junger Angestellter des Supermarkts, diese zum Auto zu schieben. »Laura, hast du mal den Autoschlüssel?«, fragte Alfredo. Müde und erschöpft reichte ich ihm einfach die Handtasche und freute mich – oh, Wunder – auf unsere leere Villa.

Schwer beladen fuhren wir mit unserem motorisierten Kamel auf vier Rädern zurück, wo Donald uns schwanzwedelnd begrüßte. So ein Großeinkauf verhieß normalerweise ein paar Hundeextras. Als das Auto endlich entladen und alle Einkäufe verstaut waren, fragte ich, wo denn meine Handtasche sei. »Die habe ich dir doch zurückgegeben.« Nun stand Aussage gegen Aussage, und von der Handtasche keine Spur. Mein Geldbeutel und mein Pass waren weg! Oh nein, bitte nicht schon wieder!

Als ich vor neun Jahren am Madrider Flughafen angekommen war, wurde mir meine Tasche brutal weggerissen. Das war für mich ein traumatisierendes Erlebnis mit 17 Jahren. Völlig frustriert stand ich in der Deutschen Botschaft, wo man mir zunächst gar keinen neuen Ausweis ausstellen wollte mit der Begründung, ich sei noch nicht volljährig, und die fällige Gebühr konnte ich nicht bezahlen, weil ich kein Geld hatte, und ohne Ausweis konnte ich kein Geld bekommen.

Ein Drama war das. Diesmal war ich immerhin nicht allein, und es wurde keine Gewalt angewandt – aber ärgerlich war es allemal.

»Wie konnte das nur passieren? Als hätten wir nicht schon genug um die Ohren!« Ich schimpfte wie ein Rohrspatz. Alfredo versuchte, mich zu beruhigen: »Ich rufe jetzt erst mal beim Supermarkt an, sicherlich hat jemand die Tasche gefunden und abgegeben.« »Klar«, sagte ich, »und morgen schneit's!« Aber schon im nächsten Moment musste ich an *Inschallah* und den Router denken. Gut, sollte er im Supermarkt anrufen. Und siehe da: Man freute sich über seinen Anruf. »Ja, die Tasche ist hier.« Ich konnte es kaum glauben.

Also fuhren wir wieder zurück zum Supermarkt. Am Infoschalter war man bereits informiert und zeigte uns einen Zettel, auf dem Datum und Uhrzeit des Verlusts sowie das gesamte Inventar der Tasche vermerkt worden waren. So genau hatte ich selber gar nicht gewusst, was ich so alles in dieser Tasche hortete: 1) Geld: QR 464 2) 7 kleine Kekse 3) Deutscher Pass von Laura Wrede 4) Zertifikat 5) 4 Geldkarten 6) 1 arabisches Wörterbuch 7) 1 Fernbedienung 8) 2 kleine Süßigkeitenboxen, 9) Taschentücher.

Das Ganze signiert vom Sicherheitsdienst.

Alles ist gut. *Inschallah!*

Diese erfreuliche Nachricht musste ich sofort mit meinen Freunden teilen. Die waren durchweg begeistert von der hiesigen Ehrlichkeit und wenig verwundert über meinen Süßigkeitenvorrat: »Typisch Laura!« »Aber warum denn eine Fernbedienung?« Die gehörte zur Klimaanlage in der Villa. Wenn ich sie nicht unter meine Fittiche nähme, herrschten dank Alfredo arktische Verhältnisse in unserer Wüstenvilla. Er mochte es eben lieber schön frisch und ich lieber etwas wärmer. Doch beide waren wir glücklich, in so einem sicheren Land zu leben. Hier musste man sich nicht vor brutalen Taschendieben oder Hauseinbrüchen fürchten – wie in Madrid. In Qatar war Kriminalität ein Fremdwort.

Ich genoss den Moment in vollen Zügen: Freunde da, Tasche da, Fernbedienung da, Mann und Hund da ... Fragte sich nur, wann unsere Kisten eintreffen würden? Wann würden wir nicht mehr aus unseren paar Koffern leben müssen? Laut Reederei – und *inschallah!* – noch zwei Monate. Ich konnte kaum glauben, dass Donald und ich erst drei Tage hier waren.

3
Faszination Falke

Die Falknerei ist ein Seiltanz zwischen dem Wilden und dem Zahmen – nicht nur im Falken, sondern auch in Herz und Geist des Falkners.

Aldo Leopold

Nun war ich schon eine Woche in Doha und hatte den bekanntesten Markt der Stadt, den Souq Waqif, noch immer nicht besucht. Das wollte ich heute endlich nachholen, traute es mir allerdings auch noch nicht zu, allein mit dem Auto dorthin zu fahren. Vermutlich würde ich mich in dem turbulenten Stadtverkehr komplett verfahren. Also bat ich Alavi, mich vormittags abzuholen und zum Souq zu bringen. Da ich keine Ahnung hatte, was mich erwartete, ließ ich Donald vorsichtshalber zu Hause.

Alavi steuerte den Wagen über die Corniche, die oft verstopfte, heute aber wunderbar freie Hauptverkehrsader von Doha, und hielt gegenüber dem prächtigen Museum für Islamische Kunst. Schon von Weitem hatte ich eine Ansammlung stolzer Gebäude wie aus 1001 Nacht erblickt. Ein Souq ist nämlich kein Markt unter freiem Himmel, sondern eine Vielzahl kleiner und kleinster Geschäfte, dicht gedrängt in einem Wirrwarr aus engen, teils überdachten Gassen. Gespannt stieg ich aus dem Auto und betrat den Vorplatz, der von Tauben bevölkert war, die friedlich vor sich hin pickten.

Es war erstaunlich still. Keine Spur von typischem Markttrubel. Kurz wanderte mein Blick zu der Moschee mit dem spiralförmigen Minarett, aber heute wollte ich weder ein Museum noch eine Moschee besichtigen. Ich wollte den Markt erleben, verabschiedete mich von Alavi und lief los. Aber auch in den Gassen war keine Menschenseele. Nur Tauben, Staub und Hitze. Der Souq war wie leergefegt, alle Läden waren geschlossen. Und das um 11 Uhr? Für eine Mittagspause dürfte das eigentlich zu früh sein. Enttäuscht rief ich Alavi an, er solle mich bitte wieder abholen, und wanderte zurück zu dem Platz neben der großen Moschee.

»Warum ist denn gar nichts los auf dem Markt? Warum ist alles verriegelt und wie ausgestorben?«, fragte ich Alavi, als ich wieder im Auto saß. »Kein Wunder«, sagte er fast empört. »Heute ist schließlich Freitag, Yawm Al Jumu'ah*, da sind vormittags alle in der Moschee und die Geschäfte natürlich geschlossen.« Daran hatte ich überhaupt nicht gedacht. Der Freitag war hier ja wie unser Sonntag. Aber hätte Alavi mir das nicht früher sagen können? Dann hätte ich meinen Souq-Ausflug einfach um ein paar Stunden verschoben, denn ab dem Nachmittag würde der Alltag bis spätabends weitergehen. »Supermärkte«, so Alavi, »haben allerdings nur zwei, drei Stunden während der Gebetszeit geschlossen.«

Das war gewöhnungsbedürftig: der Freitag ein Sonntag, der Samstag ein Mischtag, der Sonntag ein Montag … Ich musste offensichtlich noch einmal einen Blick in das *Kultur-Schock*-Buch werfen.

---

* Das arabische *Yawm Al Jumu'ah* ist der Freitag und heißt übersetzt »Tag der Gruppe«.

Donald freute sich, dass ich nur so kurz weg gewesen war. Na, immerhin einer, der von meinem Unwissen profitierte, dachte ich und eröffnete ihm meine Pläne für den Abend: »Heute ist Kinoabend der Deutschen Botschaft!« Den Film *Der Baader Meinhof Komplex* hatte ich zwar schon in München gesehen, aber ich war neugierig darauf, andere in Qatar lebende Deutsche kennenzulernen, und ich wollte so schnell wie möglich Anschluss finden.

Der Film wurde unzensiert in einem Klassenzimmer der Deutschen Schule gezeigt. Ungefähr 30 Männer und Frauen mittleren Alters hatten sich dort bereits eingefunden, als ich eintraf. Die meisten standen um einen Tisch mit Snacks und Erfrischungsgetränken herum und unterhielten sich angeregt. Man kannte sich und hatte offenbar viel auszutauschen, zumindest schien mich niemand zu bemerken. Tja, dachte ich, nicht bestellt, also auch nicht abgeholt. Abwartend lehnte ich an der Wand und beobachtete das Gewusel. Vielleicht sollte ich mir einen Saft holen, überlegte ich, als ich auf der anderen Seite des Raumes eine junge Frau mit prächtigen dunklen Locken entdeckte, die ähnlich verloren in der Gegend herumstand. Sie blickte zu mir herüber und lächelte mich an. Dieses warmherzige, offene Lächeln gefiel mir so gut, dass ich sofort zu ihr ging. Schnell stellten wir fest, dass wir beide erst seit kurzem in Qatar waren. Als der Film angekündigt wurde, setzten wir uns nebeneinander.

Dass der Film so viele Nacktszenen hatte, war mir beim ersten Anschauen gar nicht aufgefallen. Aber jetzt und hier in diesem islamischen Land kamen sie mir plötzlich fehl am Platz vor.* Sandra schien es genauso zu gehen, denn sie fragte flüs-

---

* In Qatar werden bestimmte Filme entweder nur zensiert oder gar nicht gezeigt.

ternd: »Hast du dir hier schon mal eine Zeitschrift gekauft?« Ich nickte und lachte kurz auf, denn ich wusste genau, was sie meinte. Alle importierten Zeitschriften, ob Vogue, Elle oder Cosmopolitan, werden vor Ort zensiert. Und zwar mit einem breiten schwarzen Edding: Jedes Bild, das zu viel nackte Haut zeigte, wird fett übermalt, erfuhr ich später. Vor allem im Sommer, wenn die aktuelle Bikini-Mode präsentiert wurde, hat der Edding-Editor alle Hände voll zu tun. »Ich kann mir gar nicht vorstellen, dass das ein echter Job sein soll«, sagte ich, »ein Typ mit einem Berg ausländischer Zeitschriften und einer Schachtel voller Eddings.« Sandra und ich mussten herzlich lachen.

Sandra absolvierte ein Auslandspraktikum bei der ABB-Gruppe und war erst seit zwei Wochen in Doha. Auch sie hatte noch so gut wie nichts von der Stadt gesehen, weshalb wir kurzerhand beschlossen, gleich morgen Nachmittag gemeinsam auf Erkundungstour zu gehen. Als Erstes würden wir uns natürlich den Souq vornehmen in der berechtigten Hoffnung, diesmal nicht vor verbarrikadierten Läden zu stehen.

Samstag war Alfredos einziger freier Tag in der Woche, den wir deshalb mit einem ausgiebigen Frühstück auf der Terrasse begannen. Da die spanische Zentrale von Montag bis Freitag arbeitete, blieb Alfredo nichts anderes übrig, als auch am Freitag verfügbar zu sein, obwohl seine Arbeitswoche hier in Qatar eigentlich von Sonntag bis Donnerstag dauerte. Deshalb war ihm der Samstag »heilig«: sein Entspannungstag, um neue Kraft zu schöpfen, denn die Dependance aufzubauen schlauchte ihn ziemlich.

Ich unterstützte ihn, so gut ich konnte, schließlich gab es eine Menge Administratives zu erledigen. Hier ein Papier abholen, dort eines stempeln lassen, ein drittes nach Spanien schicken ... während er in Meetings steckte oder Verträge und diverse Angebote für bevorstehende Projekte vorbereitete.

Nach dem Frühstück besprachen wir, bei welchen Aufgaben ich ihm in der nächsten Woche unter die Arme greifen konnte. »Ich bin so froh«, sagte Alfredo, »dass du mir all den Papierkram abnimmst, Laura. Du bist ein riesengroßer Schatz!« »Ist doch klar«, antwortete ich geschmeichelt, »immerhin sind wir ein Team, und außerdem liebe ich dich.«

Pünktlich fuhr Alavi auf unsere Auffahrt, um mich ein zweites Mal zum Souq zu chauffieren. Diesmal brauchten wir allerdings erheblich länger, immer wieder gab es Stop-and-go, und überall hupten entnervte Autofahrer in blankpolierten weißen Land Cruisern, die gar nicht auf die Idee kamen, einen Fahrbahnwechsel mit Blinker anzuzeigen, und, wenn möglich, durch die zahlreichen Kreisel rasten. Links, rechts, links, rechts, immer, wie es ihnen gerade passte. Jede Kurve wurde geschnitten und rote Ampeln gerne übersehen. In Alavis Limousine fühlte ich mich ganz klein, umzingelt von den vielen protzigen Geländewagen. Hier bald selber am Lenkrad zu sitzen, wird ein ganz besonderes Abenteuer werden, dachte ich, während ich versuchte, mich zu entspannen. Alavi kommt aus Neu-Delhi, wo der Verkehr die reinste Hölle sein muss. Insofern war er normalerweise ziemlich entspannt beim Autofahren, doch die vielen fluchenden Qatari, die mit ihren riesigen Autos vorbeirauschten, konnten auch ihn bisweilen aus der Ruhe bringen.

Als wir endlich am Souq eintrafen, war Sandra schon da. Sie wartete auf dem Taubenplatz, hinter ihr der Eingang zum Souq, vor ihr der Parkplatz mit Blick auf die Corniche, und winkte mir zu, als ich ausstieg. Was für ein Unterschied zu der beschaulichen Ruhe, die ich gestern auf diesem Platz erlebt hatte. Jetzt war es wirklich ein Markt. Die Läden hatten geöffnet, und in den Gassen drängten sich Menschen aus aller Welt. Sandra und ich ließen uns von Ecke zu Ecke, von Laden zu Laden, von Gasse zu Gasse treiben.

Hier schien es wirklich alles zu geben, von Töpfen und arabischen Kaffeekannen über Gewänder und farbenfrohe Stoffe in Seide, Chiffon und Spitze bis hin zu exotischen Lebensmitteln. Die Gewürzgasse liebte ich auf den ersten Duft: Wunderschön präsentiert in Stoffsäcken und auf Holzregalen, verströmten sie ihr köstliches Aroma. Ein Fest für die Sinne.

Sandra und ich, die wir beide sonst viel und gerne reden, waren stumm vor Begeisterung. Überall wurde verkauft, eingekauft, gehandelt. Es war noch faszinierender, als ich es mir vorgestellt hatte. Am liebsten hätte ich mich zu den Shisha rauchenden Qataris gesetzt, einen arabischen Kaffee* getrunken und andächtig das bunte Treiben genossen. Doch kaum hatte ich die ersten Polizisten auf ihren spektakulären Arabischen Pferden durch die Gassen patrouillieren gesehen, hatte ich nur noch ein Ziel: die Falken.

Sandra, genauso offen und neugierig wie ich, musste ich nicht lange überzeugen, und so begannen wir, uns durchzufragen. Einige Verkäufer schauten nur sehr überrascht bis skeptisch, wenn wir sie ansprachen, andere grübelten immerhin und schickten uns zwei Gassen weiter, bis wir dann irgendwann in die richtige Richtung geschickt wurden. Hinter der kleinen Souq-Moschee sollten die Falken sein. Kaum um die Ecke der Moschee gebogen, betraten Sandra und ich gleich den ersten Laden ... und da saßen sie, die eleganten Vögel. Jeder auf seinem Block. Zehn Falken, als wäre es das Normalste

---

* Arabischer Kaffee (*gahwa*) besteht zu 100 Prozent aus Arabica-Bohnen, wird etwa zwei Stunden lange geköchelt und mit verschiedenen Gewürzen wie Kardamom, Nelken, Anis und Safran zubereitet. Jede Familie hat ihr eigenes Geheimrezept.

der Welt. Wie versteinert stand ich vor ihnen, studierte jede Feder, jede noch so kleine Bewegung.

Als ein Qatari mit einem Falken auf der Faust an mir vorbei- und tiefer in das Geschäft hineinging, folgte ich ihm, ohne darüber nachzudenken. Ich hörte Sandras Lachen, hatte aber nur Augen für den stolzen Falken. Sein Besitzer muss meine Faszination bemerkt haben, denn er fragte mich tatsächlich, ob ich seinen Falken einmal halten wolle. Ich konnte mein Glück kaum fassen, als ich im nächsten Moment den ersten Falken meines Lebens auf der Faust hatte, traute mich kaum zu atmen, so viel Respekt hatte ich vor dem Tier. Sandra hielt diesen besonderen Augenblick mit der Kamera fest.

Falken – nicht erst seit dem Jagdschein, den ich mit 16 Jahren gemacht habe, hatten es mir diese edlen Tiere angetan. Falken und Greifvögel werden während der Ausbildung allerdings nur kurz behandelt, dafür gibt es ja den weiterführenden Falknerschein. Außerdem umfasst der Jagdschein, auch »grünes Abitur« genannt, wahrhaftig schon genug Lernstoff: Wildtierkunde, Naturschutz, Waffen- und Schießwesen, Jagdrecht und so weiter. Das Wichtigste aber sind die praktische Ausbildung und die konkreten Erfahrungen bei der Jagd, die man später sammelt.

Mein Opa, den ich leider nie kennengelernt habe, war Jäger, ebenso wie mein Vater. Dieser wiederum hatte leider zu wenig Zeit, um mich auf die Jagd mitzunehmen. Doch die Leidenschaft fürs Jagen wurde mir offenbar in die Wiege gelegt. Und obwohl mein Vater im ersten Moment ziemlich erstaunt war, als ich mich voller Tatendrang zum Jagdschein anmeldete – »Du als Mädchen? Damit habe ich jetzt wirklich nicht gerechnet«, sagte er –, nahm er mich danach ab und zu mit auf die

Jagd. Auf meiner ersten Drückjagd* im Odenwald begegnete ich zufällig dem Falkner Jürgen, der mir abends viel über seinen Falken Odilo erzählte. Alle anderen unterhielten sich über den Jagdtag, aber ich wollte nur noch Geschichten über den Falken hören: wie der Falke trainiert wurde, wie er mit dem Falkner zusammen im Auto fuhr, mit ihm sogar fernsah, dass er nicht immer gut folgte und auch schon mal wegflog**.

»Und was machst du dann? Wie findest du ihn wieder?«, fragte ich gespannt. »Tja, einen Vogel zu suchen, der überall hinfliegen kann, ist nicht so einfach«, lachte Jürgen. »Normalerweise warte ich erst mal einige Minuten. Dann schwinge ich das Federspiel und pfeife.« »Federspiel? Was ist das denn?« Geduldig erklärte er: »Eine Beuteattrappe. Die gibt es in verschiedenen Ausführungen, meins zum Beispiel ist aus Leder und hat an beiden Seiten diverse Federn. Wenn ich es schwinge und dazu pfeife, reagiert Odilo und will es fangen.«

Ich hätte ihm stundenlang zuhören können und Odilo so gerne mal gesehen. Zu einem eigenen Falknerschein kam es dann aber leider nicht mehr, weil der Kurs zur selben Zeit beginnen sollte wie mein Studium in Madrid. Das wäre nicht zu schaffen gewesen, aber jagen konnte ich glücklicherweise auch während meines Studiums, sowohl am Wochenende als auch in den Semesterferien.

Selbst wenn ich den Falknerschein schon gehabt hätte: Für einen Falken wäre in der Wohngemeinschaft nun wirklich kein Platz gewesen. Ein Gewehr lässt sich einfach in den

---

* Drückjagd ist eine Form der Gesellschaftsjagd, meist im Wald. Man scheucht das Wild mit Treibern – mit oder ohne Stöberhunde – auf, um es vor die stehenden Jäger zu bringen.
** Falkner sprechen in diesem Zusammenhang von »verstoßen«: Ein Beizvogel (siehe Anhang »Falknersprache«), der nicht zum Falkner zurückkehrt, hat sich verstoßen.

Schrank stellen, ein Falke ganz sicher nicht. Auch meine Liebe zu Pferden – ich glaube, ich habe eher Reiten als Laufen gelernt – musste ich auf Reitbeteiligungen beschränken. So blieb der Traum von einem eigenen Falken zwar lebendig, aber als Hobby während eines Studiums waren Jagen und Reiten nun einmal besser geeignet.

Nun stand ich hier in einem Souq und schaute einem Falken in seine bezaubernd tiefschwarzen Augen. Da erinnerte ich mich plötzlich an ein Erlebnis kurz vor unserem Umzug nach Qatar. Ich war noch einmal in München gewesen, als ich eines Nachts auf der Autobahn einen verunglückten Vogel auf dem Standstreifen bemerkte. Da kaum Verkehr war, hielt ich kurz an in der Hoffnung, das Tier noch retten zu können. Es war ein Wanderfalke. Behutsam legte ich den Patienten in meinen Schoß und wollte gerade losfahren, aber nur wenige Sekunden später machte er seinen letzten Atemzug und starb. Ich hatte ihn keine Minute lang retten, ihn nur von der kalten Straße ins Warme holen können. Das schnellste Tier der Welt hatte gegen ein Auto verloren. Reglos lag der Falke in meinem Schoß. Ich streichelte über seine majestätischen Federn und schloss ihm die erstarrten Augen.

Hier aber saß nun ein hellwacher und sehr lebendiger Falke auf meiner Faust, der mich mit seinem Blick zu durchbohren schien. In diesem Moment wurde mir klar, dass ich in einem Land war, wo ich endlich die Möglichkeit hatte, die Falknerei zu erlernen und auszuüben. Mein Herz klopfte wie wild. Nur widerwillig gab ich dem freundlichen Qatari seinen gezähmten Falken zurück, doch jetzt hatte ich einen Plan …

Interessiert schauten Sandra und ich uns in dem Laden um. Die Falken waren in dem vorderen, mit Sand bestreuten Abschnitt auf ihren Blöcken angebunden, der Rest des Ladens war überfüllt mit Falkenzubehör: Falkenblöcke aus Holz oder Marmor, Falknerhandschuhe in allen Größen und Farben, Federspiele, Geschühriemen*, Falkenhauben und viele Dinge, die ich noch nie gesehen hatte.

Wie verzaubert nahm ich diese fremde, lang ersehnte Welt wahr, als wieder ein Falkner den Laden betrat. Er probierte rasch ein paar Hauben für seinen Falken aus, nahm die vierte und verschwand genauso schnell, wie er gekommen war. Erneut stellte ich mich zu den Falken. Es sind so besondere Wesen, dachte ich und spürte Gänsehaut auf meinen Armen. So zart gebaut, so leicht und dabei perfekt fliegende Jagdmaschinen mit einem tapferen Herzen.

Falkenwissen

- Unter den Falkenartigen (*Falconidae*) gibt es mehr als 60 Falkenarten (*Falco*), und zwar überall auf der Welt (außer in der Antarktis).

- Falken haben in ihrem Schnabel eine Kante, bekannt als Falkenzahn. Mit einem gezielten Biss in den Nacken töten sie ihre Beute. Daher sind Falken sogenannte Bisstöter (im Vergleich zu den Grifftötern wie Habicht und Adler). Nach neuester genetischen Untersuchungen gehören Falken nicht zu den Greifvögeln, sondern haben ihre eigene Ordnung (*Falconiformes*).

- Falken benutzen ihre Hände – so werden die Falkenfüße genannt – zum Fangen und Halten ihrer Beute.

---

* Geschühriemen sind Lederbänder an den Händen der Beizvögel, ähnlich wie Lederhalsband und Leine beim Hund.

- Falken sind meist an ihren spitzen Flügeln zu erkennen.

- In Qatar sind acht Falkenarten beheimatet:
  - Rötelfalke (kommt auch in Südeuropa vor)
  - Turmfalke (kommt auch in Mitteleuropa vor)
  - Schieferfalke
  - Baumfalke (kommt auch in Mitteleuropa vor)
  - Lannerfalke (in Mitteleuropa sehr seltener Gastvogel)
  - Saker Falke (kommt auch in Osteuropa und Zentralasien, gelegentlich in Deutschland vor)
  - Wüstenfalke (gilt teilweise als Unterart des Wanderfalken)
  - Wanderfalke (mit circa 17 Unterarten weltweit vertreten)

- Der Wanderfalke ist das schnellste Tier der Welt: Im Sturzflug schafft er bis zu 350 Stundenkilometer, selten sogar bis zu 400 Stundenkilometer.

- In Qatar jagen die um die 900 bis 1200 Gramm leichten Wanderfalken die weitaus größeren, bis zu 2,5 Kilogramm schweren Houbaras (Kragentrappe).

- Der größte Feind des Wanderfalken ist der Mensch (Pestizide, Windräder, schlecht isolierte Strommasten). In Deutschland hat der Wanderfalkenbestand extrem unter dem Insektizid DDT gelitten. Dank der Falkner und ihrer Zuchterfolge konnte der Bestand jedoch gesichert werden.

- Unter Falknerei versteht man das Abrichten und Jagen mithilfe eines Falken oder Greifvogels (*Beizjagd*, entsprechend heißen die Vögel *Beizvögel*). Diese ursprüngliche

Form des Nahrungserwerbs hat seine Wurzeln in Asien, wo sie bereits im alten Babylonien (vor mehr als 4.000 Jahren) ausgeübt wurde. Über die weitverzweigten Handelswege kam die Falknerei auch nach Europa. Kaiser Friedrich II. (1194–1250) schließlich lernte die Falknerei während der Kreuzzüge von den Arabern und machte sie in Europa populär. Sein Buch *De artevenandi cum avibus* (*Über die Kunst mit Vögeln zu jagen*) war das erste seiner Art und ist bis heute ein anerkanntes Nachschlagewerk.

Nun wollte ich mir unbedingt Fachliteratur über Falken und Falknerei besorgen, doch das war offensichtlich eines der wenigen Dinge, die es in den zahlreichen Falkenläden dieses weitläufigen Souqs nicht gab. Ich fand kein einziges Buch. Trotzdem hätte ich eine Ewigkeit in diesen Läden verbringen können – mir alle Falken ansehen, die Falkner mit ihren Falken beobachten, wie sorgfältig sie das Zubehör aussuchten, passend zu ihrem gefiederten Kompagnon. Doch Sandra hatte langsam genug von Falkenläden und wollte gerne noch etwas mehr von dem Souq sehen.

Kaum waren wir weitergezogen, kamen wir an einem hellen modernen Gebäude vorbei: *Souq Waqif Falcon Hospital*. »Wow, guck mal, Sandra, ein ganzes Krankenhaus nur für Falken!«, rief ich. Sandra verdrehte die Augen und sagte lachend: »Ich glaube wirklich, du bist im Falkenwahn.« Tatsächlich fühlte ich mich, als hätte mir jemand einen Zaubertrank eingeflößt, voller Energie und leicht wie eine Feder – als ob ich in eine komplett neue Welt eingetaucht wäre.

Als wir nach nur wenigen Metern den Stall mit den wunderschönen Araber-Pferden der Souq-Polizei erreichten, schwebte auch Sandra auf Wolke sieben. Den Pferden standen großzügige Boxen und eine Koppel mit privilegiertem Blick auf den Staatspalast des Emirs von Qatar zur Verfügung. Dass wir die Pferde einfach streicheln durften, verblüffte uns, aber wir ließen uns natürlich nicht zweimal bitten.

Auf unserem Weg zurück zum zentralen Souq-Platz kamen wir an einem großen Kamelgehege vorbei. Auch das noch: meine erste Begegnung mit Arabischen Kamelen[*]. Ein paar von ihnen schliefen, die langen Beine eingeknickt, auf dem sandigen Boden, andere beschnupperten uns neugierig. Es war ein wunderbares Gefühl, über ihre zarten Nüstern zu streicheln – und ich konnte es kaum erwarten, auf einem durch die Wüste zu reiten. Anders als die Arabischen Pferde hatten die Kamele mit dem Souq-Parkplatz und einer riesigen Baustelle einen weniger spektakulären Ausblick, doch das schien sie nicht zu stören.

»Hast du eigentlich auch so einen Bärenhunger?«, fragte Sandra. »Ich könnte ein ganzes Kamel essen«, antwortete ich und entschuldigte mich sofort bei den charmanten Trampeltieren.

Angelockt von köstlichen Düften, fanden wir uns nach ein paar Ecken in der Restaurantgasse wieder und entschieden uns für den Marokkaner. Die Speisekarte vor der Tür war ebenso einladend wie die Innenausstattung. Lauter achteckige Tischchen mit bunten Hockern und farbigen Seidenkissen. Die Kellner trugen die landestypischen Hauben und Aladinhosen.

Hier ließen wir uns nieder. Erst jetzt merkte ich, wie müde meine Beine waren. Und während unsere Beine sich ausruhen konnten, ließen wir uns Hummus, Couscous aller Art und

---

[*] Das Dromedar, eine Säugetierart aus der Gattung der Altweltkamele, wird auch Einhöckriges oder Arabisches Kamel genannt. In diesem Buch bezeichne ich es der Einfachheit halber aber immer als Kamel.

marokkanischen Minztee schmecken und den Tag im Souq Revue passieren: Falken, Pferde und Kamele.

»Donald«, sagte ich, als ich wieder in der Villa war und mein Hund mich schwanzwedelnd begrüßte, »ich glaube, jetzt fange ich auch an, mich zu akklimatisieren. Jetzt fühle ich mich wirklich zu Hause.«

4
Zwischen Wolkenkratzern und Wüstensand

*Humor und Geduld sind zwei Kamele, mit
denen du durch jede Wüste kommst.*
Arabisches Sprichwort

Das Gefühl, auch innerlich in Qatar anzukommen, wurde nicht unwesentlich von der Tatsache unterstützt, dass unsere Ikea-Möbel endlich eintrafen. Mit so einem Sofa war es doch gleich viel heimeliger – und vor allem hallte es jetzt nicht mehr wie in einer verlassenen Kirche. Auf unsere Kisten mit der kompletten Garderobe, Büchern, Geschirr und persönlichen Sachen mussten wir jedoch immer noch warten, wobei ich allerdings kaum noch wusste, was da eigentlich drin war. Offenbar brauchte ich gar nicht so viel. Nur bei Einladungen an das Vorzeigepärchen vermissten wir Smoking und Abendkleider, die ausgeliehen, notfalls auch gekauft werden mussten.

Donald hingegen wartete weder auf Kisten noch auf Kontakte. Er hatte alles, was einen Hund glücklich macht. Sogar Katzen, die er jagen konnte. Auf einer unserer abendlichen Runden um die vielfach noch leeren neuen Häuser, teils im Rohbau, entdeckte er ein besonders attraktives Exemplar, das mit großen Sätzen vor dem Angreifer floh. Doch Donald blieb ihr auf den Pfoten und verfolgte sie, erst hinein in einen großen Garten, dann sogar weiter durch die offene Tür der dazugehörigen prunkvollen Villa mit Löwen- und Pferdestatuen am Portal. Und ich rannte hinterher, in der Hoffnung, Schlimmeres verhindern zu können. An der Terrasse blieb ich jedoch stehen. »Donald, komm jetzt, lass die Katze in Ruhe.« Aber Hund und Katze sausten die Marmortreppen hoch, dann wieder hinunter und unter dem monströsen Kronleuchter hindurch wieder nach draußen, wo die Katze gepackt und zur Strecke gebracht wurde.

Auweia, dachte ich, das ist jetzt wahrlich nicht die feine Art, sich bei seinen qatarischen Nachbarn vorzustellen. Möglicherweise werden wir sogar des Landes verwiesen, noch bevor unsere Kisten angekommen sind. Drohte mir gar Gefängnis und Donald womöglich die Todesstrafe? Schließlich hatte ich irgendwo gelesen, dass Muslime keine großen Hundeliebhaber seien. Tausend Gedanken schossen mir gleichzeitig durch den Kopf, während ich nervös Donald beobachtete, der die frisch erlegte Katze hin und her rüttelte. Wo mochten die Hausbesitzer sein? Sollte ich einfach weglaufen? Aber das wäre feige.

Im selben Augenblick kam ein junger Qatari im traditionellen weißen Gewand um die Ecke: »Ist das Ihr Hund?«, fragte er in perfektem Englisch. Ich schaute auf die Leine in meiner Hand, nickte und stammelte leise: »Es tut mir wahnsinnig leid.« »Wo kommst du denn her?« Ganz verwirrt, dass er nicht die Katze angesprochen hatte, antwortete ich: »Aus Deutschland«, worauf er mit einem strahlenden Lächeln sagte, wie sehr er und seine Familie Deutschland lieben würden. »Ein fantastisches Land.« »Oh, ja, danke«, sagte ich leicht verwirrt und fügte hinzu: »Euer Land finde ich auch fantastisch, umso mehr tut es mir leid, dass mein Hund eure

Katze getötet hat. Aber es ging alles so schnell, da konnte ich gar nichts mehr machen.«

Kaum hatte ich das ausgesprochen, schüttelte der junge Mann lachend den Kopf. »Ach, das war eine Straßenkatze, die ständig zu uns kam und nur Dreck machte. Dein Hund hat meiner Mutter also einen großen Gefallen getan. Komm mit, ich stell' dich vor. Es würde uns freuen, wenn du zum Abendessen bleiben könntest.« Mit allen möglichen Szenerien hatte ich gerechnet, aber nicht mit einer so freundlichen Einladung. Da trifft ein feiner Qatari auf eine wildfremde Frau aus Deutschland mit einem übermütigen Hund und lädt sie gleich zu sich nach Hause ein, um sie seiner Familie vorzustellen. Das ist wirklich erstaunlich.

»Ich bin übrigens Rashid. Und du?« »Freut mich, Rashid! Ich bin Laura, und der wilde Terrier dort ist Donald.« »Erstaunlich, wie mutig der Kleine ist! Du kannst ihn gleich hier neben dem Eingang anleinen«, sagte Rashid.

Als ich in den weitläufigen Flur trat, stand Rashids Mutter, umrahmt von ihren vier bezaubernden Töchtern, schon bereit. Ich wurde so herzlich begrüßt, als wäre ich eine alte Freundin des Hauses. Sofort wurde ich in den Salon gebeten, wo wir uns auf weichen Barocksesseln niederließen. Erst wurde Arabischer Tee »Shai« gereicht, der selbst mir als Zuckerjunkie zu süß war, danach *gahwa*, karamellfarben und mit dem typisch würzigen Geschmack. Da saß ich nun zwischen all den Kronleuchtern, diversen Statuen und einem Meer aus verblüffend echt aussehenden Plastikblumen. Immer mehr wurde mir angeboten, hier noch ein frischer Saft, da diverse kulinarische Köstlichkeiten. Laura in Arabien, wie ein Märchen.

Rashids Mutter Hamda beeindruckte mich, denn die hübsche Dame sprühte nur so vor jugendlicher Energie. Kaum zu glauben, dass sie fünf erwachsene Kinder hatte. Rashids

Schwestern Mashail, Salwa, Maha und Fatma trugen herrliche *Dschallabiyas*. Diese langen, oft farbigen und mit Strasssteinen besetzten Gewänder werden typischerweise zu Hause oder unter der Abaya getragen.

Zwischen jedem Happen musste ich die eine oder andere Frage beantworten: »Wie lange bist du denn schon in Doha? Bist du allein hier? Was macht dein Mann beruflich? Ist er auch aus Deutschland? Habt ihr Kinder? Wo wohnt ihr denn?« Jede Einzelheit interessierte sie. Doch ab und zu konnte ich auch mal eine Frage stellen. Und da mich der Gedanke an Falken seit meiner Begegnung mit ihnen im Souq nicht losgelassen hatte, fragte ich nun: »Habt ihr eigentlich auch Falken?« Rashid erklärte, sie seien mehr an Autos interessiert als an Falken, denn sein Vater Saeed Al Hajri ist Qatars erster Ralleyfahrer gewesen, und seine rund zwanzig Siege haben ihm den Spitznamen »König der Dünen« eingebracht. Mir nichts, dir nichts saß ich nun in dem Wohnzimmer einer der bekanntesten Familien in Qatar.

Es war spät geworden, als ich mich von Rashids Familie verabschiedete. »Du kannst natürlich jederzeit vorbeikommen, Laura. Wir freuen uns«, sagte Latifa. Beschwingt und noch den Glanz der Kronleuchter vor Augen lief ich mit Donald über den Strand nach Hause. Wie schade, dass Alfredo gerade auf Geschäftsreise in Abu Dhabi ist, dachte ich. Ich hätte ihn so gerne dabeigehabt. Sicher hätte er sich lange mit Saeed und Rashid über Autos unterhalten.

Sobald Donald und ich auf unserer Terrasse ankamen, spürte ich einen warmen Wind, der die Palmenwedel leise rascheln ließ, während das Meer seine Wellen in sanften Stößen an den Strand trieb und die Zikaden ihr Abendlied im Mondschein zirpten. Von diesen ruhigen Orientabenden konnte ich gar nicht genug bekommen.

Einen Programmpunkt meiner To-do-and-to-see-Liste hatte ich mir für morgen früh vorgenommen: Katara Cultural Village. Zwar war auch Katara, genau wie die Pearl, erst zum Teil fertiggestellt und ansonsten eine riesige Baustelle, aber ich hatte schon so viel von dieser Kulturoase gehört, dass ich mir nun endlich ein eigenes Bild machen wollte. Direkt neben der Pearl gelegen, gehörte es gewissermaßen zur näheren Umgebung; wenn ich fit genug gewesen wäre, hätte ich sogar hinschwimmen können, einmal quer durch die Lagune, und schon wäre ich da, allerdings klitschnass, eventuell die eine oder andere blaue Krabbe huckepack, und nur im Badeanzug. Kein passendes Outfit für einen Kulturbummel.

Und so ließ ich mich am nächsten Morgen von Alavi hinfahren. Schon von Weitem konnte ich das halbfertige Katara mit dem beeindruckenden Amphitheater am langen weißen Sandstrand sehen. Der piekfeine Strand durfte sogar benutzt werden, doch die vielen Verbote und Regeln an der großen Tafel waren nicht gerade einladend: Nur mit Burkini, schwimmen nur bis zur gelben Linie, nicht direkt in den Sand legen, sondern die Liegen benutzen, kein Essen mitbringen, keine Musik hören, keine Fotos machen … Da lobte ich mir den regelfreien Strand vor unserer Haustür und meinen Entschluss, doch nicht herzuschwimmen. Das wäre wohl nicht gutgegangen.

Es gab einen Tretbootverleih, aber auch die *dhaus* waren dort vertäut. Die traditionellen arabischen Fischerboote aus Holz und mit spitzen weißen Segeln hatte ich noch nie zuvor gesehen. Sie waren so formschön, so elegant. Es musste herrlich sein, damit übers Meer zu segeln. Ich schlenderte weiter am Strand entlang, bestaunte die Vielzahl internationaler Restaurants, ging dann zu den dahinter gelegenen Gebäuden, vorbei an Museen, Theatern, Galerien und der Oper. Alles war mit viel Liebe zum Detail geplant und im alten Stil erbaut worden. Schade, dass Alfredo und ich so selten etwas zusammen unternehmen, wenn er in Doha ist, dachte ich etwas wehmütig und nahm mir vor, bald zwei Karten für ein Konzert mit dem Qatar Philharmonic Orchestra zu besorgen.

Alfredos Reisen gehörten genauso zu meinem neuen Alltag zwischen Wolkenkratzern und Wüste wie die nervenaufreibende Bürokratie: Immer noch besaß ich nur ein Touristenvisum, das ich Monat für Monat erneuern musste, indem ich morgens nach Dubai aus- und abends wieder nach Qatar einreiste. Zwar lagen sowohl Alfredos als auch mein Universitätsabschluss vor ebenso wie unsere Heiratsurkunde und Alfredos Arbeitsvertrag – natürlich alles übersetzt und notariell beglaubigt –, aber während Alfredo immerhin schon bei den obligatorischen medizinischen Tests und Fingerabdrücken angelangt war – schließlich hatte er mir ein paar Monate voraus –, hing ich nach wie vor in der Warteschleife, und ständig fehlte mal das eine, dann das andere Papier, mal eine Beglaubigung, dann wieder ein Stempel in einer anderen Farbe. Als wüsste niemand so recht, was für so einen Antrag eigentlich erforderlich ist, als würde einfach je nach Lust und Laune entschieden. Doch die Lust, es endlich fertigzustellen, hatten sie offenbar nicht.

»Unser« Scheich meinte immer noch, wir bräuchten uns keine Sorgen zu machen, er kümmere sich um alles, das Arbeitsvisum, Alfredos steile Karriere und einen guten Job für mich. Doch meine Geduld wurde extrem auf die Probe gestellt.

Wenigstens konnte ich die freie Zeit für Sightseeing und überraschende Begegnungen in meiner neuen Heimat nutzen. Als Nächstes war das Museum für Islamische Kunst (MIA – Museum of Islamic Art) an der Reihe. Seine meisterliche Architektur hatte ich ja schon bewundert, jetzt wollte ich wissen, was es mit seinem Ruf auf sich hatte, eines der weltweit bedeutendsten Museen für islamische Kunst zu sein.

Es lohnte sich: beeindruckende Keramik sowie Wandverkleidungen aus Ebenholz und Elfenbein, aber auch Seide, kostbare Teppiche, kunstvolle Glas- und Metallarbeiten – und ein wunderschönes, mit Edelsteinen verziertes Schmuckstück in Form eines Falken. Ihm widmete ich besonders viel Zeit. Er war wie eine stille Mahnung, mich nicht von meinem Plan abbringen zu lassen, hier in Qatar die Falknerei zu erlernen. Doch erst mal musste ich mir unbedingt einige Bücher über Falken besorgen. Amazon würde ja wohl trotz fehlender Postleitzahl in die West Bay Lagoon liefern.

Am Ende meiner MIA-Tour sah ich in einen Saal hinein und war verblüfft, offenbar in einer Van-Gogh-Ausstellung gelandet zu sein. Der große Niederländer im Wüstenstaat Qatar, noch dazu in einem Museum für islamische Kunst? Kein Mensch war in der Ausstellung außer mir und den sechs oder sieben Wachmännern. Es muss sich um Kopien handeln, überlegte ich. Allerdings sprach die Anzahl der Wachmänner gegen diese Theorie. Genüsslich schritt ich von Bild zu Bild, betrachtete manche von jedem Winkel aus, ganz in Ruhe, als hingen die Meisterwerke nur für mich in diesem angenehm kühlen Saal.

Wie gerne hätte ich jetzt Alfredo, der die Kunst doch so sehr liebte, an meiner Seite gehabt. In Madrid waren wir sogar Mitglieder des Prado-Museums gewesen. Hoffentlich schaffte er es irgendwann, ebenfalls in diesen Genuss zu kommen. Bisher hatte er vor lauter Arbeit außer dem Flughafen, unserer Villa und The Pearl noch nichts von Qatar gesehen.

Eigentlich konnte ich es gar nicht erwarten, endlich die Wüste zu entdecken. Aber allein? Umso froher war ich, dass meine Freundin Sinje in drei Wochen zu Besuch kommen wollte, dann würden wir zusammen auf Entdeckungstour gehen.

In der Zwischenzeit wollte ich mich endlich für einen Arabischkurs anmelden. Also suchte ich mir die Adresse einer Schule heraus, die direkt an der großen Moschee lag. Immerhin kannte ich mich in der Gegend schon aus. Gleich am nächsten Tag ging ich in die Schule, doch an der Information teilte man mir mit, dass die Arabischklassen in der FANAR-Moschee schon ausgebucht und im Gange seien. Enttäuscht fragte ich, an welche Schule ich mich stattdessen wenden könne, und erhielt eine Empfehlung.

Alavi fuhr mich sofort hin. Doch der Mann an der Rezeption des »Guest Center«, an dem Arabisch- und Islamkurse für Integrationswillige angeboten werden, schaute mich an wie einen Geist. Da ich aber nun mal kein Geist war, fragte ich ihn geradeheraus, wo ich mich für den Anfängerkurs Arabisch anmelden könne. »Na ... ähm ... auf jeden Fall nicht hier«, antwortete er. »Da müssen Sie ... ähm ... zum Guest Center für Frauen gehen.« Aha. Daher dieser ungläubige Blick. Glücklicherweise musste ich nur auf die andere Straßenseite gehen, um von einer netten Frau mit einem herzlichen »Salam aleikum« begrüßt zu werden. Ich füllte das Anmeldeformular aus, bezahlte den kompletten Kurs und bekam dafür schon mal ein Lehrbuch. »Shukran!«*, sagte ich – so viel hatte ich immerhin bisher aufgeschnappt – und ließ mich, stolz, wieder etwas von meiner To-do-Liste streichen zu können, nach Hause fahren.

Dort wurde ich aber nicht wie erwartet nur von Donald, sondern auch von einem völlig aufgelösten Alfredo empfangen. »Ich dachte, du musstest heute dringend geschäft-

---

* Arabisch: Danke!

lich nach Abu Dhabi fliegen?!«, sagte ich. »Ja«, brummte er, »musste ich auch, aber ich wurde nicht rausgelassen.«

Alfredo hatte heute Bekanntschaft mit der Kehrseite des qatarischen Arbeitsvisums gemacht: Mit der knappen Feststellung »Ihre Ausreisegenehmigung ist abgelaufen« blieb die Schranke am Flughafen für ihn unten. Ich war geschockt, als ich das hörte. Das ist doch Freiheitsberaubung. Alfredo telefonierte daraufhin überall herum, rief den persönlichen Sekretär des Scheichs an und musste sich beherrschen, nicht laut zu fluchen.

Ich konnte mir in dem Moment gut vorstellen, wie es sich anfühlte, plötzlich in einem fremden Land eingesperrt und machtlos zu sein. Ein europäischer Pass ist tatsächlich viel wert, weil man damit ohne besonderes Einreisevisum in die meisten Länder reisen kann. Wer allerdings wie Alfredo erst mal den qatarischen Residenzstatus erreicht hat, ist abhängig vom Goodwill seines Sponsors. Dieser kann einem jederzeit die Ausreisegenehmigung entziehen oder eben nicht verlängern. So gesehen war ich mit meinem Touristenvisum eigentlich noch gut dran, aber ich hatte einfach keine Lust mehr, jeden Monat ausreisen zu müssen, und wollte auf eigenen Beinen stehen. Bisher waren Konten, Telefon und Internet auf Alfredo angemeldet, seinem Visum sei Dank. Aber mit jedem weiteren Tag ohne eigene Identität kribbelte es mich mehr in den Fingerspitzen, die Dinge endlich selbst in die Hand zu nehmen.

Einer meiner neuen Kontakte, den ich über eine der diversen Expat-Gruppen geknüpft hatte, leitete seit Jahren sein eigenes Büro in Qatar. Ihn fragte ich, ob er sich mit Visumanträgen auskenne. »Das ist meine Spezialität«, sagte er lachend. »Gib mir einfach mal alle Dokumente.« Ob das so einfach ginge? Schließlich lagen meine Dokumente schon seit

Ewigkeiten beim Scheich. Also machte ich mich kurzerhand auf den Weg zum persönlichen Sekretär des Scheichs und forderte meine offiziellen Dokumente ein.

So rot wie der Sekretär unter seinem weißen Tuch wurde, schien er sich ziemlich zu schämen. »Nein, nein, ich werde alles jetzt sofort erledigen«, betonte er. »Jetzt sofort? Darauf warte ich seit knapp vier Monaten! Es reicht.« Er bettelte förmlich und entschuldigte sich wieder und wieder, aber mein Entschluss stand fest – und die Dokumente wurden mir ausgehändigt. Wie besprochen brachte ich sie zu dem Expat-Experten und registrierte hocherfreut, dass er auf der Stelle loslegte. Es dauerte keine Minute, da war schon alles in Bewegung gesetzt.

Los ging es mit dem obligatorischen medizinischen Test in der eigens dafür vorgesehenen Klinik, wo ich mich in einer ewig langen Warteschlange einreihen musste. Vor und hinter mir standen diverse Frauen aus allen möglichen Ländern. Die Männer wurden in einer anderen Klinik untersucht.

Nach anderthalb Stunden fragte mich die Dame an der Anmeldung: »You are Dutch?« »No, I am German«, antwortete ich, aber sie beharrte darauf, dass in meinem Pass »Deutsch« stehe und ich daher Holländerin sein müsse. So geduldig wie möglich erklärte ich ihr den Unterschied, bis sie mir schließlich glaubte, wenngleich sie das »German« mit einem ziemlich skeptischen Stirnrunzeln in das Formular eintrug. Aber egal, Hauptsache ich hatte das Formular.

Und ab ging es zum Röntgen beziehungsweise in die nächste Warteschlange. Weitere 45 Minuten später: ausziehen, Strahlenschutz anlegen, Formular überreichen, »Bitte da rein, bloß nicht bewegen«, zack, wieder anziehen, raus und weiter. Jetzt stand ich immerhin schon in der Bluttestschlange. Sobald ich meine Tube Blut abgegeben hatte, durfte ich erst einmal nach Hause gehen. Jetzt hieß es abwarten, bis die Auswertungen vorlagen. Bei Aids oder Tuberkulose wird einem der Aufenthalt grundsätzlich verweigert, ansonsten wird grünes Licht gegeben, ein bisschen Blut in das qatarische DNA-Labor geschickt und dort in einer Datenbank für immer und ewig gespeichert. Dabei soll es sich um eine der größten DNA-Datenbanken der Welt handeln. Datenschutz? Fehlanzeige. Willkommen in Qatar.

Auf einem Event der Deutschen Botschaft hatte ich vor einigen Wochen einen Mann kennengelernt, der für die Qatari komplette Überwachungskamera-Netzwerke aufgebaut und Telefonabhörsysteme installiert hat. Für ihn war es glasklar, dass jeder Expat zu jeder Zeit überwacht werden konnte, ganz so, wie es dem Staat gerade passt. Das klingt erst mal bedrohlich, resultiert aber aus schlechten Erfahrungen. Immerhin sind die Qataris im eigenen Land eindeutig in der Minderheit.

Ich hörte immer wieder wilde Geschichten aus der Zeit, als die Kontrolle noch nicht so professionalisiert gewesen war. In den späten 1960er- und 1970er-Jahren sollen viele Amerikaner und Engländer, die für hiesige Ölkonzerne arbeiteten, in großem Stil die Zeche geprellt haben. Sie mieteten riesige Wohnungen oder ganze Villen, führten mit ihren Mobiltelefonen ständig teure Auslandsgespräche, mieteten sich Autos und reisten dann einfach aus, ohne je ihre Rechnungen bezahlt zu haben, obwohl sie horrende Gehälter kassiert hatten – steuerfrei natürlich.

Heute wären solche Betrügereien aufgrund der rigiden Aufenthaltsgenehmigung ausgeschlossen. Und eine Wohnung bekommt nur, wer die Miete per Scheck für ein Jahr im Voraus bezahlt hat. Sollte der Scheck nicht gedeckt sein, kommt man erst einmal ins Gefängnis, bis die Angelegenheit geklärt ist. Die Qataris haben also aus den schlechten Erfahrungen gelernt, denn ihnen ist anzumerken, wie sehr ihr Stolz verletzt wurde: Trotz aller Gastfreundschaft hegen sie gegenüber Expats und Gastarbeitern stets ein gewisses Misstrauen.

Ich konnte es nicht fassen: Der Scheich hatte mich im Stich gelassen und sein Versprechen einfach gebrochen. Monate waren vergangen, ohne dass irgendetwas geregelt worden war, und mir war es innerhalb einer Woche gelungen, nicht nur den medizinischen Test zu absolvieren, sondern auch das ersehnte grüne Licht zu bekommen.

Nun durfte ich endlich meine Fingerabdrücke abgeben, und das dürfte ja wohl keine große Hürde sein, immerhin kannte ich das Procedere schon aus Spanien, wo es für meinen spanischen Residenzausweis erforderlich gewesen war.

Alavi fuhr mich zu dem Mesaimeer Immigration Center am anderen Ende der Stadt. An der Rezeption musste ich nur meinen Namen nennen, nicht »Deutsch« und »Dutch«, denn die Details waren längst in der Datenbank abgespeichert, griffbereit für sämtliche Behörden. Der freundliche Polizist forderte mich auf, erst jede Fingerkuppe einzeln auf eine digitale Platte zu drücken, dann jeden Finger und schließlich jeweils die ganze Hand. Alles ging zügig und ganz ohne schwarze Tinte. Höflich bedankte ich mich und begab mich auf den langen Rückweg nach Hause.

Allerdings erhielt ich gleich am nächsten Morgen einen Anruf der Polizei, dass meine Fingerabdrücke leider nicht lesbar seien und ich noch einmal vorbeikommen müsse, um das Ganze zu wiederholen. Komisch, dachte ich, aber kann ja mal passieren. Wieder der lange Weg an den Stadtrand, wieder hinein ins Polizeigebäude, wo ich gebeten wurde, Platz zu nehmen. »Gleich kommen Sie dran.« Ich befürchtete schon, nun stundenlang warten zu müssen, aber nach nur zehn Minuten wurde ich hereingerufen und drückte wieder brav Fingerkuppen, Finger und Hände auf die Platte. »Und ist jetzt alles leserlich?«, fragte ich am Schluss sicherheitshalber nach. Der Polizist nickte und sagte, die Behörde werde sich bei mir melden.

Am nächsten Tag hätte ich aus Verzweiflung weinen können. »Ihre Fingerabdrücke sind nicht lesbar, Sie müssen bitte noch einmal zur Polizei kommen.« Dass ich bereits zwei Mal umsonst dort gewesen war, interessierte niemanden. Ich sollte einfach noch einmal kommen. Punkt. Na schön, geht ja wohl nicht anders, beruhigte ich mich. Und wie heißt es doch: Aller guten Dinge sind drei. Als ich Alavi bat, mich wieder zu jener Polizeidienststelle zu bringen, grinste er.

Kaum hatte ich meinen Fuß in das Gebäude gesetzt, verlangte ich, einen Vorgesetzten zu sprechen. Nach anfänglichen Verständigungsschwierigkeiten wurde ich in meinem Anliegen offenbar ernst genommen und um ein wenig Geduld gebeten. »Sie werden dann aufgerufen.« »Nein«, erwiderte ich. »Ich will *jetzt* mit ihm sprechen, immerhin bin ich schon zum dritten Mal hier. Das kostet mich alles unnötig Geld und Zeit.«

Zeit interessiert die geduldigen Araber jedoch überhaupt nicht. »*Inschallah* wird es diesmal klappen«, meinte der Polizist in ruhigem Ton. Und ich glaube, es war diese Redewendung und dieser unglaubliche ruhige Tonfall, die mich ausrasten ließen. »Das ist doch keine Gottesfrage! Sie machen Ihre Arbeit nicht richtig. Dafür kann Allah auch nichts. Wenn Sie hier etwas falsch machen oder nicht abspeichern, dann sind Sie selber schuld, aber ein viertes Mal mache ich den Mist hier nicht mit. Sie werden das heute so oft wiederholen, bis alles richtig im System ist. Und zwar ohne *Inschallah*. Vorher werde ich hier nicht weggehen, und wenn ich hier übernachten muss!«

Das hatte offenbar gesessen, zumindest sahen mich die

beiden Polizisten mit großen Augen an, als ein älterer englischer Herr im feinen Zwirn neben mich an die Rezeption trat und meinte: »Dem kann ich mich nur anschließen.« Es sei eine bodenlose Frechheit, denn er sei nun schon zum fünften Mal hier. »Das dürfen wir uns nicht mehr bieten lassen.« Sofort blitzte ich den perplex dreinschauenden Polizisten an: »Da hören Sie's. *Fünfmal*. Und Sie meinen, Allah kann was dafür. Jetzt machen Sie endlich Ihre Arbeit richtig, und dann gehen wir wieder.«

Natürlich hätten der Engländer und die deutsche Furie auch hochkant rausgeschmissen werden können, aber stattdessen wurde tatsächlich der Vorgesetzte geholt, der nun alles überwachte und zusah, dass jeder Abdruck deutlich zu erkennen und korrekt abgespeichert war. Und siehe da: Schließlich hielten der Engländer und ich unsere Qatar-ID in den Händen. Die Aufenthaltsgenehmigung!

Jetzt war nur noch die mehrfache Ausreisegenehmigung, das Multiple Exit Visum, zu beantragen und von Alfredo zu unterschreiben, da er aus Sicht der Qataris mein Sponsor war. Von da an würde Alfredo über jede meiner Ausreisen per SMS informiert und die Genehmigung auch jederzeit widerrufen können. Darüber wollte ich jetzt aber lieber nicht nachgrübeln. Stattdessen sprang ich freudestrahlend zu Alavi ins Auto und wedelte mit dem hart erkämpften Plastikkärtchen.

Nun musste ich mich, »unserem« wortbrüchigen Scheich sei's gedankt, noch auf Jobsuche begeben. Aber warum sollte ich nicht auch das hinbekommen? Die Qatari-ID hatte ich schließlich auch ergattert. Erst mal begab ich mich mit unserem – *Inschallah!* – funktionierenden Internet auf Firmensuche, schaute auf Jobagenturen nach, lud meinen Lebenslauf dort hoch und stellte mir eine Excel-Liste mit spannenden Unternehmen wie Qatar Airways, Qatar Museums und Qatar

67

Foundation zusammen. Auf deren Webseiten suchte ich nach Stellenausschreibungen und dem Kontakt zur Personalabteilung, um mich dort gegebenenfalls initiativ zu bewerben. Jedes Detail wurde in meiner Excel-Tabelle vermerkt. Ab jetzt würde ich jeden Tag ein paar Bewerbungen rausschicken. Ich war gespannt, was dabei herauskommen würde.

Was nun noch fehlte, war der Führerschein. Dazu war zum Glück nur ein (einziger!) Augentest nötig, weil der deutsche Führerschein in Qatar anerkannt und direkt auf einen qatarischen umgeschrieben wird. Diesmal lief alles glatt, und nur drei Tage später konnte ich erstmals allein durch Doha kurven. Als Ziel hatte ich den Carrefour-Supermarkt auserkoren, um meine Testfahrt mit dem Einkauf zu verbinden. Ich dachte, jetzt fährst du einfach mal nach Gefühl, und wenn's falsch ist, dann lernst du den Weg gleich besser kennen und Neues hinzu.

Ich steuerte unseren Mietwagen aus dem Compound hinaus, vorbei am Golfplatz, fuhr am Kreisverkehr links und an der Ampel rechts, dann wieder ein paar Kreisverkehre geradeaus – und plötzlich war ich mir nicht mehr sicher, ob ich jetzt nach rechts oder links fahren sollte, und entschied mich für rechts. Die Shopping-Mall »Landmark«, in der das Carrefour lag, war eigentlich von der Autobahn aus zu sehen, doch ich sah nichts dergleichen. Stattdessen wurden die Häuser niedriger und weniger. War ich etwa auf dem Weg in die Wüste?

Ich nahm die nächste Ausfahrt und hielt nach jemandem Ausschau, den ich nach dem Weg fragen konnte. Doch Qatar war nun mal kein Land der Fußgänger. Und so war der einzige Mensch weit und breit ein gemütlich dahinschlendernder Qatari, der offenbar gerade seinem Nachbarn einen Besuch abstatten wollte. Als ich ihn ansprach, merkte ich sofort, dass er mich kaum verstand, aber die Shopping-Mall »Landmark« war ihm ein Begriff. Er schüttelte den Kopf, sagte: »Doha,

Doha!«, und wies mit dem Finger in die entgegengesetzte Richtung. Aha, ich hätte also links abbiegen müssen.

Ein paar Tage später kam Sinje endlich an – und ich konnte sie allein (Hurra!) mit dem Auto vom Flughafen abholen. Ich freute mich riesig auf meinen allerersten Besuch, konnte es kaum erwarten, Sinje all das zu zeigen, was ich schon entdeckt hatte, und mit ihr zusammen die Wüste zu erobern. Ich war froh, dass ich mir diesen besonderen Ausflug für Sinje aufgespart hatte.

An unserem ersten Abend führte Alfredo uns zum Essen in die Pearl aus. Sinje war beeindruckt vom Glanz und Glamour der Wüstenstadt. So viele neue Gebäude im arabischen Stil neben modernen Wolkenkratzern, die architektonische Hingucker waren, und an jeder Ecke Restaurants mit Speisen aus aller Welt für den verwöhnten Gaumen. Sinje kam aus dem Staunen nicht mehr heraus. Aber am meisten amüsierte sie sich darüber, dass ich eigens für sie ein Bett besorgt hatte. »Na, das nenn' ich Gastfreundschaft auf Arabisch«, lachte sie, als ich ihr das Gästezimmer in unserer Villa zeigte, riss das Fenster auf und atmete tief die aromatische Nachtluft ein.

Da Alfredo morgens früh wieder nach Saudi-Arabien fliegen musste, bereitete ich Sinje und mir erst mal ein gemütliches Frühstück auf der Terrasse, während sie unter Donalds Aufsicht ein paar Runden im Pool schwamm und immer wieder zu mir herüberrief, wie herrlich es sei, hier zu sein. Was würde sie erst sagen, wenn ich ihr den Strand, den Souq und all die anderen Schönheiten zeigte? Ich genoss es, Fremdenführerin zu spielen und meiner Freundin meine neue Heimat zu präsentieren. Mein Programm: 1001 Nacht für Anfänger.

Nachdem ich Sinje am ersten Tag durchs Zentrum und Katara geführt hatte, war es am zweiten Tag endlich so weit: der erste Trip in die Wüste. Wie bestellt, fuhr der Toyota Land

Cruiser, gesteuert von Ibrahim, einem geübten Wüstenfahrer, vor die Villa. Denn ohne Erfahrung und nur mit Wasser, Powersnacks, Abenteuerlust und Übermut ausgestattet kann ein Ausflug in die Wüste leicht schiefgehen.

Aufgeregt wie Kinder, die ihr Baumhaus beziehen, kletterten wir auf den Rücksitz. Los ging's. Erst durch die Stadt, die Corniche entlang und am MIA vorbei, dann links ab und danach immer geradeaus. Doha mit seinen funkelnden Wolkenkratzern war schon längst hinter uns; nur noch vereinzelt waren ein paar Häuser zu sehen. Offenbar war ich bei meiner Testfahrt tatsächlich kurz vor der Wüste gewesen. Nach einer knappen Stunde hörte die Straße auf und Ibrahim hielt an. Vor uns breitete sich die kamelfarbene Wüste aus, darüber der strahlend hellblaue Himmel und in der Ferne ein unendlicher Horizont.

»Bin gleich wieder da«, sagte Ibrahim, während er ausstieg, »ich muss nur schnell den Wagen wüstenfit machen.« Er ging von Reifen zu Reifen und ließ überall ein wenig Luft raus. Mit weniger Luft sei es einfacher zu fahren, und man bliebe nicht so leicht stecken, erklärte er uns, als er wieder eingestiegen war und in die Wüste hineinfuhr.

Sinje und ich sprachen kaum ein Wort, so überwältigt waren wir von der Weite und der beruhigenden Schönheit, die sich uns bot. Ein Meer aus Sanddünen.* Wir staunten, filmten, sogen die Eindrücke auf und hatten dabei gar nicht gemerkt, dass Ibrahim auf die Spitze einer Düne gefahren war, als es auch schon mit voller Geschwindigkeit steil hinabging. Das war wie Achterbahnfahren. Sinje und ich juchzten wie kleine Kinder und schrien: »Noch mal, noch mal!!« Und schon waren wir auf der nächsten Düne – und wieder runter und wie-

---

* In der Mesaieed-Region von Qatar liegen die einzigen Sanddünen des Landes.

der hoch und seitlich an den Dünen entlang. Es war einfach herrlich, und das mulmige Gefühl, das ab und zu aufploppte, wurde sofort wieder von dem riesigen Spaß übertrumpft. Außerdem war ein Land Cruiser ein gutes stabiles Auto und Ibrahim ein noch besserer Fahrer.

Sobald wir oben auf einer Düne waren, konnten wir Sand sehen, so weit das Auge reichte. Wie damals in meinem Traum, als Qatar und die Wüste für mich noch fern jeder Realität gewesen waren. Sinje und ich hatten große Lust, die Düne hinunterzurennen. Ibrahim hatte auch nichts dagegen einzuwenden und sagte, er sammele uns unten wieder ein. Als wir losrannten, schien die Düne erst gar nicht so steil zu sein, wir mussten sogar richtig ackern, um die im Sand verschwundenen Beine wieder herauszuziehen, doch plötzlich wurde es gefühlt immer steiler; der Sand ging uns nur noch bis zum Knöchel und bot fast keinen Halt mehr, als wir den Hang kreischend und lachend hinunterrasten. Unten angekommen, war die Perspektive plötzlich völlig anders: Statt die unendliche Weite der Wüste vor Augen, ragte die imposante Sanddüne vor uns auf und ließ einen ganz klein wirken. »Kommt«, rief Ibrahim, »steigt ein, ich will euch noch was zeigen!«

In atemberaubendem Tempo fuhr er mit uns an den Dünen entlang, bis er die letzte steile Düne, die sich vor uns auftürmte, geradewegs hinaufraste. Ich hatte das Gefühl, direkt in den Himmel zu fahren. Und dann sahen wir es: das Meer! Majestätisch lag es vor uns. Es war ein unglaublicher Anblick. Wüste und Meer, Meer und Wüste so dicht beieinander. Wie eine Fata Morgana.

Schweigend saßen wir auf der hohen Düne und atmeten die frische Meeresluft. Der Himmel senkte sich auf den Ozean, als wolle er eine Runde schwimmen gehen. Oder hob der Ozean sich gen Himmel wie ein Falke? Die beiden blauen

Reiche waren miteinander verwoben und hinter uns kilometerweit nur Sanddünen. Die Stille, die uns drei in diesem Moment umgab, war berauschend. Hie und da eine Brise, leichtes Wellenrauschen, die Sandkörner der Wüste, die im Rhythmus des Windes tanzten.

Plötzlich tauchten neben uns zwei Kamele auf. Die beiden »Schiffe der Wüste« verbeugten sich vor uns und ließen sich auf ihren ebenso langen wie dünnen Beinen nieder. Den kleinen hageren Kamelführer hätten wir vor lauter Kamelen fast übersehen. »Bitte aufsetzen!«, sagte Ibrahim. Ungläubig schauten Sinje und ich uns an, dann die Kamele und schließlich wieder Ibrahim. »Na, los jetzt ihr zwei, oder braucht ihr etwa eine Extraeinladung?«

Von wegen! Sofort kletterten wir auf den Rücken der Kamele und waren gespannt wie kleine Kinder. Der Kamelführer versicherte sich, dass wir korrekt saßen. »Halten Sie sich am Sattel fest«, forderte er uns lächelnd auf. Und dann standen die Tiere auf seinen Befehl hin auf. Eigentlich ganz sanft, aber es ruckelte trotzdem ziemlich heftig. Tausend Pferde war ich schon geritten, aber noch niemals ein Kamel. Es war ein komplett anderes Gefühl, wie auf Stelzen zu gehen. Langsam und selbstsicher begannen die Kamele, die Düne hinunterzuschreiten. Jeder ihrer Schritte zwang Sinjes und meinen Körper dazu, sich im Kamelrhythmus zu bewegen. »Wir treffen uns im Zelt!«, rief Ibrahim hinter uns her, während wir ihm dankbar für seine Überraschung zuwinkten und den ersten, wenn auch kurzen Kamelritt unseres Lebens genossen.

Als wir das besagte Zelt erreicht hatten, setzten sich unsere treuen Reittiere wieder und ließen uns absteigen. Sinje strahlte übers ganze Gesicht und umarmte »ihr« Kamel zum Abschied wie einen guten Freund, während ich »meinem« tief in seine schönen Augen schauend die Stirn streichelte.

Ibrahim gesellte sich zu uns und erklärte, dass es sich bei dem Zelt um ein traditionelles Beduinenzelt handele. Es war mithilfe von Holzpfählen aufgespannt worden und schützte die kostbaren Perserteppiche und bestickten Sitzkissen vor der Sonne. Vor dem Zelt war eine mit Steinen eingerahmte Kuhle für das Lagerfeuer vorbereitet. »Hier brutzelt nachher unser Abendessen«, sagte Ibrahim. Jetzt erst merkte ich, dass ich inzwischen einen Bärenhunger hatte.

Wüste, Zelt und Lagerfeuer – Sinje und ich fühlten uns wie kleine Pfadfinder in der großen Wüste. Auf einmal entdeckte ich einen kleinen Falken, der seelenruhig auf der anderen Seite des Zeltes stand. Vermutlich ein Turmfalke, dachte ich, war mir aber nicht hundertprozentig sicher. Er war so klein, so elegant und offensichtlich sehr selbstbewusst. Ich drehte mich zu Ibrahim um und fragte, ob es ein Turmfalke sei. »Ja«, sagte er, »ein *Sherias**.« Kerzengerade stand er auf seinem Block, mitten in der Wüste, während hinter ihm das Meer in der untergehenden Sonne funkelte. Der Falke und ich beobachteten uns, ich wie immer fasziniert von seiner kraftvollen Anmut, er eher skeptisch bis hochmütig.

Im nächsten Augenblick verschwand die Sonne im Meer. Das Zelt, die Wüste, das Meer lagen im Dunkeln – und ich wusste, ich hatte mich in diesen Ort verliebt. »*Layla sa'ieeda*«**, sagte ich leise. Gute Nacht, du wunderbarer Wüstentag!

---

* *Sherias* ist die arabische Bezeichnung für Turmfalke.
** Gute Nacht auf arabisch

5
Das Gastgeschenk

Das wahre Geschenk besteht nicht in dem, was gegeben oder getan wird, sondern in der Absicht des Gebenden oder Handelnden.
                            Lucius Annaeus Seneca

Ein schickes Auto nach dem anderen fuhr vor unserer Villa vor – eine Karawane von Luxuskarossen mit verdunkelten Scheiben. Am Steuer saßen indische Chauffeure, im Fond die Frauen, die ich eingeladen hatte. In Qatar dürfen Frauen zwar durchaus ihren Führerschein machen und Auto fahren, aber die meisten entscheiden sich doch für die bequeme Variante mit Fahrer.

Seit drei Wochen war unser Haus fertig eingerichtet: Die Designermöbel aus Spanien standen an ihrem Platz, die Ikea-Möbel waren zur Seite gerückt, die letzten Kisten ausgepackt und alles verstaut. Jetzt war die Villa nicht mehr nur eine schöne Hülle, sondern ein einladendes Zuhause mit genügend Sitzgelegenheiten. Hier wollte ich nun meine neuen qatarischen Freundinnen begrüßen. Zwar hätte ich auch gerne den einen oder anderen Mann eingeladen, Rashid zum Beispiel oder auch Abdulaziz, den Sekretär des Scheichs, mit dem wir uns trotz aller geplatzter Versprechungen gut verstanden, aber das hätte gegen die Tradition des Landes verstoßen: Sind Frauen zu Gast, darf kein Mann anwesend sein – auch nicht der eigene. Alfredo hatte sich deshalb für den Abend mit einem Freund verabredet und unser Haus schon vor zwei Stunden verlassen.

Elegante, perfekt geschminkte Damen in Abayas entstiegen den Wagen, wobei kurz die roten Sohlen ihrer beängstigend hohen Stilettos hervorblitzten. Einige von ihnen hatte ich auf einem Empfang der spanischen Botschaftergattin kennengelernt, darunter auch Mariam, eine besonders herzliche Qatarerin Anfang 30 und Mutter von vier Kindern. Ihre beiden Töchter Aisha und Latifa hatte sie heute Abend auch mitgebracht. Jede von ihnen kam mir mit einer Pralinenschachtel entgegen, gefolgt von dem Fahrer, der einen riesigen Karton ins Haus trug. Mariam, die offenbar meinen erschreckten Blick bemerkt hatte, sagte lachend: »Es ist nur ein Kuchen, meine Liebe.«

Einen Kuchen hatte ich zwar auch gebacken, aber neben dem Ungetüm, das nun zum Vorschein kam, wurde er zu einem unscheinbaren Keks. Mariams Mitbringsel ähnelte einer fürstlichen Hochzeitstorte von Qatars Profi-Konditor. Vermutlich hätte man damit die französische Bevölkerung vor der Revolution ernähren und so Marie Antoinettes Kopf retten können. Nun aber thronte dieses Monstrum in meinem Wohnzimmer, und selbst wenn ich die Hälfte an die Nachbarschaft verschenken und alle Kühlschrankfächer ausbauen würde, überlegte ich, wäre der Kühlschrank zu klein. Doch mir blieb keine Zeit, nach einer Lösung für das Tortenproblem zu suchen, weil bereits weitere Damen in Reih und Glied am Eingang darauf warteten, dass ich sie einzeln begrüßte und hereinbat.

Weitere Damen hieß auch weitere Gastgeschenke: Pralinen, prachtvolle Blumensträuße, Parfums und *Bukhur*[*].

---

[*] Auch *Bakhoor*; arabisches, wohlduftendes Räuchermittel.

Meine liebe Nachbarin Hamda, Rashids Mutter, die mit zwei ihrer Töchter ganz sportlich zu Fuß gekommen war (200 Meter), überreichte mir eine goldene Karaffe, gefüllt mit ihrem hausgemachten *gahwa*, den ich so gerne trank, wenn ich bei ihr zu Besuch war. Diese aufmerksame Geste rührte mich.

Auch Mariams Schwägerin Sarah hielt eine riesige Box mit wunderschönen Schleifen im Arm. In der Hoffnung, nicht noch eine Mammuttorte unterbringen zu müssen, wollte ich sie beiseitestellen, um Sarah mit den typischen drei Luftküsschen an der rechten Wange zu begrüßen, aber sie sagte: »Mach es auf!« Gespannt öffnete ich das Paket und zog eine herrliche Abaya hervor. Ein Traum aus schwarzer Seide, besetzt mit türkisfarbenen Steinchen auf Schultern und Manschetten. Die Frauen, die um uns herum standen, klatschten, als ich das kostbare Gewand anhielt und mich zweimal drehte wie ein Mannequin. Nun hatte ich also meine erste Abaya.

Wieder klingelte es, wieder waren Limousinen vorgefahren. Ich hatte 25 Damen eingeladen, aber es konnten auch mehr kommen, da es immer sein kann, dass jemand seine Mutter, Schwester, Tochter oder Cousine, in seltenen Fällen auch eine Freundin mitbringt.

Sehr selbstbewusst stieg die 19-jährige Fatma aus dem Auto, gefolgt von ihrer jüngeren Schwester Badria. Mit Fatma hatte ich mich sofort verstanden und ihr auf dem Empfang sogar ein paar Schritte der spanischen Sevillanas beigebracht. Fatma sprudelte vor Lebensfreude und Unternehmungslust, war entschlossen und zielstrebig. Wir verbrachten viel Zeit miteinander, trafen uns in einer Shopping-Mall oder bei ihr zu Hause, wo ich auch Badria und ihre anderen Schwestern und Brüder kennenlernte. Es war so vertraut, als würden wir uns schon eine halbe Ewigkeit kennen.

Als ich gerade die Tür hinter Fatma und Badria schließen wollte, bat Fatma, sie bitte noch einen Moment offen zu lassen. Da kam auch schon ihr Fahrer die Auffahrt herauf, in der rechten Hand einen großen weißen Vogelkäfig. In der Dunkelheit konnte ich kaum etwas erkennen, doch als er hereinkam, sah ich einem kleinen Falken in die Augen. Ernst und wie erstarrt hockte er in dem Käfig. Ich war sprachlos und von der Situation überfordert, zumal sich bereits die nächsten Damen am Eingang drängten.

Schließlich saßen 30 verschleierte* Frauen und ein Falke in meinem Wohnzimmer. Ohne lange nachzudenken, stellte ich den Käfig samt Falken in das ruhige, dunkle Gästezimmer und verschloss die Tür. Danach widmete ich mich meinen Aufgaben als Gastgeberin und sorgte dafür, dass alle etwas zu essen und zu trinken hatten. Da Wasser nicht sehr beliebt und Alkohol verboten ist, hatte ich diverse süße Fruchtcocktails, unter anderem aus Melonen-, Erdbeer- und Himbeersaft, vorbereitet sowie Limonade mit frischer Minze. Zum Glück standen mir neben unserer philippinischen Hausangestellten Wilma zwei *maids*** zur Seite, um die Gesellschaft zu bedienen; fleißig reichten sie Häppchen herum und hielten die Damen auch sonst mit Speis und Trank bei Laune. Nachdem die Haustür geschlossen worden war, hatten die meisten Frauen ihr Kopftuch abgelegt und ihre Haarpracht enthüllt, andere

---

* Die Abaya samt Kopftuch gilt als Verschleierung. Der Islam schreibt lediglich die Kopfbedeckung, also das Kopftuch (*sheila*), vor. Die Abaya gibt es als Einteiler, der vom Kopf über den ganzen Körper reicht, sowie als Zweiteiler: ein Umhang mit einer langen *sheila*. Manche Frauen verdecken mit diesem Kopftuch zusätzlich ihr gesamtes Gesicht, andere tragen darüber hinaus eine *burka*, ein separates Gesichtstuch, das nur die Augen frei lässt.
** Weibliche Hausangestellte.

sogar ihre Abayas ausgezogen, die sie über feinster Prêt-à-porter-Mode trugen. Wir Frauen waren ja jetzt unter uns.

So glücklich ich darüber war, endlich mal ein volles Haus zu haben, so sehr wünschte ich es mir wieder leer, um Zeit für den Falken zu haben. Am liebsten hätte ich mich sofort zusammen mit dem Falken ins Gästezimmer eingesperrt, doch als Gastgeberin konnte ich mich ja nicht einfach zurückziehen. Stattdessen plauderte ich mal mit dieser, mal mit jener Dame. Hamda fragte mich, ob ich eigentlich inzwischen eine Arbeit gefunden habe. »Ja! Ich hatte den Maiball für die AHK* organisiert mit Deutscher Botschaft, Sponsoren und allem Pipapo. Daraufhin meldete sich eine deutsche Eventagentur, die Personal suchte. Und da arbeite ich jetzt an verschiedenen Projekten mit.« »Aber wolltest du denn nicht bei Qatar Foundation oder Qatar Museums arbeiten?«, fragte Mariam. »Eigentlich schon, aber auf meine Bewerbungen bekam ich keine einzige Antwort. Also habe ich jetzt einfach zugegriffen.«

Die Frauen in der Runde arbeiteten nicht, Mariams Töchter und Fatmas Schwester Badria gingen noch zur Schule, und Fatma selbst fing gerade an, Politikwissenschaften zu studieren. Vor allem die verheirateten Frauen verstanden überhaupt nicht, wieso mir so viel daran lag zu arbeiten. Ich hatte doch einen Mann, ein wunderschönes Haus und sollte mich doch lieber mal um Kinder kümmern ...

Wie dankbar war ich meiner neuen Nachbarin, Minou, einer netten Niederländerin, die vor Kurzem in Villa 4 eingezogen war, für ihre Unterbrechung: »Mein Mann arbeitet bei Qatar Museums«, sagte sie. »Gib mir doch mal deinen Lebenslauf, und ich leite ihn weiter.« Auf gute Nachbarschaft, kann ich da nur sagen. »Ja, gerne. Danke, Minou!«

---

* Auslandshandelskammer.

Froh, weiterer Fragerei zu entkommen, setzte ich mich neben Fatma und knuffte sie mit gespieltem Ernst am Oberarm: »Bist du verrückt geworden, mir einen lebendigen Falken zu schenken? Was soll ich denn bloß mit dem machen?« »Da fragst du die Falsche«, lachte Fatma. »Falknerei ist doch Männersache, davon hab *ich* keine Ahnung. Meine Welt ist Haute Couture und nicht die staubige Wüste. Aber deine Augen funkeln jedes Mal, sobald du nur ein Bild von einem Falken siehst. Stimmt's?« »Ja, aber ...« »Außerdem wurde mir gesagt, es sei ein Anfängerfalke.« Wieder lachte Fatma. »Also genau das, was du jetzt brauchst.« »Aber ich habe doch gar keine Ahnung davon. Könnten mir vielleicht deine Brüder zumindest die Grundlagen beibringen?« »Die bestimmt nicht. Wir sind ja keine Beduinen. Wir sind Stadtmenschen.« »Und was genau ist der Unterschied?«, fragte ich verwundert. »Na, Beduinen sind sozusagen Wüstenmenschen. Sie kennen sich in der Wüste aus, wissen, wie man Araber-Pferde und Kamele reitet. Und viele, wenn auch nicht alle Beduinen wissen auch, wie man mit Falken umgeht.«

Völlig fasziniert von Fatmas Erläuterung wollte ich nun wissen, was denn genau »Stadtmenschen« seien. »Na ja«, Fatma dachte kurz nach, »einige sind auch Fischer und Perlentaucher. Städte entstanden früher fast immer am Meer, wegen der Handelswege. Und Perlen sind nun mal beliebte Handelsware, daher war Perlentauchen auch eine beliebte Arbeit bei den ersten Stadtmenschen. Beduinen hingegen waren fast Selbstversorger in der Wüste ...«

»Gibt es noch mehr Granatapfelsaft?«, fragte Mariam.

Am liebsten hätte ich mich noch stundenlang mit Fatma über Beduinen, Falken und Perlentaucher unterhalten, aber dafür hatte ich zu viele Gäste. Darum umarmte ich sie jetzt nur kurz, aber ganz fest. »Tausend Dank!« Denn sie hatte mir meinen größten Wunsch regelrecht von den Augen abgelesen und mal eben so erfüllt, weil sie an mich glaubte. Dafür war und bin ich ihr unendlich dankbar. Und schon waren wir beide wieder eingebettet in das Stimmengewirr, und ich sah zu, dass Mariam ihren Saft bekam.

Es wurde viel gegessen, geredet und gelacht; zwischendurch zeigten sich die Frauen gegenseitig Fotos und Videos auf ihren Handys. Eigentlich alles wie in Spanien und Deutschland, wenn Frauen unter sich sind, dachte ich, außer dass hier niemand Gefahr läuft, einen über den Durst zu trinken.

Dann versuchte ich ein weiteres Mal, die turmhohe Torte an die Frau zu bringen, doch mein Kuchen, *Tarta de Santiago*, ein spanischer Mandelkuchen, kam tatsächlich besser an, vermutlich weil er für hiesige Verhältnisse verlockend exotisch war. So blieb ich auf dem Albtraum aus Sahne und Marzipan sitzen, als um 2 Uhr morgens auch die letzten Partyladys gegangen waren. Erst jetzt merkte ich, wie erledigt ich war. Ich schaffte es gerade noch, Alfredo zu simsen, dass das Haus nun wieder frauenfrei sei – abgesehen von seiner eigenen natürlich – und er wieder »grünes Licht« habe, bevor ich todmüde ins Bett fiel.

Als ich am nächsten Tag noch völlig verschlafen ein Auge öffnete, lag Alfredo leise schnarchend neben mir. Sehr gedämpft hörte ich den Muezzin zum Gebet rufen. Sofort war ich hellwach, denn das hieß ja, dass es schon Mittag war.[*] Der Falke!, schoss es mir in den Kopf. Hatte ich gestern wirklich einen Falken geschenkt bekommen? Und war der jetzt in unserem Gästezimmer? Der Gedanke erschien mir komplett

---

[*] Von dem Morgengebet bekamen wir nichts mit, doch mittags wurde der Laustärkeregler an den Mikrofonen der Moschee kräftig hochgedreht.

surreal. Minutenlang saß ich aufrecht im Bett, starrte auf die Palme vor dem Fenster, lauschte dem Aufruf zum Freitagsgebet in der Ferne und versuchte, mich zu sortieren.

»Alles in Ordnung, Schatz?«, fragte Alfredo besorgt und legte mir eine Hand auf den Arm. »Ich glaube, im Gästezimmer ist ein Falke«, antwortete ich und erzählte ihm, woran ich mich erinnerte. »Wie bitte? Und du kannst dich nicht erinnern? Dann lass uns lieber sofort nachschauen.« Dem Klang seiner Stimme nach zu urteilen war er von der Aussicht, einen weiteren tierischen Mitbewohner zu haben, nicht sonderlich begeistert.

Gefolgt von meinem Mann, ging ich die Treppe hinunter und öffnete vorsichtig die Tür zum Gästezimmer. Ganz leise und langsam, als wäre dort ein Tiger eingesperrt. Und dort saß der kleine Falke gefasst in seinem Käfig und schaute mich mit stolzem Blick an. »Alfredo? Das war kein Traum.« Ich griff nach seiner Hand und drückte sie ganz fest. »Stimmt ... Und was machen wir jetzt mit dem Vogel?« »Drum kümmern natürlich. Was sonst?«

Ich wusste zwar, dass es ein Turmfalke war, doch trotz meiner diversen Falkenbücher hatte ich herzlich wenig Ahnung vom Umgang mit Falken. Von einem Moment auf den nächsten hatte Fatma mich in die knallharte Realität der Falknerei katapultiert.

Kurzentschlossen rief ich einen ehemaligen Kollegen in Deutschland an; denn ich wusste, dass er mit einem Falkner befreundet war. Vielleicht würde der mir weiterhelfen können. Nach wenigen Minuten hatte ich die Mobilnummer von Stephan. Zwar trennten uns etwa 6.000 Kilometer, aber zum Glück weder sprachliche noch kulturelle Barrieren. Und dank WhatsApp kam es mir vor, als wäre er gleich nebenan. Ich stellte mich kurz vor, dann schilderte ich Stephan die Situation. Stephan hat schon vielen geholfen: jungen Falknern, verletzten Falken und anderen Greifvögeln. Aber ein Falke als Gastgeschenk, das war selbst für ihn neu. »Ich sollte nach Qatar ziehen!«, sagte er lachend. Doch dann wurde er ernst und riet mir, den Turmfalken schnellstmöglich aus dem Käfig zu holen und ihn mit dem passenden Geschüh (siehe Anhang »Falknersprache«) auf einem Block abzustellen.

Nachmittags fuhr ich zum Falken-Souq, um mich mit dem wichtigsten Falkenzubehör auszustatten. Von Falkenhauben und Falkenhandschuhen über das Geschüh und die nötigen Drahlen bis zum Block – alles, was ich brauchte, würde ich dort finden. Ich parkte ganz in der Nähe von einem der vielen Falkenläden und trug den Käfig mit meinem Turmfalken hinein. Der verblüffte Blick des Verkäufers war unbezahlbar. Er vergaß sogar, mich höflich zu begrüßen. Das störte mich herzlich wenig, zumal er Englisch sprach und somit verstand, worum es mir ging.

»Einmal die komplette Ausstattung bitte, mit allem Drum und Dran.« Immer noch sprachlos öffnete der Verkäufer den Käfig und nahm den Falken mit professionellem Griff in die linke Hand, der Falke versuchte sich zu wehren, wurde aber schon im nächsten Moment mit der rechten Hand verhaubt. Im Nu war das Tier wieder ganz ruhig.

Falkenwissen

Aufgrund ihrer extrem sensiblen Augen sind Falken von dem Geschehen um sie herum schnell gereizt. Mithilfe der Falkenhaube, die den Tag zur Nacht macht, werden sie beruhigt. Im Gegensatz zum Menschen, der nur eine Sehgrube hat, verfügt der Falke über zwei Sehgruben, was es ihm ermöglicht, gleichzeitig nach vorn und zur Seite zu schauen. Man sagt, Falken könnten ihre Umwelt in 4D wahrnehmen. Auf jeden Fall aber sind sie in der Lage, viel mehr Farben zu erkennen als wir, achtmal schärfer, bis zu drei Kilometer weit und sogar in Zeitlupe zu sehen. Die Augen sind somit ein besonders wichtiges Organ, das deshalb durch das sogenannte dritte Augenlid besonders geschützt ist.

»Eine entzückende Dame«, sagte der Verkäufer sehr freundlich. »Ach ja?« Ich lächelte. »Wegen ihrer Größe und Färbung hatte ich es mir zwar schon gedacht, war mir aber nicht sicher.« Ruhig, wie die verhaubte Falkendame war, konnte der Verkäufer ihr jetzt auch problemlos das Geschüh anlegen. Dann suchte er mir den passenden Handschuh und einen Block aus, so dass der Falke und ich erst mal bestens versorgt waren. »*Shukran. Ma'asalama**«, sagte ich in meinem Anfängerarabisch und ging mit meiner Falkenlady zur Tür. Der Verkäufer bedankte sich ebenfalls und verabschiedete uns.

Auf dem Weg nach Hause machte ich noch einen schnellen Zwischenstopp beim Supermarkt, kaufte ein paar tiefgefrorene Wachteln – Stephans Tipps hatte ich mir sorgfältig notiert, denn ich wollte auf keinen Fall etwas falsch machen – und dachte über einen Namen für meinen Falken nach: Ich war zwar in Qatar, aber ich fand, der Falke solle einen germanischen Namen tragen und auf diese Weise etwas aus meiner eigenen Kultur in diese fremde Welt bringen. Der Name Kunigunde, bestehend aus *kunni* (Sippe) und *gund* (Kampf), erschien mir passend: Das klang doch, als würde sie die ganze Familie verteidigen, und somit sehr respekteinflößend.

---

* *Ma'asalama* ist eine arabische Abschiedsformel und heißt übersetzt »Der Friede sei mit dir«.

Ein wenig nervös war ich schon, als die kleine Kunigunde und ich abends mit unserem ersten Training begannen. Stephan zufolge sollte ich nämlich von Anfang an trainieren, also schon ab dem ersten Füttern. Ich zog meinen nagelneuen Falknerhandschuh über die linke Hand, setzte die noch verhaubte Falkendame respektvoll darauf und platzierte einige Zentimeter neben ihr kleine Wachtelstückchen. Vorsichtig zog ich an den beiden kurzen Schlaufen der Haube, an der einen mit dem Mund, an der anderen mit meiner freien rechten Hand. Einmal gelockert, nahm ich die Haube behutsam herunter, um Kunigunde ja nicht zu erschrecken. Doch offenbar war auch sie etwas nervös, zumindest schien sie nicht so recht zu wissen, was sie machen sollte. Streng blickte sie mich an, fast schon ein bisschen böse. Ich wagte kaum zu atmen, so gespannt beobachtete ich Kunigunde. Kurz schaute sie auf die Fleischhappen, dann sofort wieder zu mir. Auf Fressen hatte sie gerade keine Lust. Nach einer Weile sprang sie vom Handschuh ab, merkte aber, dass sie angebunden war, und sprang wieder auf. Das wiederholte sich ein paar Mal, bis ich sie wieder verhaubte. Gute Nacht, Kunigunde!

Enttäuscht berichtete ich Stephan von meinem Misserfolg. »Keine Sorge, das ist völlig normal«, beruhigte er mich. »Der Falke muss sich erst mal an dich und seine neue Umgebung gewöhnen. Das dauert. Außerdem ist sie wahrscheinlich sowieso fett und deshalb tatsächlich nicht hungrig.« Trotzdem empfahl er mir, Kunigunde zum Tierarzt zu bringen und einen Check-up vornehmen zu lassen, um sicherzustellen, dass sie gesund ist, bevor ich sie weiterhin trainiere. »Am späten Abend kannst du es aber einfach noch mal probieren, am besten bei Kerzenlicht. Denn auch Falkenfrauen mögen romantische Candlelight-Dinner.« Nicht so Kunigunde: Sie ließ die Wachtelstückchen wieder links liegen.

6
Die freundliche Siegerin

Kämpfe mit Leidenschaft,
siege mit Stolz,
verliere mit Respekt,
*aber gib niemals auf!**

Die Falknerei hatte ich mir gewiss nicht einfach vorgestellt, doch das schwierigste Kapitel würde wohl die erforderliche Geduld sein, weil ich davon herzlich wenig besaß. Also gut, dachte ich, dann ist die Falknerei vermutlich das perfekte Training für Señora Ungeduld.

Abends hatte ich Kunigunde wieder verhaubt, damit sie ruhig schlafen konnte, in der Hoffnung, sie am nächsten Morgen mit einem leckeren Wachtelfrühstück locken zu können. Erwartungsvoll betrat ich kurz nach Sonnenaufgang Kunigundes Zimmer. Die Vorhänge ließ ich vorsichtshalber zu, um jede unnötige Ablenkung auszusperren. Behutsam nahm ich Kunigunde von ihrem Block, setzte sie auf meine Faust und platzierte wieder frisch aufgetaute Wachtelstückchen auf dem Handschuh, bevor ich ihr die Haube abnahm. Gespannt beäugte die Falkendame erst ihre neue Umgebung, dann fi-

---

* Dieser bekannte Motivationsspruch ist inzwischen mein persönlicher Lebensleitspruch.

xierte sie mich. Rasch schaute ich weg, hätte mich am liebsten unsichtbar gemacht. Doch Kunigunde wusste natürlich genau, dass ich da war – und rührte sich nicht vom Fleck. Minutenlang saß sie da, ohne die Fleischstückchen zu beachten, während mein Arm immer schwerer und schwerer wurde und bereits anfing wehzutun. Die Lady war offenbar in den Hungerstreik getreten. Schließlich konnte ich nicht mehr. Seufzend stülpte ich die Haube wieder über Kunigundes edles, aber stures Köpfchen und setzte sie zurück auf ihren Block. »Okay, dann musst du eben ohne Frühstück zum Tierarzt«, sagte ich.

Mit Kunigunde auf dem Rücksitz fuhr ich wenig später nach Katara, wo mir bei meinem Rundgang ein großes Gebäude in Form einer Falkenhaube aufgefallen war, in dem sich eine Falkenarztpraxis befand. Allerdings handelte es sich offenbar um eine sehr gefragte Praxis, denn Kunigunde und ich mussten fast anderthalb Stunden warten, bis wir dran waren.

»Was wollen Sie denn hier?«, fragte der Arzt, der sich vor mir aufgebaut hatte. Obwohl ich schon am Empfang mitgeteilt hatte, dass ich eine Rundum-Untersuchung für meinen Falken wolle, wiederholte ich, worum es mir ging. Daraufhin der Arzt: »Wissen Sie denn überhaupt, was das für ein Vogel ist?« Dieser mürrische Typ in seinem mausgrauen Hemd war mir ziemlich unsympathisch. »Ja, das weiß ich«, antwortete ich, »ein Turmfalke!« Unbeeindruckt von meinem Wissen sagte er: »Ja, aber der frisst keine Nüsse wie ein Papagei.« »Stimmt, ihre Nahrung besteht hauptsächlich aus frischem Fleisch, sie frisst aber auch Insekten. Doch gerade frisst sie gar nichts. Könnten Sie sie jetzt bitte untersuchen?« »Nein, wir untersuchen hier nur große Falken. Außerdem sollten Sie den Vogel lieber zurückgeben. Falken sind nichts für Frauen.«

Sprach's und ließ mich völlig perplex mit Kunigunde auf der Faust stehen.

Was war das denn?, dachte ich wütend, während ich zurück zum Auto ging. So eine Frechheit. Jedem Tierarzt musste es doch zuallererst um das Wohl des Tieres gehen, da konnte es ihm doch wurscht sein, auf wessen Schoß oder Faust das Tier saß. Aufregen brachte mich jetzt aber auch nicht weiter, und Aufgeben kam nicht infrage. Vielleicht hatten Kunigunde und ich ja in der Falkenklinik, die ich im Falken-Souq gesehen hatte, mehr Glück.

Tatsächlich war das Personal am Empfang sehr freundlich, nahm meine Daten auf, stellte Kunigunde auf eine Waage und begann, eine Kartei für die junge Dame anzulegen. Natürlich waren Kunigunde und ich kein alltägliches Gespann. Und dann standen wir auch schon in der Warteschlange zwischen vielen qatarischen Männern mit ihren deutlich größeren Falken. Denen war anzumerken, dass Kunigunde und ich ihrer Ansicht nach nicht hierhergehörten. Wir waren zwei komische Vögel, die aus der weißen Männerreihe tanzten. Die Herren starrten mich an, doch wenn ich zurücklächelte und grüßte, schauten sie sofort zur Decke, als ob nichts wäre.

Als Kunigunde und ich dran waren, fragte der behandelnde Arzt, was genau mich zu ihm führe. »Sie frisst noch nicht. Deshalb möchte ich sichergehen, dass alles okay ist.« »Ich verstehe. Ein kompletter Check-up.« Daraufhin nahm er mir Kunigunde ab, um ihr über die Falkenhaube eine Maske mit einer Allgemeinanästhesie zum Inhalieren überzustreifen. Der Arzt erklärte, dass er jetzt erst mal eine Endoskopie vornehmen würde. Auf einem großen Plasmabildschirm konnte ich verfolgen, was die Tierärzte sich da so anschauten: die Organe und Innenräume von Kunigundes kleinem Körper. Anschließend wurden Proben entnommen, Röntgenaufnahmen gemacht sowie Kunigundes Blut und Schmelz (Falkenkot) untersucht. Ganz schön aufwendig das Ganze, dachte ich, hoffentlich hatte ich genug Bargeld dabei. Oder würde man hier auch mit Karte bezahlen können? Nach knapp dreißig Minuten bekam ich meine kleine Falkendame zurück. »Sie ist kerngesund«, sagte der Arzt lächelnd und verschwand.

So froh ich über diese gute Nachricht war, so gespannt wartete ich an der Kasse auf meine Rechnung. »Das macht 80 Riyal«, sagte der Kassierer, ohne von seinem Computer aufzublicken. Das konnte unmöglich sein. Umgerechnet nur 17 Euro? Aber tatsächlich kamen keine Nullen mehr hinzu.

Zu Hause wartete Donald darauf, dass ich endlich mal wieder Zeit für ihn hatte, und sah mit schräg gelegtem Kopf dabei zu, wie ich die verhaubte Kunigunde zurück auf ihren Block setzte. Am liebsten hätte er den merkwürdigen Mitbewohner mal genauer beschnuppert, aber damit wollte ich noch ein wenig warten. Erst mal sollte Kunigunde sich von der Narkose und den Untersuchungen erholen, bevor ich es ein viertes Mal probieren würde, sie von den Vorzügen des Wachtelfleisches zu überzeugen. »Solange gehen wir ne Runde zum Strand«, sagte ich, rubbelte Donalds struppiges Fell und zog leise Kunigundes Zimmertür hinter mir zu.

Gestärkt von einem ausgiebigen Marsch in der Nachmittagssonne und einem erfrischenden Bad im Pool freute ich mich sogar auf die nächste Trainingsstunde mit meinem Falken, denn jede Begegnung mit Kunigunde war neu und aufregend für mich. Ob und wann sie wohl Vertrauen zu mir finden wird?

Wieder nahm ich Kunigunde auf die Faust, wo bereits frische Wachtelstückchen für sie bereitlagen. Wieder diese durchdringenden Augen, die mich fixieren. Doch dann, oh

Wunder, warf die Kämpferin erstmals einen kurzen Blick auf die appetitlichen Fleischhappen, tat aber anschließend, als ob nichts gewesen wäre. So ein stures Weibchen! Demonstrativ sah ich woandershin, um sie bloß nicht abzulenken, und versuchte, möglichst bewegungslos dazustehen. Da passierte es: Kunigunde atzte ihr erstes Fleischstückchen von meiner Faust. Mein Herz schlug Purzelbäume vor Freude, aber äußerlich blieb ich versteinert wie eine Statue. Und schon nahm sie den nächsten Happen. Vorsichtig wandte ich ihr meinen Kopf zu, begann, leise mit ihr zu sprechen und mich sachte zu bewegen. Nichts davon brachte Kunigunde aus der Ruhe, friedlich atzte beziehungsweise »kröpfte« sie weiter, denn Falken bewahren alles erst einmal im Kropf und drücken die Nahrung dann nach und nach in den Magen hinein, häppchenweise sozusagen.

Falkenwissen
Der Falke ist ein Fleischfresser (Karnivore), der bei der Nahrungsaufnahme oft auch Haut, Fell, Federn und Knochen mitfrisst. Je nach Nahrung verdaut er diese in wenigen Stunden, indem er die Nahrung mit einer Drückbewegung allmählich vom Kropf in den Magen bewegt und diese dann mit dem Schmelz (Kot) ausscheidet. Fell, Federn sowie größere oder unverdauliche Knochenteile hingegen werden etwa 24 Stunden später als »Gewölle« über den Schnabel ausgeworfen.

Der erste wichtige Schritt war geschafft, denn jede gute Beziehung – ob zwischen zwei Menschen oder zwischen Falke und Mensch – basiert auf Vertrauen. Und Liebe geht bekanntlich durch den Magen! Das Vertrauen war nun zwischen Kunigunde und mir hergestellt: Sie verstand jetzt, dass sie von mir zu fressen bekommt und keine Angst zu haben brauchte. Um das Vertrauen zu festigen, seien jedoch einige Wiederholungen nötig, hatte Stephan gesagt. Und vor allem sehr viel Geduld. Deshalb verhaubte ich Kunigunde, bevor alle Stückchen verspeist waren, um ihr später wieder Leckerbissen von meiner Faust zu kredenzen. In der Wiederholung liegt die Verdeutlichung und in der Kürze die Würze. Also lieber kürzer und dafür öfter, damit der Falke schnell ein Erfolgserlebnis hat, aber nicht überstrapaziert wird.

Der Moment, in dem das Eis zwischen Falke und Mensch bricht, ist der entscheidende: Der Falke kommt einen Schritt auf den Falkner zu; ein wildes Tier knüpft eine Beziehung mit dem Menschen. Bis heute bin ich wie verzaubert, wenn ich an diesen magischen Moment zwischen Kunigunde und mir zurückdenke.

Es fiel mir richtig schwer, meine Falkendame einige Stunden allein zu lassen, doch Falken ihre Ruhezeiten zu lassen ist für den Aufbau der Beziehung zwischen Tier und Mensch ebenso wichtig wie regelmäßige Leckerbissen. Am späten Abend probierte ich es noch einmal – und diesmal klappte es auf Anhieb. Kunigunde atzte von meiner Faust, als hätte sie noch nie etwas anderes getan. Ich trug sie ein bisschen durch das Zimmer, um mit dem Abtragen* anzufangen, denn dafür musste sie Tag für Tag an mehrere Reize gewöhnt werden – meine Stimme und Bewegungen schien sie schon zu akzeptieren –, und ich gab ihr die restliche Fleischration für diesen aufregenden Tag.

Stolz wie Oskar rief ich Stephan an und berichtete von

---

* Das Abrichten/Zähmen eines Beizvogels.

meinem Erfolg. »Geht doch!«, lachte er, offenbar auch ein wenig stolz darauf, mir dabei geholfen zu haben, und gab mir gleich den nächsten Tipp: »Ab jetzt musst du es Tag für Tag etwas schwieriger machen. Die Atzung soll sie nicht umsonst bekommen, sie muss schon etwas dafür tun.« Das Prinzip kannte ich von Springpferden: Erst mal kleine Hürden und tüchtig belohnen, dann allmählich den Schwierigkeitsgrad steigern. »Und vergiss nicht, sie jeden Tag zu wiegen, damit du ihr Idealgewicht im Blick hast.« In der Klinik beim Checkup hatte Kunigunde 205 Gramm gewogen. Aber war das ihr Idealgewicht? Idealgewicht heißt nämlich, dass sie Interesse an Fressen hat und daher auch bereit ist, dafür zu arbeiten. Ein Falke, dessen Gewicht zu hoch ist, wird meist träge. Ich erzählte Stephan, dass ich auch bereits, wie von ihm geraten, mit dem Abtragen begonnen hatte. »Sehr gut. Mach weiter so, und melde dich wieder.«

Kunigunde wusste nun, dass sie von mir Schmankerl bekommt, doch die Zeiten, als es diese auf dem Präsentierteller gab, waren bereits vorbei: Ab jetzt musste sie sich ihr Fressen verdienen. Also nahm ich ihr am nächsten Morgen die Haube herunter, obwohl sie noch auf ihrem Block stand, und zeigte ihr den Fleischhappen auf meiner Faust, nur wenige Zentimeter von ihr entfernt. Das sollte sie dazu animieren, vom Block auf meine Faust zu springen. Das aber gefiel Kunigunde ganz und gar nicht. Ihre kritischen Augen hafteten auf mir, während ich sehr ruhig, die Faust hochgestreckt, vor ihr auf dem Boden saß. Schließlich sollte sie sich in ihrer neuen Umgebung sicher fühlen und wissen, dass es auch etwas zu fressen gibt. Auf keinen Fall also durfte ich sie jetzt erschrecken.

Tatsächlich fasste Kunigunde nach einigen Minuten den Mut und sprang mit wenigen Flügelschlägen auf meine Faust, nahm sich ihr wohlverdientes Fressen, bis ich sie wieder auf den Block zurückstellte. Auch den nächsten Bissen musste sie sich selber holen. Obwohl ich den Schwierigkeitsgrad leicht erhöht hatte, ließ sie sich nicht lange bitten und startete sofort, um sich das Stückchen Wachtel zu schnappen. Ich dachte ja, aller guten Dinge seien drei, aber Kunigunde beließ es bei zweien. Sie war partout nicht dazu zu bewegen, sich ein drittes Stückchen zu holen. Oder wollte sie mir einfach nur Geduld beibringen? Jedenfalls war es offenbar wieder Zeit für eine längere Lern- und Atzpause. Schließlich musste Kunigunde auch begreifen, dass sie nichts bekommt, wenn sie sich nicht anstrengt.

Unterdessen versuchte ich, mir mithilfe meiner Fachbücher und einschlägigen Internetseiten möglichst viel Wissen über Falken und die Falknerei anzueignen. Das Trainingsprogramm wurde dort genauso beschrieben, wie Stephan es mir erklärt hatte und wie ich es gerade probierte umzusetzen. Aber da kein Falke wie der andere ist, sollte das Training individuell angepasst werden.

Schon bei Falkenjungen lassen sich die Unterschiede erkennen: Es gibt stärkere und schwächere, es gibt Schreihälse, die deshalb vermutlich am meisten Futter bekommen, und es gibt die mutigen, die sich schneller trauen zu fliegen als ihre Geschwister. Wo Kunigunde geboren worden war und was sie schon alles erlebt hatte, wusste ich nicht. An dem fehlenden Züchterring war jedoch zu erkennen, dass sie ein Wildfang* war, und ihr Federkleid sowie die intensiv gelben Ringe

---

* Ein Falke, der in der Wildnis eingefangen und nicht gezüchtet wurde. In der arabischen Welt ist das Fangen wilder Falken als Tradition der Beduinen gang und gäbe. Doch in den meisten Ländern wurde es inzwischen stark reduziert oder sogar ganz verboten.

um ihre Augen ließen darauf schließen, dass sie mindestens zwei Jahre alt sein musste. Und mit ihrer besonderen Sturheit hatte ich ja bereits Bekanntschaft gemacht. Also war das Training daran anzupassen. Doch bis wir das eigentliche Ziel des Trainings, den Freiflug, erreichten, würden wir etliche Trainingsschritte miteinander gehen müssen.

Nach dem ersten arbeits- und ereignisreichen Wochenende mit unserer neuen Mitbewohnerin musste ich zusehen, dass ich Kunigunde auch in meinen Büroalltag integrierte. Also schaute ich frühmorgens nach dem Falkenfräulein, ging anschließend eine Runde mit Donald und fuhr dann zur Arbeit. Nicht selten kam ich erst im Auto dazu, mich zu schminken oder mir die Fingernägel zu lackieren, wofür ich so manchen erstaunten Blick an der Ampel erntete. Ab 16 Uhr hatte ich dann wieder Zeit für Hund und Falken: Erst mit Donald an den Strand und in die Parks, dann zu Kunigunde ins abgedunkelte Zimmer.

Wie würde sie heute auf mich und die Wachtelhappen reagieren? Voller Respekt für die kleine Kunigunde setzte ich mich, den Handschuh samt Fleischstückchen über dem rechten Unterarm, ungefähr einen Meter vor ihr entfernt auf den Boden. Behutsam bewegte ich das Fleisch mit der linken Faust, um es attraktiver zu machen, doch Kunigunde zeigte kaum Interesse. Nach einer Weile hob sie zu einem Rundflug durchs Zimmer an, merkte aber schnell, dass sie an ihrem Block angebunden war, und hüpfte wieder zurück. Natürlich hätte die Schnur bis zu mir beziehungsweise zu dem leckeren Snack gereicht, aber atzen wollte sie ja nicht. Also wieder verhauben, um es später erneut zu probieren. Geduld hieß die Devise.

Falkenwissen

Falken lassen sich weder zu etwas zwingen noch bestrafen. Ihr Potenzial ist nur über Ruhe, Vertrauen und Motivation zu wecken. Der Falkner hat die Aufgabe, seinem Falken Selbstvertrauen zu vermitteln, indem die Übungen allmählich herausfordernder werden, sowie mögliche Störfaktoren, die das Tier erschrecken könnten, auszuschalten. Auf diese Weise verbindet der Falke schließlich so wichtige positive Aspekte wie Sicherheit und Fressen mit dem Falkner, was wiederum das vertrauensvolle Band zwischen Tier und Mensch stärkt.

Kunigunde stellte meine Geduld auf eine harte Probe, denn auch am späteren Abend weigerte sie sich partout, den Meter bis zum Fleisch zu überwinden. Das konnte doch nicht wahr sein. Hatte sie sich etwa wieder für den Hungerstreik entschieden? Doch wenn ich jetzt nachgäbe und sie auf der Faust atzen ließe, wären wir nicht nur wieder am Anfang, sondern – und das wäre fatal, weil kaum zu korrigieren – sie wäre der Ansicht, über mich bestimmen zu können. Also musste ich stur bleiben, was Kunigunde aber offensichtlich als Kampfansage betrachtete, noch sturer zu bleiben, als wollte sie ihrem Namen als Sippenkämpferin alle Ehre machen.

Am nächsten Tag blieb mir nichts anderes übrig, als es noch einmal mit 50 Zentimetern zu versuchen. Gestern hatte es zweimal geklappt, aber heute war es der Señorita entschieden zu viel. Sie hatte partout keine Lust, ein drittes Mal so weit zu springen. 50 Zentimeter waren nun wirklich nicht weit, deshalb durfte ich auch keinesfalls nachgeben. Also setzten wir den Kampf der Dickköpfe fort.

Einen Tag später nahm sie abends die knappen 50 Zentimeter, ohne zu zögern, auf sich, um sich ein Stückchen

Fleisch zu schnappen. Selbst ein ganzer Meter war ihr noch recht. Aber das war's dann auch. Zu einem dritten Flug war sie nicht zu motivieren, egal wie weit. Heute wog sie 197 Gramm. Vielleicht lag sie damit immer noch über ihrem Idealgewicht.

Ich ließ Kunigunde streiken, packte sie samt Hund und Mann ins Auto und fuhr zum Abendessen in die Wüste, wohin alle Büromitarbeiter heute eingeladen waren. Abubakr, der irakische Herr der Wüstenbürokratie, der sich in unserem Büro um alle Stempel und Papierkrisen kümmerte, hatte seine Kollegen zu einem traditionellen Abendessen in sein Wüstenzelt eingeladen. Ich freute mich darauf, mal wieder Zeit mit Alfredo zu verbringen und ihn meinen Kollegen vorstellen zu können.

Wir fuhren hinter dem Jeep meines Chefs her – kilometerweit in den Norden von Qatar. Dieser Ausflug würde nicht nur meiner Ehe, sondern auch der Beziehung zwischen Kunigunde und mir guttun, dachte ich. Schließlich soll sie ja lernen, wechselnde Dinge um mich herum zu akzeptieren. Meine Kollegen waren erfreut, meinen Mann kennenzulernen, doch regelrecht begeistert waren sie von dem niedlichen Falken. Jeder wollte sie abkaufen, so dass das Zelt eher einem Auktionshaus glich, in dem die immer höheren Gebote herumgeschrien wurden, obwohl ich ständig wiederholte, dass der Falke unverkäuflich sei, schließlich war er ein Gastgeschenk.

Plötzlich fragte jemand: »Wie heißt der Falke eigentlich?« Ich hatte »Kunigunde« kaum ausgesprochen, als alle irakischen Mitarbeiter in schallendes Gelächter ausbrachen. Sie waren außer Rand und Band, hielten sich die Bäuche und lachten Tränen. Wir anderen schauten nur fragend drein, bis die ersten Iraker wieder Luft bekamen und ein paar Worte herausbringen konnten, aber keiner von ihnen wollte so recht erklären, was den Lachanfall ausgelöst hatte.

»Das geht einfach nicht«, sagte Abubakr schließlich. »Das Wort ist zu schlimm.« Aber ich bestand auf eine Erklärung, immerhin hatte ich mich doch extra erkundigt, ob »Kunigunde« auf Arabisch etwas bedeutet. »Auf Arabisch bedeutet es auch nichts, aber auf Persisch.« Jetzt wollte ich es natürlich erst recht wissen. Also beugte Abubakr sich hinüber zu unserem Chef und flüsterte ihm die Auflösung ins Ohr. Prompt fing auch der an zu lachen, nahm sich dann aber ein Herz und klärte mich auf: »Das Farsi-Wort *kuni* heißt ›schwul‹, und *gunde* ist ›der Arsch‹.« Auweia, dann hieß mein niedliches Falkenfräulein ja »Schwuler Arsch« auf Farsi. Das hatte sie sicherlich nicht verdient.

Fest entschlossen, mir nicht die Laune verderben zu lassen, begann ich noch an Ort und Stelle, nach anderen altdeutschen Namen zu suchen, und kam schließlich auf Sieglinde. Um sicherzugehen, dass ich damit nicht wieder in ein Fettnäpfchen trat, fragte ich die muntere Gesellschaft, was Sieglinde auf Arabisch oder Persisch bedeute. Doch diesmal hatte ich Glück, denn offenbar gab es keine Übersetzung.

Laut Google kommt der Name aus dem Althochdeutschen: *sigu* (Sieg) und *lind* (mild, freundlich). »Die freundliche Siegerin« also. »Die sture Siegerin« wäre zwar passender gewesen, aber immerhin besser als Kunigunde. So wurde mein kleiner Falke noch am gleichen Abend offiziell umgetauft.

Während sich einige noch immer über meine Namenwahl amüsierten, wuschen sich andere bereits fleißig die Hände, denn gleich sollte es Abendessen geben.

Die verschiedenen Salate und das Lamm auf gekochtem Reis mit Nüssen, Gewürzen und etwas Gemüse wurden nicht etwa aufgetischt, sondern auf einer Art Picknickdecke serviert.

Ungefähr eine Stunde nach dem köstlichen Mahl, wofür ich mich freundlich bei unseren Gastgebern bedankte – »Helu!«* –, verließen diese das Zelt, um die Waschungen für das letzte Gebet des Tages vorzunehmen. Danach kamen sie wieder herein und breiteten ihre Gebetsteppiche in Richtung Mekka aus. Wir Gäste hörten still dem knapp 15-minütigen Gebet zu. Eine kleine Ruhepause, in der jeder seinen eigenen Gedanken nachgehen konnte.

Danach saßen wir noch ein wenig bei Kaffee und Tee zusammen. Vielleicht hatte die herrlich klare Nachtluft meine frischgetaufte Sieglinde ja hungrig genug gemacht, um den Meter zu überwinden, dachte ich und ging mit ihr nach draußen, wo uns ein großartiger Sternenhimmel empfing und ausreichend Licht aus dem Zelt auf die Fleischstückchen fiel. Ich bereitete die Lockschnur vor und ließ Sieglinde die Wachtelstückchen sehen. Doch ihre Sturheit siegte.

---

* *helu*, arabisch: gut/lecker.

7
Der Falke im Flugzeug

*Wer fliegen will, muss den Mut haben, den
Boden zu verlassen.*
Walter Ludin

Es war beschlossene Sache: Alfredo, Sieglinde und ich würden zu dem Internationalen Falkenfestival fliegen, das schon nächste Woche in Al Ain stattfinden sollte. Nachdem Stephan mir sein Falknerwissen so kompakt wie möglich in WhatsApp-Häppchen vermittelt hatte, bestand er darauf, dass ich die Chance ergreife, Falkner vor Ort zu treffen. »Die können auch mal Hand anlegen und dir das eine oder andere vor Ort demonstrieren.«

Stephan hatte natürlich vollkommen Recht. Aber ohne ihn hätte ich die erste Woche als frischgebackene Falkenbesitzerin kaum überstanden. Mein ebenso wunder- wie sonderbares Gastgeschenk war nämlich ziemlich gestresst bei mir gelandet. Das merkte man sogar ohne falknerisches Know-how. Zwar war Sieglinde gesund und munter, aber sie stellte sich nach wie vor quer, sobald sie weiter als ein paar Meter fliegen sollte. Unglaublich, wie viel Charakter in einem so kleinen Wesen steckt.

Eigentlich ist Al Ain, eine Stadt im Emirat Abu Dhabi, nur

einen Katzensprung von Doha entfernt. Mit dem Auto wären die 700 Kilometer an einem Tag zu schaffen. Doch erstens dürfte ich mit einem Mietwagen nicht aus Qatar ausreisen, und zweitens dürfte ich als Frau weder in Saudi-Arabien einreisen noch mit einem Auto hindurchfahren. Undenkbar. Also musste es das Flugzeug sein: von Doha nach Dubai, mit einem weiten Bogen um Saudi-Arabien herum, und dann mit einem Mietwagen weiter nach Al Ain.

Fragte sich nur, wie ich Sieglinde transportieren sollte. Die Antwort darauf war ebenso einfach wie typisch qatarisch: als Passagier natürlich. Denn bei Qatar Airways waren mitreisende Falken in der Kabine erlaubt. Aber bitte schön ausschließlich Falken, weshalb Donald diesmal zu Hause bleiben musste.

Nur eine Export- und Import-Genehmigung sowie die dafür erforderliche Gesundheitsbescheinigung für den Falken würde ich noch brauchen. Also war ich nun schon wieder auf dem Weg ins Falkenkrankenhaus, um möglichst rasch alle Reisepapiere für Sieglinde beisammenzuhaben. Leider warteten an diesem Vormittag etliche weißgewandete Falkner mit ihren Lieblingen auf den ärztlichen Rat, so dass viel mehr Trubel herrschte als beim letzten Mal. Vielleicht hofften sie aber auch nur, ins Fernsehen zu kommen, denn heute war sogar ein Fernsehteam vor Ort.

Im Nu hatten die TV-Leute mich mit meinem buntbestickten arabischen Kaschmirtuch um den Hals und dem kleinen Falken auf der Faust entdeckt und baten um ein Interview. Sie wollten wissen, wieso ich diese Turmfalkendame, auf Arabisch *sherias*, ins Krankenhaus brächte, woher ich sie hätte und wofür. Sie waren sichtlich überrascht, einer Frau in dieser Männerdomäne zu begegnen – noch dazu einer, die ein »Männertuch«, wie Alfredos Scheich es genannt hatte, trug.

Als wäre es das Normalste der Welt, erzählte ich, dass ich Falknerin werden wolle und dass ich Sieglinde, meinen ersten Falken, geschenkt bekommen habe. »Heute bin ich aber nur hier, weil ich ein Gesundheitszertifikat für die Import-Export-Erlaubnis brauche.« Die Blicke, die ich nach meiner kleinen Rede erntete, sprachen Bände, aber niemand traute sich zu fragen, weshalb eine Frau sich für diesen Männersport interessiert.

Während ich mit den Fernsehleuten sprach, merkte ich, dass ein Qatari aus der anderen Ecke des Wartesaals mich beobachtete. Sein kleiner Sohn trug einen wunderschönen Wanderfalken-Terzel auf der Faust.

Falkenwissen

- Die männlichen Falken heißen Terzel (lat. *tercius*, ein Drittel), weil sie leichter und bis um die Hälfte kleiner sind als die Weibchen.
- Araber hatten früher nur Erfahrung mit den Zugfalken, die im Winter zu ihnen kamen, weshalb sie diese nie im Sommer beim Brüten beobachten konnten. Daher gingen sie natürlich (!) davon aus, dass der größere Falke das Männchen sei. Obwohl sie inzwischen wissen, dass die größeren Tiere weiblich sind, werden diese dennoch zur Jagd bevorzugt, aus alter Tradition, aber mit männlichen Namen getauft.
- Falken sind monogam und normalerweise ab dem zweiten Lebensjahr geschlechtsreif. Um bei einem Weibchen zu landen, muss der Terzel es mit spektakulären Balzflügen beeindrucken und erjagte Beute mit eleganten Verbeugungen am potenziellen Brutplatz vorbeibringen. Das Weibchen muss davon überzeugt sein, dass es während des Brü-

tens gut von ihm versorgt wird, sonst verscheucht es den werbenden Terzel und wartet auf einen besseren.

- Anders als Greifvögel bauen Falken keine Nester, sondern nutzen vorwiegend Mulden an Felswänden oder Gebäuden.

- Das Gelege der Falken besteht aus drei bis fünf Eiern, die vom Weibchen einen Monat lang ausgebrütet werden. Sind die kuscheligen Kleinen geschlüpft, dauert es etwa zwei Monate, bis die Jungen in ihrem braunen Jungvogelgefieder flügge werden.

Kaum war das TV-Team mit mir fertig, nahm es sich das andere auffällige Duo, den kleinen Jungen mit dem großen Falken, vor. Doch kaum war das Interview vorbei, ging das Getuschel zwischen Vater und Sohn, der bereits mit dem Finger auf mich gezeigt hatte, weiter. Erst tat ich so, als bekäme ich davon nichts mit, aber schließlich wandte ich mich ihnen zu und lächelte. Das kann nie verkehrt sein, dachte ich, wenngleich ich damit rechnete, dass sie im nächsten Moment die Decke anstarren würden. Überraschenderweise lächelten Vater und Sohn jedoch zurück.

Wenig später hielt ich das für die Reise benötigte Zertifikat in den Händen. Es war so etwas wie eine goldene Kreditkarte, auf der Name, Art und Mikrochipnummer des Falken erfasst waren. Der Mikrochip war Sieglinde unter der Haut eingepflanzt worden. Erleichtert, dass alles ohne Zwischenfälle geklappt hatte, wollte ich gerade gehen, als der Beduine samt Sohn und Falke auf mich zukam. »*Excuse me*«, sagte er in gebrochenem Englisch mit starkem arabischen Akzent. Sprachlich kamen wir leider nicht viel weiter, denn weder Vater noch Sohn konnten mehr als ein paar Brocken Englisch. Allerdings war es nicht schwierig zu erraten, dass auch sie wissen wollten, weshalb ich als Frau einen kleinen Falken besaß. Zwar war die Antwort eigentlich ganz simpel: aus Liebe zu den Tieren und weil die Beizjagd faszinierend ist. Aber wie sollte ich ihnen das erklären? Schließlich konnte ich weniger Arabisch als sie Englisch.

Der Beduine wies auf mein Zertifikat und zuckte die Schultern. Wozu ich es brauche? Mit meiner rechten Hand, auf der linken saß ja Sieglinde, versuchte ich, ein startendes Flugzeug zu demonstrieren, und sagte: »Dubai.« Das verstand er sofort: Sie fliegt mit diesem Mini-Falken nach Dubai und braucht Papiere. Aber wieso? Dummerweise war ihm das englische »International Festival of Falconry« kein Begriff – und ich allmählich mit meinem Pantomimelatein am Ende.

Unterdessen waren sehr viele Falkner in der Falkenklinik ein und aus gegangen. Und kein einziger hatte sich die fragenden Blicke verkneifen können, sobald er an Sieglinde und mir vorbeikam. Ich fühlte mich schon wie ein laufendes Fragezeichen. Was macht eine ausländische Frau unter all diesen erfahrenen Falknern mit so einem Anfängerfalken? Wahrscheinlich würden Vettel, Hamilton & Co. ähnlich dreinblicken, wenn ich als Frau zwischen all ihren Ferrari- und Mercedes-Flitzern mit einem Fiat Punto durchstarten wollte.

Hinzu kam, dass keiner der dortigen Falkner es wagte, an dem offenbar bekannten Falkner vorbeizugehen, ohne ihn mit Handschlag und traditionellem Nasenkuss* zu begrüßen. Es war wie eine besondere Zeremonie. Manche gaben nur einen

---

* Der Nasenkuss, wobei sich nur die Nasenspitzen berühren, ist ein Begrüßungsritual unter Männern.

Nasenkuss, andere gleich drei. Es wurden diverse Worte gewechselt und erst dann die Hand des geschätzten Gegenübers wieder losgelassen. Es war wie eine Lehrstunde in qatarischen Benimmregeln.

Zwischen den naseküssenden Begrüßungen gab ich mir wiederum alle Mühe, dem Beduinen zu vermitteln, dass ich gerne dabei zuschauen möchte, wie er seinen Sohn zum Falkner ausbildet, um nebenbei mitzulernen. Tatsächlich schien er auch zu verstehen, was ich von ihm wollte, doch plötzlich hatte er es sehr eilig und wollte gehen. Beinahe hätte ich ihn an seinem *thoab** festgehalten, denn ich brauchte ja erst noch seine Telefonnummer. Mit Rauchzeichen würde ich ihn kaum wiederfinden. Von diesem Mann, dem alle Falkner ihre Referenz erwiesen, konnte ich bestimmt sehr viel lernen.

Schnell zog ich mein Handy aus der Tasche und sagte tippbereit: *»Number please!«* Er: *»No phone.«* Was meinte er denn damit? Ich also noch einmal etwas lauter: *»NUMBER.«* Er: *»Me noooo phone«*. Wollte er wirklich behaupten, er besitze kein Telefon? Netter Versuch, aber ich hatte kurz zuvor gesehen, wie er es in seine rechte *thoab*-Tasche gesteckt hatte. Darum zeigte ich nun auf diese Tasche und sagte: *»Yes, phone, give me your number.«* Wie versteinert stand er da, offensichtlich paralysiert von meiner dickköpfigen Unverfrorenheit. Als Frau hätte ich niemals nach seiner Nummer fragen dürfen. Aber *ich* machte es eben doch. Also: Nummer her!

Von der Situation völlig überfordert, gab er mir eine Nummer; und natürlich, sagte ich, würde ich ihn jetzt gleich anrufen, damit er auch meine Nummer habe. Außerdem wollte ich sichergehen, dass er mir keine falsche Nummer gegeben

---

* Der qatarische Begriff für das traditionelle arabische Gewand, meist aus Baumwolle und weiß.

hatte. Frau weiß schließlich, wie so etwas geht. Ich wählte mit meinem Smartphone – und siehe da, das Vorzeit-Nokia klingelte in seiner *thoab*-Tasche. Er zog es heraus und nickte. Jetzt wusste er, dass ich seine Nummer hatte und diese auch benutzen würde.

Was für ein erfolgreicher Klinikbesuch, dachte ich, und verabschiedete mich höflich von Vater und Sohn. Jetzt erst stellte er sich als Salim und seinen Spross als Sultan vor. »Laura«, sagte ich lächelnd. Salim war spürbar verunsichert. Eine fremde Frau in der Falknerei zu trainieren wäre ja auch so etwas wie ein Kulturbruch. Gleichzeitig meinte ich, in seinen dunklen Augen auch eine Spur Neugier zu erkennen.

Bereits auf dem Sprung rief ich ihm zu, dass ich ihn anrufen werde, sobald ich aus Al Ain zurückgekommen sei, alles mit verdeutlichenden Handzeichen garniert. Leicht verunsichert antwortete er: »*Inschallah.*« Was blieb ihm auch anderes übrig, schließlich hatte ich die Telefonnummer fest gespeichert. Vorname: Salim, Nachname: Falkner.

Mein Klinikaufenthalt hatte zwar länger gedauert als geplant, aber es war glücklicherweise noch früh genug, um ins Ministerium zu fahren und die nötige Erlaubnis ausstellen zu lassen. Nachdem der Amtstierarzt Sieglindes Mikrochip kontrolliert und die Papiere abgestimmt hatte, erhielt ich das mit diversen offiziellen Stempeln versehene Export-Import-Papier. Geschafft. Jetzt stand unserem Dubai-Abenteuer nichts mehr im Weg.

Rasch schickte ich Fatma einige Schnappschüsse von Sieglinde und dem schicken goldenen Tierpass mit Smiley und Ausrufezeichen, um sie auf dem Laufenden zu halten. Auch die erfreuliche Neuigkeit, dass ich tatsächlich einen Beduinen ausfindig gemacht hatte, enthielt ich ihr natürlich nicht vor. Fatma gratulierte mir herzlich und wünschte mir ganz viel Glück.

Die Koffer samt gefrorenen Fleischhäppchen für Sieglinde waren schon gepackt, so dass Alfredo, der Falke und ich am nächsten Morgen noch vor Sonnenaufgang zum Flughafen aufbrechen konnten. Wir ließen einen traurigen Donald zurück, aber Wilma würde gut auf ihn aufpassen, und er hatte den ganzen Strand für sich, um allen Krabben das Fürchten zu lehren.

Am Check-in-Schalter ging alles sehr schnell, denn ich hatte unsere drei Sitzplätze bereits reserviert. Trotzdem musste ich auch hier die skeptisch-belustigten Blicke ertragen. Aber ich hatte eine Mission: Ich wollte in Al Ain echte Falkner treffen. Also wurden die Blicke ausgeblendet – Hauptsache, Sieglinde ging es gut.

Das Falkenfräulein schien den Flug sogar zu genießen, so ruhig stand sie auf ihrem Sitzplatz zu meiner Rechten. Die perfekte Gelegenheit, meine ersten Erfahrungen als Falkenbesitzerin Revue passieren zu lassen: Keine Frage, der kleine Falke hatte mir viel Freude gemacht, aber diese verdammte Sturheit! In den letzten zehn Tagen hatte ich es gerade mal geschafft, Sieglinde dazu zu bewegen, klitzekleine Meterchen weit auf meine Faust zu fliegen, und selbst das verbunden mit langem Zögern ihrerseits. Mein linker Arm litt, noch mehr jedoch meine Geduld. Vielleicht war die Falknerei ja doch nichts für mich. Doch bevor ich die Flinte ins Korn warf, würde ich jede Chance auf dem Falkenfestival nutzen, um ein paar Tipps und Tricks zu ergattern, die, wie Stephan meinte, schon viel bewirken könnten.

Der Dubai International Airport war beeindruckend. Kein Wunder, gehört er doch – nach Passagieraufkommen[*] – zu

---

[*] 2017 wurden in Dubai 88,24 Millionen Passagiere abgefertigt (Quelle: www.travelbook.de, 11. April 2018).

den drei größten Flughäfen der Welt. Es dauerte eine Weile, bis wir den korrekten Mietwagenschalter gefunden hatten und unser Auto übernehmen konnten. Alfredo stellte erst alle Spiegel auf den für sich passenden Winkel und danach das Navi auf unser Hotel in Al Ain ein. Ich saß mit Sieglinde auf der Faust daneben und freute mich auf die Autofahrt ins Unbekannte.

Durch Dubai zu kurven, links und rechts gigantische Wolkenkratzer und Werbeschilder, so weit das Auge reichte, über extrem befahrene Mega-Autobahnen, war gelinde ausgedrückt ein Abenteuer. Für meinen Geschmack gab es hier zu wenig Wüste und zu viel Rummel. Zum Glück hatte Sieglinde ihre Haube auf, so dass sie davon nichts mitbekam. Doch allmählich wurden die Wolkenkratzer weniger, die Häuser kleiner und spärlicher, während wir auf der Dubai-Al-Ain-Road gen Osten fuhren. Nach einer guten halben Stunde gab es endlich Wüste satt, sogar einige Sanddünen, dann wieder eine Palmenallee und dazwischen ab und zu Kamel-Karawanen. Das gefiel mir schon viel besser.

Al Ain aber, das wir nach der zweistündigen Fahrt erreichten, war besonders schön: eine bergige Felslandschaft inmitten von Sanddünen und Palmen. Schon allein für diesen Anblick hatte sich die Reise gelohnt. Unser Hotel lag auf dem 1.249 Meter hohen Jebel Hafeet. Die Aussicht von hier oben war berauschend: der markante Bergrücken mit seinem rötlich gefärbten Sand und weit unten die palmengesäumten Wohnviertel von Al Ain.

Doch ich musste mich auf meine Mission konzentrieren. Schnell checkten wir ein und verstauten die Koffer. Das Hotelpersonal wunderte sich nicht über unseren gefiederten Begleiter, zumal überall im Hotel Poster auf das Falken-Festival hinwiesen.

Alfredo erkundigte sich bereits bei dem Concierge nach dem besten Weg, während ich die Fleischstückchen aus dem Gepäck hervorkramte und in meine Tasche packte. »Wir müssen nur die Bergstraße wieder runterfahren und geradeaus. Da sollen dann Wegweiser stehen, meint der Concierge. Das schaffen wir auch ohne Navi, oder?«, sagte Alfredo auf dem Weg zum Auto. »Bestimmt!« Ich konnte es gar nicht erwarten, endlich auf einem echten Falken-Festival zu sein.

Die Schilder leiteten uns zu einem großen Parkplatz hinter dem Festival-Gelände, wo wir problem- und kostenlos das Auto abstellen konnten. »Ich würde Sieglinde lieber jetzt aufatzen, damit sie keinen leeren Kropf hat und womöglich gestresst nach Nahrung sucht«, sagte ich und bat Alfredo noch um ein bisschen Geduld. Außerdem konnte ich das aufgetaute Fleisch nicht länger frisch halten.

Da meine Falkendame heute schon ziemlich viel hinter sich hatte – vor allem das Ausbalancieren der Kräfte bei Start und Landung und während der kurvigen Autofahrt ist für Falken ungewohnt und entsprechend anstrengend –, wollte ich sie jetzt nicht auch noch mit einer Trainingseinheit triezen. Also ließ ich sie einfach entspannt auf der Faust atzen, bevor wir drei uns auf den Weg machten.

Weil ich keine Menschenseele auf diesem Festival kannte, hatte Stephan mir den Tipp gegeben, einfach direkt zum Zelt der Deutschen zu gehen, um dort nach bestimmten Leuten zu fragen, deren Namen er mir genannt hatte. Diese könnten sich den Falken gleich mal anschauen, hatte Stephan gemeint und mir ein paar nützliche Ratschläge geben.

Es war ziemlich viel los auf dem Gelände, aber es waren auch mehr als 70 Länder vertreten, einige mit eigenem Stand, andere durch besondere Falkner, die Vorträge hielten. Wir drei wanderten von Stand zu Stand auf der Suche nach dem Deutschen Zelt.

Ich hatte das Gefühl, in meinem persönlichen Schlaraffenland gelandet zu sein. Überall gab es etwas zu entdecken und zu lernen – und alle Menschen liebten Falken. Jedes Zeitgefühl war verflogen, und so war ich auch weniger froh als überrascht, als ich schließlich den Stand der deutschen Falknerdelegation erreicht hatte. Leider waren die Leute, die ich suchte, gerade nicht vor Ort, sondern bei einem Vortrag.

»Kann sein, dass sie in einer Stunde zurück sind«, sagte die Frau, die den Stand beaufsichtigte, etwas schnippisch. Zwar wartete ich geduldig – darin hatte ich ja schon ein wenig Übung –, aber leider vergebens. Von den anderen deutschen Falknern, die an den Stand kamen, konnte oder wollte mir auch niemand richtig weiterhelfen. Die griesgrämige Standdame wies mich sogar zurecht: »Man schafft sich ja auch nicht einfach so einen Falken an, ohne zu wissen, wie man das Tier artgerecht hält. So etwas wäre in Deutschland gar nicht erlaubt.«

Mit einem angestrengten Lächeln hörte ich mir ihre Moralpredigt an. Als sie fertig war, antwortete ich: »Liebe Frau, wie auch immer Sie heißen mögen, willkommen in den arabischen Ländern, wo es weder einen Jagd- noch einen Falkenschein gibt, geschweige denn entsprechende Kurse. Willkommen in Ländern wie Qatar, wo man auch einfach mal einen Falken geschenkt bekommt und wo das erlaubt ist, ob Sie das nun gut finden oder nicht. Vielleicht sollten Sie sich erst mal über die Länder, in die Sie reisen, informieren – oder am besten gleich in Deutschland bleiben. Ich bin jedenfalls hier, um mich zu informieren und mir fehlendes Wissen anzueignen.«

Gut möglich, dass ich im Eifer des Gefechts mehr gesagt habe, als sich schickt, aber Besserwisser kann ich nun mal nicht ausstehen – und Menschen, die meinen, überall sei Deutschland, ohne sich für die Kultur und Bevölkerung des Gastlandes zu interessieren, schon mal längst nicht. Alfredo indes, der ja kein Deutsch verstand, lächelte während des kleinen Disputs mal mich, mal die Frau an.

Nach meiner anfänglichen Euphorie über das reiche Angebot für Falkner – ich kaufte noch ein paar Bücher, schaute mir Präsentationen an und lauschte manchem Vortrag – hatte ich den Eindruck, hier doch nicht das zu finden, was ich eigentlich gesucht hatte. Wo war jemand, der mir mal über die Schulter schaute, der mit wenigen Handgriffen das eine oder andere korrigierte, den ich fragen und mit dem ich mich austauschen konnte, der mir praktische Tipps gab, damit ich weiterkam?

Alfredo hingegen war begeistert: Die vielen Stände mit alten Büchern und Geschichten hatten es ihm angetan. Er liebte Bücher über alles, und je historischer, desto besser. Noble Ritter auf Feldzug oder Jagd waren seine Leidenschaft. Während er in Büchern blätterte, in denen Geschichten von der jahrhundertealten Tradition der Falknerei erzählt wurden, vergaß er einen Moment, wo und wer er war.

Mit zig Falkenbüchern, neuen Hauben für Sieglinde und Falknerhandschuhen für mich – unsere Koffer gingen kaum noch zu – machten wir uns zwei Tage später wieder auf den Heimweg. Stephan war zwar ein wenig enttäuscht, dass ich seine Freunde nicht getroffen hatte, aber insgesamt hatte sich die Reise trotzdem gelohnt, und ich war noch ganz beseelt, als wir in Doha landeten. Wäre Sieglinde wohl auch so beseelt und vor allem gewillt, zu Hause endlich mehr als ein paar Meter zu fliegen?

Der Zollbeamte lächelte immerhin, als er den Falken sah und uns als Qatar-Residenten zuordnen konnte: »Willkommen zurück!« Doch wo war Alavi? »Er wollte uns doch abholen, oder?«, fragte ich Alfredo. »Ja. Vielleicht wartet er vor dem Gebäude.« Draußen aber empfing uns kein Alavi, sondern ein lautes Hupkonzert. Es herrschte das reinste Auto- und Menschenchaos. Überall wurde gebrüllt, gehupt, geschubst und gedrängelt.

»Was ist denn hier los?«, rief ich über den Lärm hinweg. Alfredo zuckte nur mit den Schultern und hielt sein Telefon ans Ohr gepresst. »Alavi kommt nicht durch!«, rief er zurück. »Wir müssen irgendwie auf die andere Straßenseite.« Mit Koffern und Falke bahnten wir uns einen Weg durch die hupenden Autos und Nationalfahnen schwenkenden Menschentrauben. Plötzlich wollte uns ein Qatari mit einer Partydose besprühen, und ich schrie sofort: »Aufpassen! FALKE!« Prompt blieb er stehen, entdeckte die kleine Sieglinde, entschuldigte sich freundlich und lief weiter.

Dann – endlich – sahen wir Alavi, der uns neben seinem Auto stehend zuwinkte. Erleichtert, aus dem Tohuwabohu herauszukommen, stiegen wir ein. »Ja, was ist denn hier los?«, fragte ich nun Alavi. »Nationalfeiertag! Die feiern hier alle ihren verehrten Emir«, sagte Alavi. »Schade, dass ihr das Feuerwerk und den Militärumzug verpasst habt.«

Alavi musste einen weiten Bogen um die verstopfte Corniche fahren, doch selbst auf den Ausweichstraßen heizten immer wieder Land Cruiser an uns vorbei, die mit den Bildern der Emir-Familie beklebt waren und hupten, was die Hupe hergab.

Als wir die Auffahrt zu unserer Villa erreicht hatten, dröhnte mir der Kopf. Aber erst mal musste Donald natürlich ausgiebig begrüßt werden, der uns bereits freudig hinter der Haustür erwartete. Während ich ihn knuddelte, bestaunte ich das Blumenmeer, in das der Flur verwandelt worden war. Ein Traum aus weißen und lila Blüten. »Wer hat das denn gemacht?«, fragte Alfredo. »Keine Ahnung, aber es ist wunderschön«, sagte ich, ließ Donald los und schaute nach, ob ich einen Hinweis auf den Absender entdeckte.

Zwischen den herrlich duftenden Blumen fand ich eine Geschenktüte und daran mit einer weiß-lila Schleife festgebunden tatsächlich eine kleine Karte mit einem handschriftlichen Gruß: »Liebe Laura al Khaleeji* – ich wünsche dir alles Gute zu DEINEM Nationalfeiertag. Jetzt bist du eine von uns. Herzlichst! Deine Mariam.« Sie hatte mich auf ihren Familiennamen umgetauft und mit einem Wimpernschlag zu einer Qatari erkoren. Wie lieb! Ich musste schlucken und warf schnell einen ablenkenden Blick in die Tüte: ein Falkenhandschuh mit aufgestickter Qatarflagge, eine große Qatarfahne und eine kleinere als Schal für den Umzug, eine Falkenhaube als Schlüsselanhänger sowie diverse Qatar-Sticker und -Aufkleber. Ich war sprachlos. Das ging weit über die Gastfreundschaft hinaus, das kam von Herzen.

Auch Alfredo fand die Blumen schön, aber als er mir die Karte aus der Hand genommen und gelesen hatte, sagte er überrascht: »Jetzt machen sie dich also noch zur Araberin.« »Ist doch nur nett gemeint. Ein herzliches Willkommen eben.«

Erst das kreischende Hupkonzert, dann diese rührende Überraschung – ich war so groggy, dass ich beschloss, Sieglinde an diesem Abend erneut eine Trainingseinheit zu ersparen. Wenn dieser kleine Falke lächeln könnte, dann stünde es jetzt bestimmt ganz breit auf seinem Gesicht, dachte ich. Aber

---

* al Khaleeji (arab.): die Araberin.

das war mir egal. Ich wollte in diesem Moment nur noch, dass Sieglinde zufrieden war, atzte und ich endlich ins Bett konnte!

Am nächsten Morgen war es jedoch an der Zeit, mal wieder mit Sieglinde zu trainieren – neuer Tag, neues Glück, sagte ich mir. Aber keine Chance. Auch an den beiden folgenden Tagen hätte ich warten können, bis mir der Arm samt Falkenhandschuh und Wachtelstückchen abfiel. Sieglinde, mein angeblicher Anfängerfalke, weigerte sich strikt, mehr als einen Meter zu fliegen.

So wird das nie etwas mit dem Freiflug, wenn es an der Lockschnur schon nicht klappt, dachte ich frustriert. Sie war fähig, tagelang ohne Futter auszuharren, während mir jeder Tag, den sie das Training und damit die Nahrung verweigerte, zusetzte. Ich konnte meine zarte Falkendame doch nicht einfach hungern lassen, nur um ihren Willen zu brechen. Obwohl mich die Frage quälte, warum es mir nicht gelingen wollte, eine dauerhafte Partnerschaft zu ihr aufzubauen, war ich mir sicher, dass Nötigung oder Zwang niemals mein Weg sein würde.

Die Tage vergingen, und in mir reifte der Entschluss, Sieglinde freizulassen. Stephan meinte auch, ich könne den Falken bedenkenlos auswildern, schließlich sei sie ja kein Zuchtfalke. Mit Donald muss ich zwar auch ab und zu schimpfen und mich mal mehr, mal weniger gegen ihn durchsetzen. Doch meistens verstehen wir uns sehr gut. Auf einen täglichen Machtkampf um jede Kleinigkeit hatte ich keine Lust. Sieglinde musste ihren eigenen Weg gehen, ohne mich.

Als Abschiedsgeschenk kredenzte ich Sieglinde auf der Faust ein All-you-can-eat-Buffet mit Wachtel. Während sie genüsslich speiste, völlig im Reinen mit sich und der Welt, schnitt ich ihr Geschüh vorsichtig mit einer Nagelschere auf. Nun war sie komplett frei und atzte weiterhin auf meiner Faust. Zum Fliegen war sie offenbar viel zu satt. Da stand ich schon wieder mit ausgestrecktem Arm in unserem Garten. Diesmal aber sollte das Falkenfräulein nicht zu mir fliegen, sondern wegfliegen. Für immer. Aber auch das wollte Sieglinde nicht. Nie waren wir einer Meinung. Allerdings wusste ich, dass ich mich dieses eine Mal durchsetzen würde, ließ meine Hand ein wenig nach unten fallen, so dass sie das Gleichgewicht verlor und flog. Da flog sie nun dahin, die Siegerin.

Mit schwerem Herzen sah ich ihr nach, bis sie hinter der Nachbarvilla verschwunden war. Die weitläufigen Gartenanlagen mit Mäusen, Käfern und Grashüpfern boten alles, was ein Turmfalkenherz begehrt. Allerdings musste Sieglinde jetzt einiges mehr für ihr Futter tun, als mich um ihre kleinen Greife zu wickeln. Aber clever wie sie war, würde sie sich die Mäuse schon schnappen.

Sieglinde war weg und mein Traum, Falknerin zu werden, damit ausgeträumt. Zurück blieb ein zerschnittenes Geschüh, der Falkenhandschuh, ihr Block und ein gebrochenes Falknerherz. Stephan schrieb mir zwar, dass es eben nicht so leicht sei, besonders wenn ich niemanden hatte, der mir mit seiner Erfahrung zur Seite stand. »Außerdem war Sieglinde ja schon etwas älter. Wer weiß, wer schon alles mit ihr gearbeitet hat und vor allem wie«, versuchte er mich zu trösten.

Aber ich hatte heftig daran zu knabbern, dass ich so sehr versagt hatte. Auch wenn Sieglinde doch kein Anfängerfalke war, wie Fatma dachte. Fatma! Ich brachte es nicht übers Herz, ihr zu sagen, dass der kleine Sturkopf meine Geduld besiegt und ich sie freigelassen hatte. Am besten ist es wahrscheinlich, überlegte ich, ihr einfach zu sagen, Sieglinde sei weggeflogen.

Viel Zeit für Grübeleien und Selbstmitleid blieb mir jedoch nicht, denn Weihnachten stand vor der Tür. Unser erstes Weihnachten in einem muslimischen Land bei strahlendem Sonnenschein und 20 Grad im Schatten. Die Falknerei-Utensilien wurden weg- und die Weihnachtsdeko ausgepackt. Mein selbstgebastelter Adventskranz mutete in diesem orientalischen Ambiente schon etwas ulkig an, aber da sich Besuch aus Spanien angekündigt hatte, dachte ich nicht weiter darüber nach, sondern schmückte, was der Karton hergab. Immerhin hatten Alfredos Cousine und sein Cousin samt Ehepartnern insgesamt sechs Kinder zwischen zwei und sechs Jahren im Schlepptau, und die würden sich sicher wundern, wenn sie zu Weihnachten weder eine Krippe noch güldene Engel zu Gesicht bekämen.

Eines Abends gingen wir alle gemeinsam auf den Souq. Nach dem Essen lief ich, froh, für kurze Zeit den Familienpflichten zu entkommen, direkt auf den Falken-Souq. Trotz meiner falknerischen Niederlage wurde ich von den Falken wie magisch angezogen, bis ich plötzlich in dem Laden mit den auf Sand aufgestellten Falken stand. Beim Anblick der edlen Tiere spürte ich ein Kribbeln und eine einzigartige Energie. Diesmal jedoch war dort kein einziger Turmfalke, nur größere Falken wie Saker- und Wanderfalken, sogar einen Gerfalken* entdeckte ich.

Absorbiert von dieser fantastischen Welt der Falkner, ging ich von Laden zu Laden, vergaß die hinterhertrottende Sippschaft, überhörte ihr Geplauder, sah nur noch Falken, Falken, Falken. Plötzlich war das Herz wieder am richtigen Fleck. Alles hier fühlte sich so richtig an. Ich konnte regelrecht spüren, wie mein Herz für Falken schlug. Ja, ich wollte wieder einen Falken.

---

* Der Gerfalke ist die größte Falkenart und eigentlich in arktischen Gefilden heimisch.

Im fünften Laden nahm ich einen auf die Faust. Es war ein unbeschreibliches Gefühl. Als ob das wilde Tier einen direkt in die Wildnis mitnahm. Ich gab den Falken zurück, und wie in Trance nahm ich im nächsten Laden einen weiteren Falken auf die Faust, dann den nächsten und dann noch einen. Diverse Verkäufer wirbelten um mich herum und wollten mir jeden Falken andrehen. Am liebsten hätte ich sie alle weggeschickt, um mit den Falken allein zu sein. Ich wollte mich in den Augen der Falken verlieren und nicht mit den lästigen Verkäufern diskutieren.

Dieses Mal wollte ich es richtig machen. Bloß nichts überstürzen. Deshalb entschied ich mich auch nach einer Stunde, den Laden wieder zu verlassen. Ohne Falken. Auf dem Weg zur Tür aber schauten mir nicht nur enttäuschte Verkäufer nach, sondern auch ein Falke. Ich spürte seinen Blick in meinem Nacken, und mein Herz sagte mir, ich solle mich umdrehen. Da saßen sie, all die wunderbaren Falken, aber nur einer sah mich direkt an. Nein, noch nicht, dachte ich und drehte mich wieder zur Tür, etwas nervös, aber entschlossen zu gehen. Die Türklinke schon in der Hand, drehte ich mich dann aber doch noch einmal um. Keiner der Falken schaute zu mir, nur er. Immer noch. Konnte das wirklich Zufall sein? Alle anderen Falken waren mit sich beschäftigt, blickten desinteressiert in die Gegend, putzten ihr Gefieder. Doch dieser fixierte mich immer noch mit seinen Falkenaugen.

Wie berauscht ließ ich die Türklinke los, ging langsam auf ihn zu und kniete mich neben seinen Block. Einige Falken wurden bereits nervös und versuchten wegzufliegen, doch er blieb ruhig sitzen und starrte mich selbstbewusst an. Ich lächelte. Innerlich fühlte es sich an wie eine Explosion: Das ist er!

»Was ist das für ein Falke?«, fragte ich den Verkäufer. »Ein

Lannerfalke aus Ägypten.« Sofort knipste ich den Lannerfalken aus Ägypten und schickte Stephan das Bild samt kurzer Info über WhatsApp. Zum Glück antwortete dieser auch sofort – und gab mir grünes Licht. Er finde den Falken auch klasse, schrieb er: »Ein Lannerfalke hat generell ein ruhiges Temperament und ist nicht so stur, daher gut für dich geeignet.«

Doch bevor ich den großen Falken kaufte, wollte ich sichergehen, dass er gesund war. Also ging ich mit dem Falken auf der Faust in die benachbarte Falkenklinik zum Checkup.* Da es schon spät war, kamen wir auch gleich dran. Der Falke war glücklicherweise kerngesund. Nun bezweifelte ich keine Sekunde länger, dass er seinen hohen Preis wert und irgendwie für mich bestimmt war. Alfredo erkannte meinen innigen Wunsch, diesen Falken haben zu wollen, und plünderte unser gemeinsames Konto. Ein besseres Weihnachtsgeschenk hätte es für mich nicht geben können.

Auf dem Rückweg saß der Falke verhaubt und mit brandneuem Geschüh versehen zwischen der ganzen Mischpoke im Miet-Van. Die Kinder waren völlig aus dem Häuschen – Tante Laura hatte mal eben so einen echten Falken gekauft –, aber nach meiner ebenso kurzen wie scharfen Mahnung, ihn auf keinen Fall anzufassen, waren sie ungewöhnlich brav und begnügten sich damit, den neuen Falkenhandschuh anzuprobieren.

---

* Dieses Procedere ist in Qatar üblich vor dem Kauf eines Falken, um Krankheiten auszuschließen. Auch deshalb liegt die Falkenklinik unmittelbar am Falken-Souq. Die Öffnungszeiten passen sich an: Während der Falkensaison im Winter ist länger geöffnet als in der Mauserzeit im Sommer.

Falkenwissen
Turmfalker, manchmal auch Rüttelfalken genannt, weil sie die einzigen Falken sind, die »rüttelnd« in der Luft stehen können, bevor sie ihre Beute (beispielsweise Mäuse, kleinere Vögel, Käfer, Eidechsen) schlagen, wiegen zwischen 200 bis 300 Gramm und haben eine Flügelspannweite von 75 bis 77 Zentimetern.
Lannerfalken hingegen wiegen zwischen 500 und 1.000 Gramm und haben eine Flügelspannweite von 90 bis 110 Zentimetern.
Ein Lannerpaar jagt gemeinsam, und zwar vorwiegend Flugwild, aber auch Kaninchen, Heuschrecken und Käfer.

Plötzlich dachte ich an Salim, den qatarischen Falkner. Aus lauter Frust nach meiner Niederlage gegen Sieglinde hatte ich ihn bisher nicht angerufen. Doch jetzt hatte ich den besten Grund, den ich mir wünschen konnte. »Morgen rufe ich den Falkner aus der Klinik an«, teilte ich Stephan via WhatsApp mit. »Und das Training geht los!« Seine prompte Antwort holte mich auf den Teppich zurück: »Sachte, sachte. Bau erst mal wieder langsam eine Verbindung zu dem Falken auf. Lass ihn auf deiner Faust atzen.«

Das ist typisch für mich: Manchmal vergesse ich das Laufen vor lauter Rennen. Glückselig wie ich war, schlug mein Falknerherz Purzelbäume, und das Blut in meinen Adern floss nicht, es tanzte: Ich hatte wieder einen Falken. Fest nahm ich mir vor, diesmal keine Fehler zu machen. Salim würde mir beim Trainieren über die Schulter schauen, und ich würde zusehen, wenn er Sultan die Raffinessen der Falknerei beibrachte.

Mein Lannerfalke – ich konnte mich gar nicht sattsehen an

diesem herrlichen Tier. So ein Falke ist eine perfekte Kreation von Mutter Natur. Jede einzelne Feder sitzt genau dort, wo sie sitzen soll, und ist ein wahres Kunstwerk: federleicht und doch robust, aerodynamisch geformt und verziert mit einer wunderschönen Zeichnung. Keine Feder ist wie die andere. Und dann diese unvergleichlichen Augen mit einem Blick, der einen in eine fremde Welt hineinzieht – in die Welt des Königs der Lüfte.

8
Der Beduine

Jeder Zufall ist besser als tausend
Verabredungen.

Arabisches Sprichwort

Wie verzaubert saß ich mit meinem neuen Falken auf der Faust in seinem Zimmer, dem letzten noch freien Gästezimmer – alle anderen waren noch von der Familie bewohnt. Doch dieses Zimmer ließ sich absperren und war aufgrund seiner Lage, ganz oben im dritten Stockwerk, bestens als Falkenzimmer geeignet. Prüfend schauten wir uns an, während ich ihm erstmals frische Fleischstückchen auf der Faust anbot. Immerhin hatte ich das kleine Falkner-Einmaleins schon mit Sieglinde üben können und war in puncto Geduld spürbar besser geworden. Kurz scannte der Lannerfalke seine Umgebung, dann wanderte sein Falkenblick wieder zu mir, dann zum Fleisch und erneut zurück zu mir. Jeden Winkel überprüfte er genau. Trotzdem vergingen keine zehn Minuten, da hatte der Falke schon Vertrauen gefasst und begann von meiner Faust zu atzen. Damit hatten er und ich, der König der Lüfte und die Erdenbürgerin, eine Beziehung. Konnte es etwas Faszinierenderes geben? Mir ging das Herz auf.

Als sein Kropf gefüllt war, verhaubte ich den Falken, damit er in Ruhe verdauen konnte. Auch ich musste erst mal verdauen: Nie hätte ich gedacht, dass mein neuer Falke so schnell Vertrauen zu mir fassen würde. Am liebsten hätte ich vor Freude geschrien und geklatscht, aber damit hätte ich unsere Freundschaft riskiert. Um einen Namen würde ich mich später kümmern, denn das wollte ja wohlüberlegt sein, wie ich inzwischen wusste.

Die Ruhe tat nicht nur der Verdauung des Falken gut, sondern auch seinem inneren Gleichgewicht. Immerhin hatte er viele neue Eindrücke zu verarbeiten. Die Kinder wollten den Falken natürlich ansehen und streicheln. »Ein Falke ist kein Spielzeug«, erklärte ich und ließ sie einen Blick auf den verhaubten Falken werfen. »Pst«, flüsterte ich, »er braucht seine Pause, um sich an seine Umgebung und uns zu gewöhnen.« Solange der Falke nicht abgetragen war, wollte ich nichts überstürzen. Jeder Schreck konnte ein Vertrauensbruch sein.

Am nächsten Morgen versuchte ich, ob er schon bereit war, von seinem Block auf meine Faust zu springen. Also bereitete ich alles vor – und nahm die Haube ab. Der Falke schaute und schaute. Langsam bewegte ich die Fleischstückchen auf der Faust, indem ich mein Handgelenk hin und her drehte. Der Falke nickte. Das ist ein Zeichen dafür, dass er fokussiert und interessiert ist. Das sieht vielversprechend aus, dachte ich, und blieb wie versteinert mit der ausgestreckten Faust stehen. Und siehe da – der Falke sprang! Ganz ohne Machtkampf, sondern in Teamarbeit: Ich komme dir mit Fleisch entgegen, du kommst mir entgegen mit einem Flug.

Mit dem atzenden Falken auf der linken Faust spazierte ich durch das Zimmer, immer auf und ab, und sprach mit ihm, damit er sich an meine Stimme gewöhnte: »So, mein Lieber, das ist jetzt dein neues Zuhause. Willkommen.« Kurz schaute er mich an, widmete sich dann aber sofort wieder seinen Leckereien. Erfreulich, dachte ich, denn alles, was er in diesem Moment lernt, wird er als positives Erlebnis abspeichern.

»Hervorragend machst du das, du wunderschöner Falke«, erneut blickte er mich ein paar Sekunden aufmerksam an. »Alles ist gut, ich bin hier und pass auf dich auf.« Langsam hob ich meine rechte Hand, ließ sie wieder sinken, dann das Ganze noch einmal etwas schneller. Ich setzte mich und stand wieder auf. Währenddessen achtete ich darauf, dass der Falke weiteratzte, ohne sich irritieren zu lassen. Anfangs muss jede Bewegung langsam und mit Bedacht ausgeführt werden, um die Reaktion des Falken zu testen. Wenn er sich nicht erschrickt, kann man einen Schritt weiter gehen. Andernfalls sollte man lieber zwischendurch eine Pause einlegen. Doch mein Lannerfalke liebte offenbar Herausforderungen, denn noch am gleichen Nachmittag flog er bereits eine größere Strecke, und ich konnte mit ihm unverhaubt auf der Faust durch das Haus gehen, während die Kinder um uns herum waren. Einen Sicherheitsabstand hielt ich dennoch ein, denn er sollte spüren: Auf dieser Faust bin ich sicher und habe zu fressen, egal, wie viel Trubel ansonsten herrscht.

Da alles so gut klappte, wollte ich es am folgenden Tag gleich mit einem Flugmeter probieren, wofür er mehr als nur zwei Flügelschläge brauchen würde. Und wieder machte mein Falke mit. Er verstand es, auf die Faust zu fliegen, und hatte auch genügend Vertrauen, um den Meter mit einem kurzen Flug zu überwinden. Ich belohnte ihn mit einem Wachtelhäppchen und stellte ihn wieder auf seinen Block. Dann ließ ich ihn erneut auf mich zufliegen, die gleiche Distanz, aber meine Faust hielt ich dabei etwas höher. Er zögerte eine Minute, schaute sich alles genau an und flog auf direktem Weg zu mir. Natürlich belohnte ich ihn auch diesmal, denn nur so funktioniert die Beziehung Falke-Mensch: mit Vertrauen. Ich vertraue ihm, dass er zu mir kommt, er vertraut mir, dass er gutes Fressen bekommt.

Ein arabisches Sprichwort aber besagt: »Vertraue auf Gott, aber binde dein Kamel an.« Vertrauen ist gut, Kontrolle ist besser. Deshalb war nach wie vor die Lockschnur zwischen uns. Doch der Falke machte keinerlei Anstalten, zur Fensterscheibe zu fliegen, sondern kam immer wieder zuverlässig auf meine Faust, wo er entspannt, fast zutraulich verweilte. Mein Lannerfalke war mit seinen 687 Gramm, die im Falkenkrankenhaus vermerkt worden waren, 3,5-mal so schwer wie Sieglinde. Ein größerer Falke bedeutet aber auch einen größeren Schnabel und viel größere Hände mit imponierend großen Krallen. Da will jeder Handgriff genau überlegt sein.

Falkenwissen

Das richtige »Jagdgewicht« eines Beizvogels zu finden und zu halten ist eine Kunst für sich: Ist das Gewicht zu niedrig, ist er nicht leistungsfähig und anfällig für Krankheiten; wiegt der Vogel hingegen zu viel, verliert er das Interesse an der Beute. Wer läuft schon mit vollem Magen einen Marathon? Wie bei Sportlern muss auch bei Falken die Nahrung an die Leistung angepasst werden. Das bedeutet auch, dass der Falke in einem kühleren Klima mehr Nahrung bekommt, weil er mehr Energie verbraucht, um seine Körpertemperatur stabil zu halten. Und ist der Vogel besonders lange geflogen, ist das Energiereservoir durch eine entsprechende Nahrungsmenge wieder aufzufüllen.

Da das »Idealgewicht« eine so große Rolle spielt, sollte der Falke täglich gewogen werden. Dabei ist allerdings zu beachten, dass das Gewicht mit steigender Muskelmasse zunimmt, denn Muskeln wiegen mehr als Fett.

Selbst zwei Meter konnte ich meinen Falken ohne Bedenken auf die Faust fliegen lassen. Doch damit war das Buchwissen erschöpft. Im Haus und mit Lockschnur kam der Falke sicher zu mir, doch jetzt mussten wir hinaus ins Freie. Es war Zeit, Salim, den Beduinen, anzurufen.

»Salam aleikum, Salim!« Glücklicherweise schien er sich tatsächlich an mich zu erinnern. Dass er nicht gleich wieder auflegte, wertete ich als gutes Zeichen. Unsere Kommunikation war allerdings äußerst mühsam. Bei unserer Begegnung in der Klinik hatten wir ja vieles über Zeichensprache hinbekommen, aber jetzt am Telefon war es entschieden schwieriger. »*ME COMING TODAY*«, schrie ich durch das Telefon, obwohl ich natürlich wusste, dass lauter nicht gleich verständlicher bedeutet. Aber ich wollte nichts unversucht lassen. Noch ein paar Mal wiederholte ich: »*ME COMING TODAY*«, »*ME COMING TODAY*«. Tatsächlich klappte die Verständigung irgendwie – in der Wiederholung liegt bekanntlich die Verdeutlichung –, doch er wehrte sofort ab: »*No, today not good.*« Ich widersprach: »*Yes, yes, yes, today, today, today. TODAY!*«

So ging es noch ein wenig hin und her, bis er schließlich aufgab. Ihm fehlten die Worte – mir nicht. Außerdem merkte er mal wieder, dass es zwecklos war, mich abwimmeln zu wollen. Wir konnten uns auf eine bestimmte Tankstelle in Al Khor, gelegen an der einzigen Nordstraße, verständigen. Sollten wir uns verpassen, hatte ich ja Salims Nummer.

Entschlossen packte ich den Falken und sämtliche Ausrüstung, die ich für ihn besorgt hatte, ins Auto, und eine knappe halbe Stunde später bog ich zu der besagten Tankstelle ab. Wird Salim wirklich da sein?, fragte ich mich. Vor lauter Aufregung dachte ich sogar kurz, ich hätte alles eingepackt, aber meinen Falken vergessen. Doch kaum kam die Tankstelle in

Sicht, sah ich einen schwarzen Land Cruiser, in dem Salim und Sultan saßen. Mir fiel ein Stein vom Herzen.

Bei der Begrüßung lächelten und nickten wir, denn erzählen konnten wir uns ja nicht viel. Schließlich zeigte Salim auf mein Auto, dann auf seins und machte eine Geste mit seinem Autoschlüssel. Hieß das: »Hier abstellen und abschließen«? Dann zeigte er noch einmal auf sein Auto und in die Ferne, vermutlich die Wüste, und sagte »Dschungel«. Was auch immer das bedeuten mochte, dachte ich, jetzt bin ich da, also rein ins Abenteuer.

Salim ging zu meinem Auto und holte sich den Falken von der Rückbank. Fragend schaute er mich an. Kein Wunder, hat er doch eine kleine Turmfalkendame erwartet und nicht diesen deutlich größeren Lannerfalken. Ich lachte, nickte und zuckte leicht mit den Schultern. Salim antwortete ebenfalls mit einem Schulterzucken und musterte das Tier. Einen Moment hielt ich den Atem an. Doch dann machte Salim das Daumen-hoch-Zeichen und nickte anerkennend. Der Falke ist also schon mal in Ordnung, dachte ich erleichtert.

Als alle meine Falkenutensilien samt Falke in Salims Auto verfrachtet waren, ging es los. Nach wenigen Minuten zeigte Salim nach vorn und sagte wieder: »Dschungel.« Denkt er vielleicht, dass Dschungel das Wort für Wüste ist?, fragte ich mich. Ich sah vor mir nichts als Wüste, eine flache, steinige Weite, keine Sanddünen wie im Süden von Qatar.

Kilometerweit fuhren wir in die Wüste hinein, bis Salim plötzlich stoppte, ausstieg, meinen Falken auf die eine Faust nahm und eine lange Lockschnur und das Federspiel in die andere Hand. Er nickte und deutete mir mit der offenen Hand, wo ich mich hinstellen sollte, während er noch gut hundert Meter weiterging. Sultan, ebenfalls hoch konzentriert, kam zu mir.

Von weitem erkannte ich, dass er das Federspiel an einer Schnur hatte, an die Lockschnur hatte er meinen Falken gebunden. Nun kniete Salim nieder, setzte den Falken ab, nahm die Haube herunter und lief schnell, aber achtsam zehn Meter weiter. Er warf das Federspiel seitlich heraus, zog es wieder herein und warf es erneut heraus, um den Falken damit zu reizen. Endlich habe ich meinen Lehrmeister gefunden, dachte ich und verfolgte alles ganz genau.

Mein Falke schaute sich um, starrte auf das Federspiel, schaute sich wieder um, dann – zack – flog er in einem irren Tempo los und ergriff schon im nächsten Moment das Federspiel. Ein sprudelndes Glücksgefühl durchströmte mich. Was jetzt wohl kommt?

Nachdem der Terzel eine kleine Taubenfleisch-Belohnung erhalten hatte, sozusagen eine Kostprobe, wurde er wieder weggestellt. Diesmal rief Salim ihn sogar aus 20 Metern Entfernung. Trotzdem reagierte er sofort. Ich freute mich riesig über seinen Erfolg, obwohl ich ihn natürlich viel lieber auf der Faust gehabt hätte. Als Belohnung bekam er jetzt die ganze Taube.

Salim gab mir ein Zeichen, dass ich mich langsam nähern solle. Endlich!, dachte ich. Als ich zu schnell wurde, signalisierte Salim »Stopp!«, dann winkte er mich wieder heran, und schließlich wies er mich an, mich geduckt anzuschleichen. Es ging darum, den Terzel nicht zu vergrämen, wie die Falkner sagen. Während mein Falke die Taube kröpfte, schaute ich genau zu, wie Salim den Vogel dabei handhabte. Und Salim wiederum beobachtete jede meiner Reaktionen. Vermutlich wollte er testen, ob ich bei diesem martialischen Anblick in Ohnmacht falle.

Anschließend wurde Salims Falke trainiert. Die schöne Sakerfalkendame namens Al Bahraini flog natürlich schon frei auf das Federspiel.

Noch einmal zeigte Salim mir, wie er seinen Falken belohnt, dann durfte ich Al Bahraini auf meine Faust nehmen und aufatzen. Es war fantastisch. Nicht nur, dass mit meinem Falken alles glattgegangen war, nun fütterte ich sogar den Falken meines Lehrmeisters. Offenbar machte ich meine Sache gut, denn Salim war sichtlich beeindruckt.

Plötzlich kamen wie aus dem Nichts diverse Land Cruiser angefahren und hielten wenige Meter von uns entfernt. Sechs qatarische Männer stiegen aus, und einer fing an, gereizt auf Salim einzureden. Zwar verstand ich kein einziges Wort, aber seine Körpersprache war unmissverständlich: Er regte sich darüber auf, dass ein Fremder, noch dazu eine Frau, hier mitten in der Wüste mit Falken arbeitete. Ich bin mir ziemlich sicher, dass Salim entgegnete: »Wenn *du* die getroffen hättest, wärst du sie auch nicht losgeworden.« Erst hob er nur die Schultern, dann aber fauchte er zurück, bis die Männer wieder in ihre Autos stiegen.

Kurz darauf wurden aus den geöffneten Autofenstern nacheinander Falken geworfen, die in alle Himmelsrichtungen davonflogen, und die Männer gaben Gas, um mit ihnen mitzuhalten. Das war ein herrliches Spektakel. Jeder Falke bekam seinen Freiflug samt anschließender Atzung.

Danach wurde ein arabischer Teppich ausgebreitet, der aussah wie der fliegende Teppich aus *Tausendundeiner Nacht*, und die Falkner luden mich ein, Platz zu nehmen und mit ihnen Tee zu trinken. Alle waren friedlich. Aber ein wenig skeptisch beäugten sie mich schon – das konnten sie nicht überspielen, sosehr sie es auch versuchten. Trotzdem war ich voller Dankbarkeit für ihre noble Geste der Gastfreundschaft.

Am nächsten Tag trafen Salim und ich uns wieder; Sultan durfte nur am Wochenende mit. Gleicher Ort, gleiche Uhrzeit. Diesmal war die Lockschnur erst 30 Meter, später sogar 50 Meter lang, doch mein Falke meisterte beide Distanzen ohne Wenn und Aber. Waren wir auf dem besten Weg zu unserem ersten Freiflug? Wann wir so weit wären, würde einzig und allein Salim entscheiden, mein Mentor, dem ich bereits voll vertraute und der sich offensichtlich an den Gedanken gewöhnt hatte, mich so schnell nicht mehr loszuwerden. Er gab mir den Namen Margareth, obwohl »Laura« für einen Araber keine sprachliche Hürde darstellt. Aber ob nun Laura oder Margareth, das war mir egal, ich musste nur lernen, auf meinen neuen Namen zu reagieren.

Am vierten Tag änderte Salim Treffpunkt und Zeit. Den Grund kannte ich nicht und konnte ihn auch nicht erfragen. Es war schon kompliziert genug, bis ich den Ort verstanden hatte. WhatsApp-Location oder GPS-Koordinaten via Google Maps, so etwas hatte Salim nicht auf seinem Telefon, was die Verabredung erheblich erschwerte. Also fuhr ich einfach zu besagter Stelle in die südliche Wüste, indem ich diversen arabischen Schildern mit Falkenbild folgte. Die sahen vielversprechend aus, und tatsächlich wurde ich am Ziel von einem Falkenwettbewerb überrascht.

Hinter einigen Kilometern Sand und diversen Dünen war eine gigantische Tribüne aufgebaut worden. Es wimmelte nur so von Land Cruisern und weißgewandeten Männern mit ihren imposanten Falken. Ich war die einzige Frau. Entsprechend entgeistert wurde ich gemustert, andere wiederum taten, als wäre ich Luft. Aber ob nun Luft oder Geist, die Herren waren sich offenbar einig, dass ich mich verfahren haben musste. Das störte mich inzwischen nicht mehr, denn selbst als ich den Jagdschein in Deutschland machte, wurde ich oft schräg angesehen. Jagen war und ist eine Männerdomäne. In Qatar ist diese Meinung besonders ausgeprägt. Doch auch in Spanien und Deutschland musste ich als Frau erst einmal beweisen, dass ich schießen kann und keine Gefahr für meine Mitmenschen darstelle. Einem Mann hingegen wird immer zugetraut, dass er fähig ist, mit dem Gewehr umzugehen, obwohl ich mittlerweile viele Männer kennengelernt habe, die weder gut jagen noch sonderlich gut schießen können.

Gefesselt von dem faszinierenden Treiben um mich herum schaute ich mir den Wettbewerb in Ruhe von der Tribüne aus an. Salim war Schiedsrichter. Jeweils eine Brieftaube wurde aus einer Kiste frei-, danach ein Falke von der Faust seines Falkners losgelassen. Bis dahin hatte ich gedacht, es müsse ein Kinderspiel für einen Falken sein, so eine Taube zu schlagen, aber wenn ein Falke nicht schon nach zwei Minuten aufgibt, sondern die Verfolgung aufnimmt, dauert es bis zu 15 Minuten: hoch, runter, hoch, runter, kilometerweit.

Das ist äußerst spannend. Denn so eine Brieftaube ist schnell und wendig und daran gewöhnt, Hunderte von Kilometern zu fliegen. Sie hat eine starke Muskulatur und kennt diverse Tricks, um dem Falken zu entkommen. Ein Falke wiederum ist es gewöhnt, aus einer gewissen Höhe zu jagen, von einem hohen Ansitz aus. Von der niedrigen Faust zu starten bedeutete einen Vorteil für die Taube. Deshalb waren auch nur die wenigsten Falken erfolgreich. Gerade mal zehn von bestimmt 200 Falken schafften es bis zum Finale. Ich sah unbeschreiblich spannende Flüge. Mein Falknerherz fieberte mit jedem Flug mit und feuerte jeden Falken an.

Nachdem alle Falken für diesen Tag gestartet waren, kam Salim zu mir auf die Tribüne, um mich abzuholen. Er begrüßte mich wieder als Margareth, woraufhin ich lächelnd antwortete: »Salam aleikum, Salim.« Er forderte mich auf, ihm zu seinem Auto zu folgen, wir holten meinen Falken aus meinem Wagen und fuhren ein paar Minuten tiefer in die Wüste hinein.

Es war recht windig, als wir ausstiegen, und ich zog mein schönes arabisches Tuch, das ich im Souq ergattert hatte, enger um den Hals. Salim kam auf mich zu, begann, das Tuch wieder abzuwickeln, und signalisierte, ich solle mich auf den Boden setzen, während er das Tuch in die Luft hielt. Ich war gespannt, was jetzt kommen würde. Indem er Zeige- und Mittelfinger auf seine Augen richtete, bat er mich, genau aufzupassen, und fing an, das Tuch sorgfältig zu einem Dreieck zu falten. Dann platzierte er es mittig auf meinen Kopf, drehte es an einer Seite leicht ein, befestigte diese Seite hinten und wickelte die andere Seite darum herum. Fertig war der Turban. Nun wehten mir meine Haare nicht mehr ständig ins Gesicht. Ein gutes Gefühl und so praktisch. Stolz betrachtete ich mich im Seitenspiegel des Autos. Margareth war winddicht!

Salim lächelte und holte meinen Falken. »*Name?*«, fragte er und sah mich an. Bei jedem unserer Treffen lernte Salim die eine oder andere englische Vokabel aus dem Kontext oder dank Handzeichen und schrieb sie so, wie sie für ihn klang, auf einen Zettel, der im Auto lag. Ich schüttelte den Kopf. Mein Lennerfalke hatte keinen Namen. Seit meinem Erlebnis mit Kunigunde war ich, was die Falkentaufe anbelangt, verunsichert.

»*Name falcon*?!«, insistierte mein Lehrmeister. Ach herrje, da musste ich mir wohl schnell etwas einfallen lassen. »Hermes«, platzte ich heraus. »Ahmed?!« Erst Dschungel, dann Margareth, jetzt Ahmed. Salim schien mit Namen auf Kriegsfuß zu stehen. »*No, not Ahmed. Hermes*«, wiederholte ich und achtete auf eine besonders deutliche Aussprache, plötzlich sehr angetan von meiner spontanen Namensfindung. Immerhin ist der Götterbote Hermes der Schutzgott der Reisenden, und Falken symbolisieren oft den Reisenden zwischen unserer Welt und dem Jenseits. Aber wie hätte ich Salim das alles in Zeichensprache vermitteln sollen? Dieser blickte kurz ziemlich kritisch, überlegte und sagte dann *»Ramas. Good.«* Was soll's, dachte ich und nickte anerkennend. *»Okay. Ramas«*. Damit war das Thema erledigt. Mein Falke hieß nun Ramas.

Salim nahm den Täufling auf seine Faust, begutachtete ihn, tastete ihn ab und fragte: *»Weight how much?«* *»622 gram«*, antwortete ich wie aus der Pistole geschossen – und dann noch mal langsam: *»Six. Two. Two«*, wobei ich jeweils die entsprechende Anzahl Finger hochhielt. Kurz überlegte er, dann gab er etwas Atzung auf meine Faust und schickte mich mit einer Handbewegung los. Sobald ich stoppte und über die Schulter zu ihm schaute, winkte er mich weiter, bis ich etwa 20 Meter erreicht hatte. Nun winkte Salim nicht mehr, sondern ließ im nächsten Moment Ramas frei. Vogelfrei. Zum ersten Mal ohne Lockschnur.

Vor Schreck hielt ich die Luft an. Stocksteif stand ich da mit meiner ausgestreckten Faust. Ich hatte keine Kontrolle mehr und musste mich auf unser Vertrauen verlassen. Wie in Zeitlupe sah ich den Falken auf mich zufliegen. Jeden Flügelschlag nahm ich wahr, als ob ich in diesen Sekunden wie ein Falke sehen konnte. Doch in Wirklichkeit ging alles ganz schnell, und ehe ich hätte in Ohnmacht fallen können, stand Ramas schon auf meiner Faust und holte sich seinen Leckerbissen. Total verliebt schaute ich den atzenden Ramas an. Doch da nahm Salim den Terzel bereits zurück auf seine Faust, verhaubte ihn und drückte mir ein Federspiel in die Hand. *»Go«*, wies er mich an.

Diesmal ließ er mich bei etwa 50 Metern anhalten. Auch ohne Worte war klar: Ich sollte Ramas auf das Federspiel motivieren. Das war der logische nächste Schritt, aber ich war ziemlich angespannt, zumal es keine Lockschnur mehr zwischen uns gab. Zwar trennten Ramas und mich nur wenige Meter, doch über uns war der weite wolkenlose Himmel. Ramas war frei und daher auch frei wegzufliegen, wenn er das wollte. Hoffentlich verliere ich diesen wunderbaren Falken nicht gleich wieder, schoss es mir durch den Kopf. Scharf wies ich mich selbst zurecht: Vor wenigen Minuten ist Ramas, ohne zu zögern, auf deine Faust geflogen. Er vertraut dir. Also musst auch du ihm vertrauen. Doch was ist, wenn er das Federspiel ablehnt? Wenn die Distanz doch zu weit ist? Und er einfach wegfliegt?

Mein nervöses Gedankenwirr war kaum zu ertragen, da griff Salim auch schon nach Ramas' Haube und hob sie ab, während ich das Federspiel, wie ich es bei Salim so oft gesehen hatte, hin und her schwang. Ich versuchte, mein Bestes zu geben. Ramas schaute sich um und spreizte seine Flügel. Würde er kommen oder wegfliegen? Mein Herz klopfte wie wild, als Ramas ohne Umwege auf mein Federspiel flog. Das war der erste Freiflug. Da war er also, dieser unvergessliche Moment. Mein eigener Falke kommt frei auf mich zugeflogen.

Ohne Salim hätte ich mir das wahrscheinlich nie zugetraut, sondern versucht, die Lockschnur konstant zu verlängern. Aber ich musste ja eine Beziehung zu meinem Falken aufbauen, ihm vermitteln, dass er mir vertrauen kann. Salim hatte mir nun gezeigt, dass ich auch meinem Falken vertrauen kann. Vielleicht habe ich bei Sieglinde doch zu schnell aufgegeben, überlegte ich. Hätte ich geduldiger sein müssen? Umso froher war ich, dass Ramas mich in dem Falkensouq so bestimmt angeschaut hatte.

Sichtlich erfreut über den Erfolg seiner Schülerin gratulierte Salim mir: Daumen nach oben, gefolgt von einem kräftigen Klatschen. Am liebsten wäre ich ihm um den Hals gefallen, so offen war sein Lächeln. Stattdessen schüttelte ich ihm kräftig die Hand. Ich war ihm unendlich dankbar.

Mit Ach und Krach gelang es Salim, mir zu erklären, dass Ramas für den Marshallsender* eine Halterung an der Stoßfeder benötigt sowie einen Ring mit meiner Telefonnummer an der Hand**. »*Today. Souq*«, sagte er in einer Deutlichkeit, die keinen Widerspruch zuließ, und so stimmte ich sofort zu. »*Okay.*« Dein Wunsch sei mir Befehl. Rasch verabschiedete ich mich von Salim und machte mich auf den Rückweg in die Stadt und geradewegs in den Souq. Im Rückspiegel sah ich, wie die Wüste allmählich verschwamm; vor mir leuchteten die ersten Lichter der Wolkenkratzerwüste.

Mit Ramas auf der Faust und meinem buntbestickten Turban um den Kopf lief ich zum Falkensouq. In der Wüste und in Salims Anwesenheit hatte ich fast vergessen, dass ich die Fremde, die Frau mit dem Falken, war. Doch die Blicke, die ich hier nun wieder erntete, ließen keinen Zweifel daran. Leute blieben wie vom Donner gerührt stehen und starrten mich an – die einen nur ungläubig, andere amüsiert, manche ablehnend. Unbeirrt ging ich in den erstbesten Falkenladen und fragte nach der metallenen Halterung für den Sender. Sofort wurde mir eine entsprechende Halterung gezeigt. Ja, so etwas hatte ich bei Salims Falken Al Bahraini und Silsal gesehen. Also habe ich sie gekauft. Mithilfe einer Zange wurde die Halterung innerhalb weniger Sekunden an der mittleren Stoßfeder befestigt. Für den »Kontaktring« – im Deutschen spricht man von Adresstafel – wurde ich in den benachbarten Laden geschickt, denn dort hatten sie eine

---

* Falken werden mithilfe von Telemetrie oder inzwischen GPS geortet.
** Zur Erinnerung: So nennt der Falkner den Falkenfuß..

Maschine, die meinen Namen samt Telefonnummer auf einen Ring laserte, der anschließend um die Falkenhand gelegt wurde. Im Nu prangte das Prachtstück auf Ramas' Krallen.

Am nächsten Tag war ich wieder voller Vorfreude und Tatkraft zur Stelle, stolz, bereits mit Ramas' Senderhalterung und Kontaktring sowie einem selbstgebundenen Turban aufwarten zu können. Ich beobachtete Salim dabei, wie er als Schiedsrichter die Falken während des besagten Wettbewerbs beurteilte und den korrekten Ablauf kontrollierte*. Dabei versuchte ich erneut, mir möglichst viel abzuschauen.

Als Salim fertig war, kam er zu mir herüber, schmunzelte beim Anblick meines Turbans und überreichte mir einige Süßigkeiten: »*From Sultan!*« Mit Händen und Füßen, dürftigen Englischbrocken und langen Denkpausen ließ Salim mich wissen, dass sein Sohn ihm diese Süßigkeiten gestern in die Hand gedrückt und klargemacht habe, sie seien für seine neue Freundin Margareth. Das war eine kleine Geste, aber eine große Ehre für die Frau mit dem Falken. Offenbar hatten sie Margareth tatsächlich ein wenig ins Herz geschlossen.

Während wir wieder einige Kilometer in die Wüste hineinfuhren, weg von Tribüne und Trubel, schwieg Salim einige Zeit, bis er schließlich sagte: »*Inschallah me you friend*« und bedeutete mit seiner Hand eine lange Strecke, als meine er eine lange Freundschaft, so Gott will. Gerührt wiederholte ich: »*Yes, I hope we will have a long friendship.*«

Mit einem großen Fragezeichen im Blick schaute er

---

* Die Falken müssen wie registriert mit Chipnummer antreten. Dabei wird streng darauf geachtet, dass jeder Falke eine faire Chance bekommt. Wenn dann tatsächlich eine Taube gefangen wurde, wird überprüft, ob die Ringnummer mit der ausgelassenen Brieftaube übereinstimmt und es sich nicht etwa um eine andere Taube handelt.

mich an. »Ship?« Ich musste lachen. »*No ship*«, erklärte ich. »*Friends. Hopefully we are friends for a long time.*« Salim bestand aber darauf, dass er »ship« gehört habe, und hakte nach. Ich versuchte, es zu ignorieren, doch er ließ nicht locker – und plötzlich gab er ein »Määähh määähh« von sich. Er hatte also das »*ship*« mit »*sheep*« verwechselt. Da ich keine Anstalten machte, ihm den Grund für meinen Lachanfall zu erläutern, fiel er einfach in mein Lachen ein, und mit einem gemeinsamen Schulterzucken verschoben wir das Thema bis auf weiteres.

Wie ein Pfeil schoss Silsal hinter der Taube her durch die Wüste. Es dauerte einige Minuten, bis sie diese gepackt und zu Fall gebracht hatte. Damit die stolze Wanderfalkendame sich von ihrem anstrengenden Flug erholen konnte, ließ Salim sie erst eine Weile auf ihrer Beute stehen.

Falkenwissen

Auch in der Natur fliegen Falken vorwiegend, um Beute zu machen, denn Beuteflüge kosten selbst den König der Lüfte viel Kraft. Ansonsten ruhen sie sich an einem strategisch günstigen, meist höhergelegenen Platz (Ansitz) aus und halten nach Beute Ausschau. Deshalb werden Falken auch Ansitzjäger genannt.

Dann nahm Salim sie auf die Faust und ließ sie ihre heutige Tagesration atzen: die Hälfte der erbeuteten Taube. Bekäme sie zu viel, bräuchte sie vielleicht einen Tag extra, um die Nahrung komplett zu verdauen. Da Falken in der freien Wildbahn auch nicht jeden Tag das Jagdglück hold ist, empfiehlt es sich sogar, ab und zu einen Fastentag einzulegen. »Detox« gewissermaßen: einfach mal das Verdauungssystem zur Ruhe kommen lassen.

Anschließend verhaubte Salim Silsal und stellte sie auf ihrem Block ab. Als wollte sie sich satt und zufrieden den »Mund« ablecken, knirschte sie mit dem Schnabel und rieb ihn dann, als benutzte sie eine Serviette, rechts und links an dem Block. Unterdessen knotete Salim die arabische Langfessel von Al Bahraini auf, um sie für ihren Flug vorzubereiten, und befestigte einen kleinen Sender in ihren Federn, bevor er die Haube lockerte und vorsichtig abnahm.

Die Sakerfalkendame streckte ihren Hals und scannte schnell das Revier, dann schüttelte sie das Gefieder, ließ einmal Schmelz ab und stieg von der Faust gen Himmel. In solchen Momenten ist es, als zöge der Falke einen mit sich in die Lüfte. Das mag theatralisch klingen, aber einen Falken zu trainieren ist, wie die Wildnis zu heiraten. Und einem Falken in die Augen zu schauen ist wie ein Blick in das Fenster seiner eigenen Seele.

Meine Gedanken waren hoch oben bei Al Bahraini und ihren majestätischen Flügelschlägen, als sie die Flügel in der nächsten Sekunde zusammenklappte und wie ein Blitz nach unten schoss, direkt auf das Federspiel zu, das Salim kunstvoll schwang. Salim zog es ihr aber immer wieder weg, denn für den Muskelaufbau musste Al Bahraini mehrere Trainingsdurchgänge absolvieren. Wieder musste sie gen Himmel steigen, um sich kurze Zeit später wieder voller Elan auf das Federspiel zu stürzen. Das ist eine kraftraubende Angelegenheit für den Falken. Aber auch ein Federspiel zu schwingen will gekonnt sein. Die Falknerei kennt mehrere Methoden; und nachdem Al Bahraini ihr wohlerflogenes Mahl erhalten hatte, zeigte mir Salim mit ein paar Handgriffen, was ich wann und wie mit dem Federspiel zu tun hatte, damit der Falke mehrere Durchgänge flog. Denn Ramas' zweiter Freiflug stand bevor.

»*Today weight how much?*«, wollte Salim wieder wissen. Ich sagte: »*658 gram*«, und sah Salim an, dass er darüber nachdachte, ob es womöglich zu viel sei, denn schon ein paar Gramm mehr können viel ausmachen. Doch dann nickt er. »*Okay.*« Schließlich würde Ramas ab heute den Sender tragen, den Salim gerade in der Stoßklemme befestigte. Kurz vor dem Flug wurde die Batterie des Senders sicherheitshalber noch einmal getestet.

Mit meinem Falken auf der Faust entfernte Salim sich erneut ungefähr 50 Meter. Dann gab er mir ein Handzeichen, und ich begann damit, das Federspiel wie gelernt zu schwingen. Er ließ Ramas von seiner Faust starten, und schon erhob sich dieser in die Luft. Hoffnungsvoll und mit klopfendem Herzen verfolgte ich seine Flugbahn. Nach dem gestrigen Tag sollte er keinen Grund haben wegzufliegen, oder? Jedenfalls hatte er das offenbar nicht vor, denn er flog schnurstracks auf mein Federspiel zu. Doch ich musste ihn täuschen und ihm die Attrappe direkt unter den Krallen wegziehen. Ramas schlug wie wild seine Flügel und stieg in Kreisen nach oben, um wieder an Höhe zu gewinnen – »er holt Ring«, sagen die Falkner dazu. Kurze Zeit später der zweite Durchgang: Ramas stürzte auf das Federspiel, schnell zog ich es zu mir, aber nicht schnell genug, denn schon hatte Ramas in die Attrappe gegriffen und sie zu Boden gedrückt. Er hatte mich ausgetrickst und sich seine Belohnung wahrlich verdient – schneller, als mir lieb war, aber daraus kann ich nur lernen.

Eine tiefe Zufriedenheit durchströmte mich. Mein Falke vertraute mir, wir arbeiteten an unserer Beziehung, und nun genoss er sein Dinner. Wenn es dem Falken gut ging, war ich glücklich. Nur schade, dass Donald nicht dabei ist, ging es mir durch den Kopf. Mein Falkenmentor hatte mir jedoch in knappen Worten – »*Dog no!*« – klargemacht, dass er keinen Hund in seinem Auto haben wolle. Und das akzeptierte ich als seine dankbare Schülerin natürlich.

Am folgenden Tag im Büro war ich richtig hibbelig. Während ich E-Mail um E-Mail tippte, um sie dann so schnell wie möglich rauszuschicken, ging mir immer wieder durch den Kopf: Mein Falke fliegt frei und kommt zu mir zurück! Ich sehnte mich nach den erfüllenden Stunden in der Wüste, doch erst einmal musste ich mich, so gut es ging, auf die Arbeit konzentrieren. Vielleicht hatten mich die Trainingsstunden mit Ramas ja schon ein wenig therapiert. Als Señora Möchtegernmultitasking neigte ich nämlich dazu, immer mehrere Dinge gleichzeitig zu tun. Wenn ich zum Beispiel mit Donald um den Block ging, schaute ich ständig auf mein Smartphone, verschickte Nachrichten oder telefonierte. Das Ergebnis war, dass ich gar nicht richtig bei der Sache war.

Bei dem Training mit Ramas hingegen hatte ich gar keine Zeit für etwas anderes. Der Falke verlangte meine volle Aufmerksamkeit und war daher der perfekte Therapeut für mich. Also Laura, eins nach dem anderen: jetzt und hier erst mal die beruflichen Aufgaben. Die Wüste muss warten.

Als ich an diesem Nachmittag zum Training erschien, hatte ich für Sultan und seine beiden jüngeren Schwestern ein paar besondere Süßigkeiten mitgebracht. Salim lächelte und machte mir in unserer ganz eigenen Sprache aus Gesten und Englischbrocken klar, dass er Sultan erst in zwei Tagen wiedersehen, ihm aber schon am Telefon von meinem Geschenk erzählen werde.

Bis dahin hatte Salim alle Hände voll mit dem Falkenfestival und mir zu tun. Heute war wieder das Federspieltraining an der Reihe. Diesmal sollten allerdings schon 200 Meter zwischen Ramas und mir liegen. Das war eine enorme Steigerung gegenüber den letzten beiden Tagen. Obwohl ich schon viel selbstsicherer geworden war, musste ich mich doch wieder ziemlich anstrengen, mir meine Aufregung nicht anmerken zu lassen. Vertrauen, Laura, ermahnte ich mich selbst. Denn jedes Mal, wenn der Falke gen Himmel stieg, stieg mein Herz mit ihm hinauf und zitterte, ob »mein« Ramas zu mir zurückkehren würde oder nicht. Doch jedes Mal kam er in atemberaubendem Tempo zu mir zurück.

Heute schien er besonders schnell gewesen zu sein, denn auch Salim sagte: »*Very fast*«. Er zeigte auf Ramas und bekräftigte: »*She fast, very fast, very, very fast.*« Dabei deutete er mit beiden Händen Stufen in den Himmel an. Nach und nach, sollte das heißen, werden die Muskeln des Falken kräftiger und dieser immer schneller.

»*She*«?, fragte ich irritiert. Sollte Ramas etwa doch kein Terzel sein? Ich zeigte auf den Falken. »*Female? Lady? Woman?*« Aber Salim schüttelte den Kopf. »*She man*«. Um auf Nummer sicher zu gehen, hakte ich noch mal nach, hob meinen Arm samt Ramas ein wenig höher und sagte »*This man falcon.*« »*Yes*«, antwortete Salim nickend und murmelte dann auf Arabisch: »*Wokri tibah.*« Ein Lannerterzel.

Beruhigt, ihn nicht in »Ramasina« umtaufen zu müssen, betrachtete ich meinen Falken, während die abendliche Sonne die Wüstendünen in warmes Rot tauchte, bis sie schließlich hinter diesen unterging. Nur wenige Minuten später war der tiefschwarze Himmel von Sternen übersät. An diesem Anblick würde ich mich bestimmt niemals sattsehen. Ich liebte es, minutenlang darin zu versinken und den Tag Revue passieren zu lassen, denn so ein Sternenhimmel über der Wüste ist für mich eine besondere Quelle der Ruhe und Kraft.

Bis zum Ende des Falkenwettbewerbs fuhr ich jeden Tag

nach Mesaieed hinaus. 50 Kilometer hin, 50 Kilometer zurück. Dafür musste ich komplett durchgetaktet und meine Arbeit möglichst bis mittags erledigt sein. Mein Chef wusste Bescheid und hatte sich damit arrangiert, dass ich bis zur beginnenden Mauser, also bis Ende März oder Anfang April, an keinem Nachmittagsmeeting teilnehmen würde. Die Wüsten- und Falkenzeit war mir heilig. Hier gab es weder E-Mails noch Anrufe, sondern nur Falken und Falkner.

Irgendwann fühlte ich mich auch nicht mehr komplett fehl am Platz; man hatte sich an meine ständige Gegenwart auf dem einmonatigen Wettbewerb gewöhnt. Dass ich eine angehende Falknerin mit einem frei fliegenden Falken war, wusste allerdings nur Salim.

Ramas machte deutliche Fortschritte. Er flog immer schneller, weiter, höher und hatte inzwischen seine ersten fliegenden Tauben gefangen. Auch Salims Englisch machte Fortschritte, bis er schließlich auch begriff, dass ich nicht Margareth, sondern Laura hieß. Minutenlang mussten wir über dieses Missverständnis lachen, und Salim entschuldigte sich tausend Mal, obwohl ich mich schon an Margareth gewöhnt hatte.

Endlich war es so weit: Das große Finale des Falkenwettbewerbs stand bevor. Fast alle Disziplinen – Brieftaubenfangen, 400-Meter-Flug, Houbara sichten – waren absolviert und die Sieger ermittelt; jetzt fehlte nur noch der Schönheitswettbewerb der Sakerfalken. Die schönsten, meist handelte es sich um die hellsten, wurden von einer erlesenen Jury ermittelt.

Unter den zahlreichen Zuschauern waren nun auch internationale Falkner und sogar einige Frauen, wenngleich nach wie vor keine einheimischen. Eine deutsche Falknerin, die ich ansprach, war sofort bereit, all meine Fragen zu beantworten.

So ein Fachgespräch von Frau zu Frau in vollständigen Sätzen, das hatte schon etwas.

Historisch betrachtet sind Falknerinnen in Deutschland gar nicht so ungewöhnlich; schon im Mittelalter widmeten sich adlige Frauen der Beizjagd. Doch in der Minderheit sind Falknerinnen bis heute. Wir tauschten unsere Telefonnummern aus – und schon war das Finale vorüber, die ausländischen Besucher verschwanden, und ich war wieder allein unter Beduinen.

Von nun an fand unser Training wieder in der steinigen Wüste im Norden statt, wieder umgeben von Salims Brüdern und Cousins. Allerdings trafen Salim und ich uns nicht mehr an der Tankstelle, sondern bei den Kamelen, gegenüber von Salims *majls** im Dorf Tinbek.

Bereits am ersten Trainingstag nach dem Festival hatte Ramas eine Taube geschlagen, die jetzt tot zwischen seinen Händen am Boden lag. Langsam näherte ich mich. Zu schnelle Bewegungen hätten ihn erschrecken und dazu veranlassen können, seine Beute vor mir in Sicherheit zu bringen. Behutsam befestigte ich die Langfessel, während Ramas weiter genüsslich die Federn seiner Taube rupfte.

Da hörte ich im Hintergrund lautes Klatschen. Salims Verwandtschaft freute sich offenkundig über meine erfolgreiche Arbeit mit dem Falken. »*Very good, Margareth*«, sagte Khalifa, einer von Salims neun Brüdern, als ich Ramas gerade auf meine Faust übersteigen ließ. Salim lachte laut und klärte die Männer über seinen Fauxpas auf.

Anschließend saß ich mit allen zusammen auf dem großen bunten Teppich beim Tee. Noch einmal wurde mir herzlich

---

* Eine Art Empfangszimmer, in dem sich die männlichen Familienmitglieder versammeln und männliche Gäste bewirtet werden.

gratuliert. Dann, kurz vor Sonnenuntergang, versammelten sich die Männer zum Abendgebet, während ich mit meinem Glas Tee in der Hand still hinter ihnen sitzen blieb. Dieses religiöse Ritual war fast wie eine Meditation für mich. Kostbare Minuten der inneren Ruhe.

Als wir uns etwa eine Stunde später voneinander verabschiedeten, hatte ich das Gefühl, schon immer zu ihnen zu gehören. Keiner hatte mehr mit Salim darüber gestritten, wieso er diese fremde Frau mitschleifte, vielmehr waren alle von den Fortschritten seiner Schülerin beeindruckt.

Keine 24 Stunden später allerdings war »die fremde Frau« wieder da: Mitten im Training hielten vier Land Cruiser mit hohem Tempo direkt auf uns zu. »Laura! *Car*!«, schrie Salim, nahm mir Ramas ab und drängte mich in sein Auto. »*Down!*« Schnell duckte ich mich im Fußraum. Was passierte hier?

Draußen begrüßten sich die beiden Beduinengruppen mit freundlichem *Salam aleikum* – und schon nach fünf Minuten war der Spuk vorbei. Salim ließ mich wieder aussteigen, klopfte mir kurz auf die Schulter und erklärte, die Männer seien nur ihren Falken gefolgt. Ein wenig enttäuscht wurde mir klar, dass ich zwar inzwischen dazugehörte, solange die Familie unter sich war, doch deshalb musste ja nicht gleich ganz Qatar wissen, dass eine ausländische Frau unter ihnen weilte.

Khalifa sprach recht gut Englisch, weshalb ich versuchte, von ihm weitere Informationen über den Falkenwettbewerb zu erhalten. Vor allem wollte ich unbedingt wissen, wer alles mitmachen und wie man sich dort anmelden konnte. Doch entweder verstand er mich nicht oder sträubte sich, mir zu antworten, denn ich bekam kaum etwas aus ihm heraus. Doch bald darauf unterhielten sich die Männer über einen anderen Wettbewerb. Es gab also zwei! Den einen – *Marmi* genannt –

hatte ich gerade erst miterlebt. Er wird vom qatarischen Falknerverband *Al Gannas* organisiert. Der andere, *Al Galayel*, sollte erstmals testweise in diesem Februar stattfinden.

Ich erfuhr, dass es beim *Al Galayel* darum ging, der alten Tradition gemäß mit Falken und *Salukis* (arabische Windhunde) zu Pferd oder Kamel zu jagen, und zwar ganz ohne die Hilfe moderner Technologie. Also keine Autos, keine Handys, keine Telemetrie. Übernachtet wird in selbstaufgebauten Zelten, und jeder ist völlig auf sich gestellt; man muss mit den Tieren arbeiten und im Team zurechtkommen. Etwas Spannenderes konnte ich mir kaum vorstellen. *Al Galayel* – da musste ich hin!

Salim erklärte mir aber, dass in dem gesamten Reservat kein Publikum zugelassen sei. So ein Mist, dachte ich auf der Rückfahrt nach Doha, während vor meinem inneren Auge Beduinen auf Kamelen ihren stolzen Falken hinterherritten. Es musste doch einen Weg geben, beim *Al Galayel* zuzuschauen oder – noch besser – mitzumachen. Ich hatte also eine neue Mission.

9
Qatarische Qultur

> *Wer in die Wüste geht und wiederkehrt, ist nicht mehr derselbe.*
>
> Arabisches Sprichwort

Da Falknerei eine Lebenseinstellung ist und vor allem Verantwortung für ein lebendiges Tier bedeutet, hatte sie meinen Alltag komplett umgekrempelt. Jeden Tag aufs Neue war ich gefordert, sämtliche Aufgaben – von Donald bis Data Mining, von Alfredo bis Zeitentabelle – zu managen und trotzdem genügend Zeit für das Training mit Ramas zu haben. Es war ein Kampf um jede Minute des Sonnenlichts, denn sobald es dunkel wird, lässt man Falken nicht mehr fliegen.

Falkenwissen

Falken sind Tagjäger. Sie schlafen nachts und bewegen sich nur, wenn sie gestört werden. In New York City allerdings jagen Falken auch nachts, weil die Stadt taghell erleuchtet ist. So jagen die »Empire-State-Building-Falken« am liebsten zwischen Mitternacht und 2 Uhr früh.

Vor allem in den Wintermonaten, also gerade in jenen Monaten, in denen trainiert wird, sind die Tage auch in Qatar extrem kurz. Darum waren Donald und ich frühmorgens immer die Ersten, die am Strand entlang in den Park liefen; und spätestens um 15 Uhr war ich auf dem Rückweg vom Büro, um Ramas abzuholen, damit wir wenigstens noch eine knappe halbe Stunde für unser Training hatten. Tagsüber stand mein Falke auf seinem Block im Garten, um Vitamin D zu tanken, neben ihm sein eigener kleiner Swimmingpool, genannt Badeprente, aus der er bei Bedarf auch trank. Nahm er ein Bad, so ließ er seine Federn anschließend in der Sonne trocknen und ölte dann jede einzelne minutiös ein. Donald hielt solange Wache, so dass keine Katze bei Ramas' Gefiederpflege störte. Das war Donalds Spezialgebiet, und so waren die beiden immer gut beschäftigt, während ich im Büro meinen täglichen Wettkampf gegen die Zeit absolvierte.

Falkenwissen

Der Falke hat wie die meisten Vögel eine Bürzeldrüse, die zwischen Rückenende und Anfang der Stoßfedern sitzt. Dabei handelt es sich um die einzige Hautdrüse. Sie produziert ein öliges Sekret, das der Falke mit seinem Schnabel aufnimmt und auf seinem Gefieder verteilt, indem er jede Großfeder, aber auch zahlreiche kleinere Federn durch den Schnabel zieht. Das wasserabweisende Sekret imprägniert das Gefieder und enthält eine Vitamin-D-Vorstufe, die benötigt wird, um das durch Sonnenlicht gebildete Vitamin D aufnehmen zu können.

Eines Morgens wollte ich gerade losfahren, trank noch rasch einen Schluck Tee und warf einen letzten Kontrollblick auf Ramas und Donald im Garten, da flog Ramas plötzlich weg. Wie um Himmels willen konnte mir das passieren? Hatte ich die Langfessel etwa nicht korrekt am Block befestigt? Doch für eine Analyse war jetzt keine Zeit. Schnell holte ich das Federspiel, schwang es, rief, doch zu spät, das Federspiel konnte Ramas gar nicht mehr sehen, längst war er hinter den Hochhäusern verschwunden. Fassungslos stand ich da mit meinem nutzlosen Federspiel in der Hand und starrte auf den leeren Block. Die Drahle war abgebrochen. Verflixt.

Als ich Stephan anrief und ihm davon erzählte, war er nicht sonderlich erstaunt. »Das passiert schon mal«, sagte er. Also war ich nicht schuld, aber beruhigt leider auch nicht. »Was soll ich denn jetzt tun?«, fragte ich verzweifelt. Er riet mir, dem Falken hinterherzufahren, alles systematisch abzusuchen und immer wieder das Federspiel schwingend nach ihm zu rufen. »Achte darauf, dass du dabei an der höchsten und möglichst freien Stelle stehst.«

Kaum hatte ich aufgelegt, konnte ich die Tränen nicht mehr zurückhalten. Mein geliebter Ramas! Schluchzend stieg ich mit Federspiel und Aktentasche ins Auto, um nicht noch mehr Zeit zu verlieren. Auf der Fahrt rief ich Salim an und erzählte ihm in schlichtem Englisch, was passiert war. Ich war aber nicht sicher, ob er mich versteht. Ich fuhr, schaute, rief, schwang das Federspiel an allen möglichen Plätzen. Nichts. Es war ein Alptraum. Nach einer Stunde musste ich die Suche aufgeben und ins Büro fahren, denn den Termin um 9.30 Uhr konnte ich weder absagen noch verschieben. Schweren Herzens wischte ich mir die Tränenspuren aus dem Gesicht und nahm mir vor, in den nächsten fünf Stunden nur an Arbeit und bloß nicht an Ramas zu denken. Das klappte besser als gedacht, bis eine Kollegin mich fragte, wie es mir gehe. Sofort fing ich wieder an zu schluchzen.

Hilflos blickte die Kollegin mich an. »Oh, das wollte ich nicht ...« Und während mir die Tränen über die Wangen kullerten, erklärte ich schniefend, dass mein Falke heute Morgen weggeflogen sei. Danach dachte ich nur noch an Ramas, konnte mich auf nichts mehr konzentrieren und brach früh auf. Noch einmal durchkreuzte ich die Stadt, rief auf Plätzen nach ihm und schwang das Federspiel. Doch vergebens – von Ramas gab es keine Spur.

Da rief Salim an. Ich solle trotzdem in die Wüste kommen, sagte er. Natürlich, vielleicht war Ramas ja in die Wüste geflogen, dachte ich sofort und schöpfte wieder ein wenig Hoffnung. Vielleicht würde ihn dort ja auch jemand anderes finden ... Den Kopf voller Gedanken, das Herz voller Sorge, fuhr ich in die Wüste, immer wieder von Zweifeln geplagt, ob ich nicht doch lieber in der Stadt hätte weitersuchen sollen. Vielleicht machte Ramas ja gerade jetzt einen Schlenker dorthin, wo ich bis eben noch gestanden hatte.

In Tinbek stieg ich zu Salim ins Auto. Wie ein Trauerkloß saß ich neben ihm, während er versuchte, mir zu erklären, dass so etwas ganz oft passiere. Ich wusste, er meinte es gut, aber besser ging es mir deshalb trotzdem nicht. Die Stille und Weite der Wüste tat mir allerdings wohl. Der Druck der Angst wich einer tiefen, gleichbleibenden Traurigkeit. Ich vermisste Ramas und hoffte, ihn irgendwie zurückzubekommen und dass es ihm dort, wo er war, wenigstens gut ging. Trotzdem konnte ich den Gedanken nicht verdrängen, ihn womöglich nie wiederzusehen. Ich schaute den anderen Falknern bei der Arbeit zu, sah, wie ihre wunderschönen Falken flogen. »Ramas«, flüsterte ich, »wo bist du?«

Meine beduinische Adoptivfamilie – Khalifa, Mohammed,

Abdullah ... – versuchte mich aufzumuntern. Jeder hatte eine Geschichte von einem verlorenen Falken zu erzählen, und wenn der Falke den Kontaktring mit meiner Handynummer trage, stünden die Chancen gut, dass Ramas schon bald wieder auf meiner Faust stehe. Ich nickte und gab mir Mühe, nicht zu weinen. Ich wollte gar nicht so viel Aufmerksamkeit und Mitleid, sondern lieber nur allein sein – Momente der Ruhe in der Wüste und Falken fliegen sehen. Gleichzeitig war ich den Männern so dankbar für die netten Worte, für ihre offene Herzlichkeit.

Vor lauter Aufregung hatte ich Salims Einladung ganz vergessen: Heute Abend sollte ich erstmals zu ihm nach Hause zum Abendessen kommen. Schon seit Längerem hatte ich immer wieder betont, seine Frau kennenlernen zu wollen. Aber genauso oft hatte er dieses Kennenlernen verschoben. Bis heute. Jetzt war mir auch klar, weshalb er darauf bestanden hatte, dass ich auch ohne meinen Falken nach Tinbek kam, schließlich war ja schon alles organisiert und vorbereitet. Alfredo war beruflich unterwegs, er hätte mich aber sowieso nicht begleiten können, denn nur ich als Frau durfte Salims Frau kennenlernen. Ausgerechnet heute, wo ich so traurig bin, dachte ich. Aber natürlich wäre es undenkbar für mich gewesen, diese besondere Geste der Gastfreundschaft zurückzuweisen. Und so fuhren wir nach Einbruch der Dunkelheit zu Salim nach Hause. Ich freute mich darauf, Sultan wiederzusehen, seine beiden jüngeren Schwestern und vor allem seine Mutter kennenzulernen.

Fasziniert von dem ungewohnten Besuch standen die drei Kinder bereits aufgeregt vor der Tür, als wir ankamen. Salims Frau, eine sehr schöne Frau mit einem herzlichen Lächeln, aber leider auch ohne Englischkenntnisse, wartete drinnen. Ohne ihren Schleier. Nachdem wir uns mit den drei gehauchten Wangenküssen – stets nur auf einer Seite! – begrüßt hatten, wurde ich gebeten, auf einem eleganten Teppich Platz zu nehmen.

Zunächst wurde mir der typische zuckersüße Tee *Shai* gereicht, danach mein geliebter aromatischer *gahwa*, dann wieder Tee, schließlich Milchtee *Karak* und wieder *gahwa*. Dazu gab es köstliche Datteln, Falafel und Hummus. Man hätte meinen können, es handele sich bereits um das Abendessen, doch weit gefehlt. Diese Lektion hatte ich bereits gelernt. Araber sind einfach extrem gastfreundlich. Nach einer guten halben Stunde wurde leckerer *fattoush*, ein Salat aus knackigem Romanasalat, Frühlingszwiebeln, Gurken, Tomaten und gerösteten Pitabrotstücken serviert sowie *mtschbus*, das traditionelle Ziegengericht, zubereitet mit Rosinen und Nüssen, schwarzen Limonen, Safran und allen möglichen Gewürzen. Dazu gab es wie immer Reis, der ebenso wie alle anderen Speisen stets mit der rechten (!) Hand gegessen wird.

Es war ein gutes Gefühl, inmitten dieser fröhlichen Beduinenfamilie zu sitzen und zu essen. Ich hätte diesen Abend bestimmt sehr genossen, wäre da nicht dieser dumpfe Schmerz gewesen. Ständig musste ich an Ramas denken. Und so fiel es mir auch sehr viel schwerer als sonst, mich der mühsamen Konversation zu widmen. Immer wieder fragte mich Sultan etwas in seinem lückenhaften Schulenglisch und übersetzte dann seinen Schwestern meine Antwort. Salim wiederum schien seiner Frau irgendwelche Geschichten über mich zu erzählen, denn sie schaute mich währenddessen ganz verwundert an. Ab und zu nickte ich zustimmend und versuchte, ein fröhliches Gesicht zu machen. Bis Salim ihr dann erklärte, dass mein Falke weggeflogen sei. Wieder nickte ich, diesmal aber hätte ich am liebsten geweint. Salims Frau fühlte offenbar mit mir, denn sie legte ihre erstaunlich zierliche Hand auf meine und sagte etwas, was mit »*Inschallah*« begann. Oh ja, hoffentlich ist es Gottes Wille, dass Ramas zu mir zurückkehrt, dachte ich.

Nach dem Essen wurden wieder Tee und Kaffee mit Süßigkeiten gereicht. Plötzlich klingelte mein Handy. Eine fremde Nummer war auf dem Display zu sehen. Hektisch nahm ich den Anruf entgegen. »Hallo? Haaaallo! Hören Sie mich?« »Ja, Ma'am, wir haben einen Falken gefunden. Ist das Ihrer?« »RAMAS! Ja, das ist meiner! Wo sind Sie denn?« »Auf der Pearl. Tower 2. Sollen wir dem Falken etwas zu trinken oder zu essen geben?« »Nein, nein, bitte nicht. Ich komme sofort und versorge ihn selber. Wo genau ist denn Tower 2?« Salim unterbrach mich: »Ramas? Sie haben Ramas gefunden? Wo?« Ich nickte heftig, während ich versuchte zu verstehen, was der Finder am anderen Ende der Leitung sagte: »... direkt gegenüber vom Ferrari Showroom.« Als ich auflegte, raste mein Herz und entlud sich in einer wahren Steinlawine. Im Nu war es von einer tonnenschweren Last befreit, und alles war auf einmal federleicht.

Salim war gespannt zu hören, wo Ramas gefunden worden war, und bot sofort an, mich zu begleiten. Wenn mein Mann nicht da sei, erklärte er, solle ich als Frau nicht allein durch die Nacht fahren. Er würde mich mit seinem eigenen Auto begleiten, um gemeinsam Ramas abzuholen, und mich dann sicher nach Hause bringen. Wenn du wüsstest, wo ich schon alles allein und nachts gewesen bin, dachte ich, aber sei's drum; für einen Qatari schickte es sich eben nicht, mich in diesem Moment allein zu lassen. Da konnten die Straßen noch so sicher sein.

Mit dem leuchtend roten Schild und der blitzblanken Fensterfront war der Ferrari Showroom nicht zu übersehen. Davor wartete eine Gruppe aufgeregter Filipinos. Sie hatten

Ramas auf einem Balkon entdeckt, wo er sich mit seiner eigenen Leine im Gitter verheddert hatte. Doch wo war er? Nervös blickte ich mich um, während die Männer auf mich einredeten. Dann, endlich, gaben sie mir zu verstehen, ich solle ihnen folgen, und wir gingen alle zusammen in das kühle Gebäude hinein. Direkt neben dem Eingang befand sich ein Raum, in dem überraschenderweise ein Babybett stand – und darin mit seiner Leine angebunden: Ramas.

Salim nahm den Falken auf den Handschuh, musterte ihn und fand tatsächlich eine ganz kleine Verletzung über dem Auge. Vermutlich war Ramas gegen die Fensterscheibe geflogen, bevor er auf dem Balkon gefunden worden war. Salim überprüfte auch beide Schwingen, ob Federn abgebrochen oder andere Verletzungen vorhanden waren. Wie gut, dass er mitgekommen war. Da bis auf die Miniverletzung alles in Ordnung zu sein schien, wurde Ramas rasch verhaubt, um ihm endlich Ruhe zu gönnen.

Wer einen entflogenen Falken oder ein entwischtes Haustier findet, sollte diese möglichst in einen ausreichend großen Karton mit Löchern setzen. Dort sind die Tiere geschützt und haben es angenehm dunkel. Käfige hingegen sind besonders für Vögel gefährlich, da sie ihre Schwingen zwischen den Gittern verletzen können. Glücklicherweise war Ramas an Menschen gewöhnt, weshalb er ruhig sitzen geblieben war.

»*Take your falcon*«, sagte Salim und reichte Ramas an mich weiter. Am liebsten hätte ich meinen Falken geküsst, so glücklich war ich, ihn wieder bei mir zu haben. Als Salim und ich uns verabschiedeten, drückte er mir eine Drahle in die Hand. Drahlen, ermahnte er mich, sollten unbedingt zu hundert Prozent aus Edelstahl oder Edelmetallen wie Titan und Messing, aber auf keinen Fall Legierungen aus Billigmaterial sein. Ab jetzt nur noch Stahldrahlen, versprach ich – vor allem mir selber.

Am nächsten Morgen stellte ich Ramas auf seinen Block in den Garten, überprüfte doppelt und dreifach die Drahle und den Falknerknoten auf seinen korrekten Sitz. Und wie am Tag zuvor füllte ich Ramas' Badebrente mit frischem Wasser. Donald legte sich neben den Block, und beide sahen aus, als ob gestern gar nichts passiert wäre. Für mich aber hatte sich etwas Entscheidendes verändert: Ich hatte gemerkt, wie wichtig es ist, jeden besonderen Moment voller Dankbarkeit zu genießen. Entsprechend intensiv erlebte ich von nun an die Stunden mit Ramas in der Wüste. Jeder einzelne Augenblick war kostbar. Es war, als verginge die Zeit plötzlich viel langsamer.

Bisher hatte ich mir permanent Gedanken über die Zukunft oder die Vergangenheit gemacht. In der Wüste aber konnte ich abschalten und im Hier und Jetzt sein. Die Araber mit ihrer Gemütlichkeit, ihrer Gastfreundlichkeit und ihrem »*Inschallah* wird alles gut« machten es mir vor: nicht stets und ständig jeden Tag bis auf die letzte Minute durchplanen, sondern einfach mal abwarten und zuckersüßen Tee trinken.

War es möglich, seinen Blick auf das Leben innerhalb so kurzer Zeit zu verändern? Ich merkte, wie wichtig mir die Zeit mit Ramas und die stille Weite der Wüste waren, das entspannte Zusammensein mit den Beduinen und die Momente des Alleinseins. Die Qataris kannten unseren westlichen Druck nicht. Alles wird schon passieren, *Inschallah*, oder auch nicht. Denn was nicht passiert, soll eben nicht sein. Die Zauberformel der Qataris: Gelassenheit.

Doch nicht nur die Qataris, auch Ramas lehrte mich viel, zum Beispiel Geduld. Jene Geduld, die ich bei Sieglinde – ganz abgesehen von Erfahrung – einfach noch nicht hatte. Ich lernte, indem ich Ramas beobachtete. Wenn Ramas beispielsweise seine Taube in der Wüste verspeist hatte, knabberte er die Reste sanft von meinen Fingern ab. Danach knirschte er genüsslich mit dem Schnabel und schaute sich um. Oft schüttelte er auch sein Gefieder. Waren wir dann wieder zu Hause, stand Ramas mit vollem Kropf auf seinem Block; kräftig drückte er den Kropf zusammen, was aufgrund der Seitwärtsbewegung manchmal aussah, als führte er einen Bauchtanz auf. Das feste Drücken sorgte gleichzeitig dafür, dass die Flügel wie ein Schulterzucken leicht nach oben gingen. Dann knirschte er wieder mit dem Schnabel und schüttelte das Gefieder kräftig durch.

Alles geschah in solcher Ruhe und Achtsamkeit, dass ich allein vom Zusehen ganz ruhig wurde. Würde ich in diesem Moment versuchen, Ramas zu trainieren, hätte er sicherlich kein Interesse, denn er »hat es satt«. Nach einer reichhaltigen Mahlzeit sind auch wir nicht bereit, einen Marathon zu laufen oder einen Kopfstand zu machen. Was jetzt zählt, ist Ruhe für den Verdauungsprozess. Wahrscheinlich war Sieglinde viel zu hoch (Falknersprache für satt/fett), um auf mein Trainingsansinnen zu reagieren, überdachte ich meine Anfänge.

Falkenwissen
Weitere Redensarten, die auf die Falknerei zurückgehen:
– *die Schnauze voll haben*
(siehe »es satt haben«)
– *jemanden um den Finger wickeln*
Wer seinen Falken auf der Faust hat, hat ihn unter Kontrolle, indem die lange Leine um den Finger gewickelt ist.
– *unter die Haube kommen*
Mittels der Haube wird der Falke ruhiggestellt.

Mittlerweile hatte Ramas so viel Vertrauen in seine Umgebung, dass ich die Haube nur noch beim Transport benutzte. Zu Hause saß er ganz entspannt auf seinem Block und schaute zu, was um ihn herum so vor sich ging, oder schlief einfach eine Runde.

Fuhren Ramas und ich in die Wüste, hatte er natürlich stets einen leeren Magen und konnte sich nichts Besseres vorstellen, als sich eine Taube zu schlagen. Heute hatte er nach einer Verfolgungsjagd über drei Kilometer wieder Jagdglück, doch plötzlich war da am Himmel ein zweiter Falke, der ebenfalls ein Auge auf die Taube geworfen hatte. Kaum hatte Ramas sie zu Boden geschlagen, eilte der andere Falke im Sturzflug dazu, um sich die Taube zu schnappen. Ich starrte noch völlig verdattert auf das Schauspiel, als Salim bereits aus dem Auto sprang und den fremden Falken einfach so auf die Faust nahm. *»Go to your falcon«*, sagte er. *»Me go.«* Und schon brauste er davon. Wahrscheinlich bringt er den Falken zu seinem Besitzer zurück, überlegte ich, während ich Ramas versorgte. Nach einer Weile kam Salim ohne Falken zurück und sammelte Ramas und mich ein, um den Abend wieder gemeinsam mit seinen Brüdern bei Tee und Kaffee ausklingen zu lassen. Diese friedlichen Stunden zwischen Tag und Nacht, die mittlerweile zu meinem Alltag gehörten, schenkten mir eine innere Kraft und Ruhe, wie ich es nie zuvor erlebt hatte.

Ruhe und Kraft konnte ich gebrauchen, denn meine Schwiegermutter kam zu Besuch und hatte gleich zwei Freundinnen dabei. Also denn: *Vamos, chicas!* Alfredo und ich holten die drei Señoras vom Flughafen ab und fuhren über die Corniche nach Hause. Da es schon spät war, zeigte ich ihnen die Gästezimmer und wünschte eine gute Nacht – schließlich musste ich am nächsten Tag wieder früh raus. Die grobe Planung für die kommenden zweieinhalb Wochen kannten die drei Madrileninnen bereits und waren total aufgeregt, denn gleich morgen würde ich sie in die Wüste mitnehmen.

»Und wie fliegt jetzt der Falke?«, »Wie hoch?«, »Wie kommt er denn wieder? Rufst du ihn?«, »Weiß er, wo du wohnst?«. Ihre Fragen nahmen kein Ende, aber mit qatarischer Gelassenheit antwortete ich nur: »Gleich sind wir da, schaut einfach erst mal zu, und danach sprechen wir über alles.«

Nach dem Enthauben spreizte Ramas seine Flügel und flog von der Faust gen Himmel. Sofort entdeckte er eine Taube und flog pfeilschnell hinterher. Die Damen im Auto staunten. Und Salim, der Falkenmentor und Wüstenchauffeur, fuhr Ramas wie immer rasant und gekonnt nach. Nachdem ich Ramas »um den Finger gewickelt« hatte, stiegen auch die drei Damen aus. Viele Fragen hatten sich bereits erledigt. Und nein, er weiß nicht, wo ich wohne, und kommt auch nicht zurück, sondern bleibt bei seiner Beute. »Aber was ist, wenn du ihn verlierst?« »Damit das nicht passiert, gibt es einen kleinen Sender und den Adressring hier«, ich zeigte es ihnen, »mit meiner Telefonnummer.« Die Damen waren begeistert und meine Schwiegermutter offensichtlich auch ziemlich stolz. Wie in der Seniorenversion von *Sex and the City* saßen sie am frühen Abend modisch gekleidet auf dem Beduinenteppich und fanden einfach alles *fantasticó*.

Nachdem ich den drei Spanierinnen auf diese Weise ein wenig von der traditionellen Männerwelt in Qatar gezeigt hatte, wollte ich ihnen auch Gelegenheit geben, den qatarischen Damen etwas von ihrer eigenen Kultur vorzuführen. Gut organisiert wie ich nun mal bin, hatte ich sie schon vor Antritt der Reise darauf vorbereitet, weshalb sie nicht nur ihre Flamencokleider eingepackt hatten, sondern auch spanische Fächer als Gastgeschenke für meine hiesigen Freundinnen und die eine oder andere spanische Spezialität. Die Damen legten sich richtig ins Zeug und verbrachten fast den ganzen Tag in der Küche. Für Ramas und mich bedeutete diese abendliche Fiesta zwar einen wüstenlosen Tag, doch so ein Ruhe- und Fastentag würde meinem Falken sogar guttun.

Als Tortillas und Paella fertig waren, kamen auch noch einige meiner spanischen Expat-Freundinnen und steuerten etwas Spanisches bei. Sie waren so wunderschön anzusehen in ihren herrlichen Flamencokleidern. Wie schade, dass Sandra schon wieder wegmusste. Dieser Abend hätte ihr Spaß gemacht, dachte ich, während ich die alkoholfreie Sangria aus dem Kühlschrank holte und neben das Buffet stellte, auf dem neben Tortillas und Paella auch Meeresfrüchtesalat, Manchego-Käse und diverse Süßspeisen wie *Turon* kunstvoll drapiert waren. Die weibliche Gästeschar konnte kommen.

Als die eine Freundin meiner Schwiegermutter ihre Kamera zückte, um den Abend zu dokumentieren, musste ich sie allerdings bremsen. »Entschuldige, aber das geht leider nicht. Die Frauen dürfen nicht fotografiert werden. Sie vertrauen darauf, dass ich keine Männer im Haus verstecke und die Vorhänge zugezogen sind, so dass sie sich hier wie zu Hause fühlen und ihre Abayas ablegen können.« »Schade, aber wenn's sein muss«, sagte sie und brachte die Kamera mit einer etwas säuerlichen Miene zurück in ihr Zimmer.

Da klingelte es bereits an der Tür, und ein Wagen nach dem anderen fuhr vor. Das Ganze erinnerte mich an den Abend, als ich den kleinen Turmfalken geschenkt bekommen hatte. Diesmal kam nichts Lebendiges, aber tütenweise Parfums, Schmuck, Handtaschen, kostbare Stoffe, Kleider und Abayas. Dazu gefühlte Tonnen an Pralinen und Torten. Die spanischen Gäste kamen aus dem Staunen gar nicht mehr heraus. Aber auch für meine spanischen Expat-Freundinnen war es ein ungewöhnlicher Abend, denn nur sehr selten kamen Qataris bei Expats zu Besuch, meist war es umgekehrt.

Als Auftakt führten die Spanierinnen einen Flamenco vor, während die qatarischen Frauen die fremden Speisen probierten. Dann erklärte meine Schwiegermutter die besondere Sprache des Fächers, mit deren Hilfe Frauen früher so manches Geheimnis kommuniziert hatten. Die Qataris waren begeistert, und als jede ihren eigenen Fächer in der Hand hielt, wurde die Fächersprache sofort unter fröhlichem Lachen und Gekicher ausprobiert. Die Fiesta war ein voller Erfolg – und endete mit einer Gegeneinladung zu einer qatarischen Hochzeit.

Am nächsten Tag schickte ich die Damen zum Souq. Eine meiner spanischen Freundinnen hatte sich bereiterklärt, die Fremdenführerin zu spielen, so dass ich mal wieder meine Arbeit im Büro schaffte und mit Ramas in die Wüste fahren konnte. Allerdings verzichtete ich auf die abendliche Teestunde mit Salims Familie und eilte zurück, um Alfredos Mutter und ihre Freundinnen im Souq zu treffen.

Mit Ramas auf der Faust schlenderte ich in Begleitung der Damen noch ein wenig durch die Gassen, schaute hier und da, ob ich das eine oder andere gebrauchen konnte. »Laura, die schauen dich alle ganz merkwürdig an«, sagte meine Schwiegermutter. »Das ist richtig unheimlich. Wieso machen die das?« Darauf konnte ich nur mit einer Gegenfrage antworten: »Wie viele westliche Frauen mit einem Falken auf der Faust hast du denn heute schon gesehen, Schwiegermama?« Das verstand sie. Lachend erwiderte sie: »Tja, wer mit dir rumläuft, könnte genauso gut einen bunten Hund spazieren führen.«

Leider hatte Alfredo kaum Zeit, sich selbst um seinen Besuch zu kümmern, aber dafür wurden die Damen zum Glück immer selbstständiger, so dass ich nicht bei jedem Programmpunkt, wie dem Gestüt mit reinrassigen Araberpferden und den Wüstendünen, dabei sein musste. Die qatarische Hochzeit aber, zu der wir eingeladen worden waren, war auch für mich ein kulturelles Highlight, das ich mir nicht entgehen lassen wollte, obwohl ich schon auf mehreren Hochzeiten dabei gewesen war.

Eingehüllt in eine Parfumwolke und tüchtig herausgeputzt chauffierte uns Alavi ins Ritz-Carlton. Auch meine drei Begleiterinnen hatten unter mehr oder weniger Protest eine schwarze Seiden-Abaya übergezogen und ein Tuch um ihre Köpfe gewickelt. Dabei geht es übrigens nicht darum, irgendeiner Pflicht zu genügen – niemals würde ein Qatari von einem ausländischen Gast verlangen, sich traditionsgemäß zu kleiden –, sondern um eine freiwillige Geste des Respekts vor dem Land und seiner Kultur.

Wie die meisten qatarischen Hochzeiten, so fand auch diese in einem Luxushotel statt. SUVs und Limousinen standen bereits Stoßstange an Stoßstange, als Alavi uns vor dem Eingang absetzte. Von allen Seiten schwärmten Frauen herbei, und eine nach der anderen musste ihre Einladungskarte vorzeigen, Handtasche oder Clutch in einen Scanner legen und auf ihren High Heels durch den Sicherheitsdetektor trippeln. Handys waren sofort abzugeben, es sei denn, sie hatten noch keine Kamera. Ich hatte mir deshalb ein altes Modell besorgt, damit ich Alavi anrufen konnte, sobald wir abgeholt werden möchten.

Die drei Spanierinnen und ich passierten die Kontrolle und gingen dann durch das weitläufige Foyer bis zum Saal. Dort wurden uns als Zeichen der Gastfreundschaft *Bukhur* sowie diverse Parfums zum Erfrischen angeboten, bevor wir dann von dem Begrüßungskomitee, bestehend aus Brautmutter, Bräutigammutter, deren Schwestern, Tanten und engste

Cousinen, in Empfang genommen wurden. Auf diese Weise begrüßt und beglückwünscht man die Familie bereits beim Eintreten.

Der Saal war opulent geschmückt und voller festlich gedeckter Tafeln und Tische, in der Mitte befand sich eine T-förmige Bühne. Die Musik – arabische Trommeln und Gesang, natürlich von Frauen präsentiert – war ohrenbetäubend. Eine feste Sitzordnung gab es zwar nicht, doch verstand es sich von selbst, dass die Plätze nahe der Bühne für die Familie reserviert waren. Ansonsten galt *first come, first serve*. Doch Mariam und ihre beiden wunderschönen Töchter sowie meine Freundin Mercedes waren schon da und hatten Plätze für uns vier ergattert.

Kaum hatten wir uns gesetzt, kamen bereits Kellnerinnen herbeigeeilt, um uns Getränke aller Art anzubieten (außer Alkohol natürlich). Die nächsten brachten Datteln, wieder andere reichten appetitlich drapierte Häppchen. Es war ein wahres Kellnerinnenwirrwarr und lauter erlesene Köstlichkeiten.

Meine Schwiegermutter und ihre Freundinnen griffen mit leuchtenden Augen zu, versuchten mir irgendetwas mitzuteilen, doch eine richtige Unterhaltung war bei der Lautstärke kaum möglich. Immer mehr qatarische Frauen jeden Alters trafen ein und legten ihre eleganten Abayas ab. Zum Vorschein kamen bildschöne Frauen mit spektakulären Hochsteckfrisuren oder endlos langen, perfekt geföhnten schwarzen Haaren, professionellem Make-up und in atemberaubenden Designerkleidern.

»Ich fasse es nicht!«, rief eine der drei spanischen Damen neben mir plötzlich. »Das ist das neue Kleid von Valentino. Und das da ist von Oscar de la Renta!« Es war also die reinste Haute-Couture-Schau – nur viel lebendiger und fröhlicher. Die so edel gewandeten Frauen begrüßten sich untereinander mit mindestens drei Wangenküsschen, woraufhin erst mal in diversen Spielarten gefragt wurde, wie es der jeweils anderen gehe. Natürlich lautete die Antwort in der Regel »*Alhamdulillah!*« – Gott sei Dank! –, was wiederum mit »*Alhamdulillah!*« beantwortet wurde, denn im Islam ist alles Gott zu verdanken. Selbst wenn es einem nicht ganz so gut geht, ist Gott zu danken, denn es könnte einem ja schlechter gehen. Anschließend erkundigt man sich nach dem Wohlergehen der Familie, wenn möglich nach jedem Mitglied einzeln. Und da die Familien in Qatar immer sehr groß sind, wurden an diesem Abend auch rund 700 Gäste erwartet. Nur Frauen. Der Bräutigam feierte derweil mit den männlichen Gästen. Meine Schwiegermutter lehnte sich zu mir herüber und brüllte: »Wo ist denn die Braut?« Statt meiner antwortete Mariam, so laut sie konnte: »Die kommt frühestens um 22 Uhr, wahrscheinlich wird's aber eher 23 Uhr, wenn nicht noch später.«

Einige Frauen begannen, auf der Bühne zu tanzen. »Das sind die nächsten Verwandten der Braut. Sie zeigen sich damit der Gesellschaft«, rief ich meiner Schwiegermutter zu, die es sodann ihren Freundinnen kundtat. Dann, es war bereits 21.30 Uhr, wurde das endlos lange Buffet eröffnet. »Waaas? Noch mehr Essen?« Die drei spanischen Damen waren schockiert, hatten sie sich doch bereits seit anderthalb Stunden an den Kleinigkeiten gütlich getan. Aber es wäre eine fürchterliche Beleidigung gegenüber den Gastgeberinnen, nichts von dem üppigen Buffet zu nehmen. Das Anbieten von Essen und Geschenken gehört zur Gastfreundlichkeit, und das Annehmen zeugt vom Respekt des Gastes. Auch ich platzte fast aus meinem Kleid, doch das gehört nun mal dazu.

Während wir uns etwas von dem gekochten Lamm geben ließen, sagte ich zu Alfredos Mutter: »Wenn wir Glück haben, kommt auch der Bräutigam …« »Wieso sollte er denn nicht kommen?«, erwiderte sie verdutzt. »Na ja«, sagte ich, »manchmal muss die Braut den Saal ohne ihn verlassen und trifft ihn dann erst in der Hochzeitssuite. Doch richtig schön ist es, wenn der Bräutigam mit seiner Familie kommt und seine Braut persönlich abholt.«

Um kurz nach 23 Uhr wurden die Lichter im Saal plötzlich gedimmt, ein Scheinwerfer auf die geschlossene Flügeltür des Saals gerichtet, und jedes Gespräch verstummte. Alle 700 Augenpaare schauten gespannt auf die Tür, und dann war es so weit: Die Tür ging auf – und dort stand sie. Die Braut. Weißgeschminkt, Arme und Beine kunstvoll mit Henna verziert, in einem märchenhaften weißen Brautkleid.

Traditionell heiraten die Araberinnen in Grün, der Farbe allen Lebens. Doch in puncto Brautmode erliegt die qatarische Damenwelt zunehmend dem westlichen Einfluss und möchte ein weißes, oftmals eigens für sie in Paris designtes Kleid. Sie fragen sich, was das alles kostet? Viel. In Qatar werden jährlich knapp 500 Millionen Euro für Hochzeiten ausgegeben. Heiraten ist eine extrem kostspielige Angelegenheit (durchschnittlich 200.000 Euro), die der Bräutigam zu regeln hat. Selbst manch Qatari muss einige Zeit sparen, um sich das Heiraten leisten zu können. Auch der Staat leistet Hochzeitshilfe in Form von Geld oder einem Stück Land für den Bräutigam. Zwar predigt der Islam Bescheidenheit und Einfachheit, doch die Ölgesellschaft ist dem Konsum offensichtlich verfallen.

Der Scheinwerfer verfolgte jeden zaghaften Schritt der verängstigten Braut, die jetzt, begleitet von lauter Musik, von allen Seiten begutachtet wurde. Sie hatte keine Abaya, unter der sie sich verstecken konnte. Sie zeigte den Damen, was sie ihrem Bräutigam zu bieten hat, oft betont durch ein tiefes De-

Mit diesem Ausblick wurden wir in Qatar begrüßt.

Weiße Sandstrände, so weit das Auge reicht.

Und schon bei einem ersten Spaziergang ...

... bekommen wir einen Eindruck der Tierwelt in unserem neuen Zuhause.

Das Meer ist ein Traum, nur, was ist hier eigentlich erlaubt?

Nachdem ich meine Handtasche im Supermarkt vergessen habe, findet mich dieser Zettel. Wie nett doch die Qataris sind und den Besitzer mit solch einer Auflistung des Inhalts suchen. Inschallah!

Mein erster Besuch im Souq. Ich bin fasziniert von dem Treiben auf diesem Markt, überwältigt von dem Geruch neuer Gewürze und der prächtigen Stoffe, die hier angeboten werden. Doch, als ich die Falken entdecke, ist es restlos um mich geschehen.

Ein Gastgeschenk der besonderen Art.

Mein erster eigener Falke. Kunigunde, ob das gut geht?

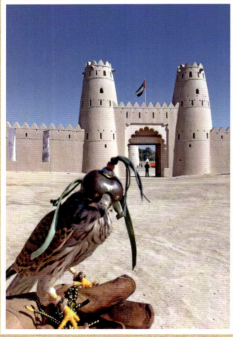
Auch ein Falke muss durch die Passkontrolle.

Mit einem Falken zu reisen, kann sehr aufregend sein. In Qatar ist es üblich, dass Falken mit an Bord dürfen. Für Hunde gilt dies leider nicht.

Und auch sonstige Tiertransporte überraschen mich.

Ich bin so aufgeregt, denn endlich habe ich meinen Mentor gefunden, der mir die Falknerei erklärt.

Die Wüste mit ihrer Weite und Stille fasziniert mich.

Doch schnell schließe ich auch Freundschaft mit den tierischen Bewohnern.

Auf einem Kamel zu reiten, beruhigt ungemein. Und diese Aussicht ist einfach herrlich.

Ein kleines Schläfchen unter einem selbstgebauten Sonnenschutz.

Diese traditionellen Trachten sehen nicht nur wunderschön aus, sondern schützen auch vor der rennenden Sonne.

ch trainiere nun fast täglich mit meinem neuen Gefährten.

Eine Haube in der Zeit, in der wir nicht trainieren, bringt den Falken zur Ruhe.

Die wohlverdiente Beute nach einem langen Trainingstag.

Das Vertrauen, das man zu Tieren aufbauen kann, begeistert mich immer wieder.

Und auch schön geschmückte Pferde findet man bei den Beduinen.

Mit meinen treuen Begleitern unterwegs.

kolleté und einen recht gewagten Beinausschnitt. Das Einzige, woran sie sich im Moment festhalten konnte, war ihr Brautstrauß, den sie fest umklammert in den Händen hatte. Sie ging, ganz allein, Schritt für Schritt, musste mit ihren 12 Zentimeter hohen Louboutins die Stufen zur Bühne bewältigen – jede im Saal hielt den Atem an: Wird sie es schaffen oder stolpern? Doch die heutige Braut schaffte es. Sie zitterte, das sah man sogar von Weitem. Sie umfasste ihren Brautstrauß noch fester, schritt aber entschlossen voran.

Welche Gedanken mochten ihr durch den Kopf gehen? Das fragte ich mich jedes Mal. Viele der anwesenden Frauen hatte sie noch nie in ihrem Leben gesehen. Ihren zukünftigen Mann kannte sie wahrscheinlich kaum. Die meisten Ehen in Qatar werden nach wie vor von den Eltern arrangiert. Und wenn die Kinder zustimmen, wird die Hochzeit organisiert. Normalerweise fragt der heiratsfähige Mann seine Mutter nach geeigneten Frauen, vertraut ihr gewissermaßen sein Lebensglück an. Hat die Mutter eine Kandidatin ausgesucht, geht der zukünftige Bräutigam zusammen mit seinem Vater zum Vater der potenziellen Braut. Nun wird alles »Geschäftliche« besprochen. Anschließend wird die Tochter von ihrem Vater informiert, und die kann nun annehmen oder ablehnen, obwohl sie ihren Zukünftigen vermutlich nur selten und unter strenger Aufsicht gesehen hat. Oft finden Hochzeiten auch zwischen Cousin und Cousine statt, aber immer ist bei allen eine Blutuntersuchung und ein Gesundheitscheck Pflicht, bevor der Staat die Heiratserlaubnis erteilt. Vor der eigentlichen Hochzeitsfeier wird in kleinem Kreis zu Hause mit dem Segen des Imam geheiratet und der Heiratsvertrag von den Frischvermählten unterschrieben. Doch noch dürfen die beiden sich nur in Begleitung sehen lassen, denn erst nach der großen Hochzeitsfeier gilt die Ehe als gesellschaftsfähig.

Die Braut erreichte das andere Ende der Bühne, drehte sich um und ließ sich auf einem üppigen, mit Blumen übersäten Sofa nieder. Die Gästeschar hingegen erhob sich, denn nun würde jede, sich hinter der engsten Familie einreihend, der Braut persönlich alles Gute wünschen. Mich erinnert diese Zeremonie jedes Mal an das heilige Abendmahl in der Kirche. Wer es hinter sich hatte, setzte sich wieder auf seinen Platz und kostete von den diversen Desserts, die von Kellnerinnen herumgereicht wurden, und ließ sich Kaffee oder Tee nachschenken. Derweil saß die Braut lächelnd auf dem Sofa und nahm stundenlang Glückwünsche entgegen. Sie bekam weder etwas zu essen noch zu trinken. Sie musste nur lächeln und sich mit teils wildfremden Frauen von der Fotografin ablichten lassen – als Erinnerung für die Braut an den schönsten (oder anstrengendsten?) Tag ihres Lebens.

Auf einmal erklang eine Männerstimme. Verwundert schaute meine Schwiegermutter sich um, und Mariam erklärte ihr, dass es sich bei dem Sänger um den qatarischen Justin Timberlake handele. »Der singt live, aber eben hinter der Bühne.«

Auf einmal fingen die ersten Frauen an, sich in ihre Abayas zu hüllen. Das war ein untrügliches Zeichen dafür, dass der Bräutigam im Anmarsch war. Und so verwandelte sich die bunt glitzernde Gesellschaft innerhalb weniger Minuten in eine schwarze Menge nonnenhafter Gestalten, und die reizende Braut wurde mit einem weißen Tuch verhüllt.

Laute Musik und Trommelschläge kündigten den Bräutigam an, der nun in seiner blendend weißen *thoab* durch die schwarze Menge stolzierte. So ganz wohl schien ihm dabei nicht zu sein. Hinter ihm kamen sein Vater und seine Brüder, der Brautvater sowie deren Brüder. Manchmal sind auch noch enge Onkel und Cousins darunter; vor allem die Jüngeren haben einen Riesenspaß an dem Hochzeitstamtam. Die Männer tanzten, ihre Schwerter schwingend, einen traditionellen Kriegstanz, um die Stärke der Familie zu demonstrieren und dass sie ihre Frauen ebenso wie alle anderen Familienmitglieder beschützen werden.

Anschließend stellten sich die Männer neben oder sogar vor die verhüllte Braut, als wäre diese gar nicht da, begrüßten die engste weibliche Verwandtschaft und gingen dann nach und nach von der Bühne und aus dem Saal. Nur der Bräutigam blieb zusammen mit dem Vater und den Brüdern der Braut zurück. Jetzt erst durfte die Braut enthüllt werden und der Bräutigam sie in ihrer herrlichen Pracht sehen. Nun gingen auch die restlichen Männer, bis Bräutigam und Braut allein auf dem Sofa sitzen blieben, so dass der frischgebackene Ehemann noch eine Weile den Anblick seiner angetrauten Frau genießen konnte – und die Gäste den Anblick des Paares. Ein Weilchen später verließen die beiden Bühne und Saal.

Sobald sich die Türen hinter dem Paar geschlossen hatten, fielen die Abayas – und die eigentliche Party mit wildem Tanzen auf der gesamten Bühne begann. Allerdings nicht für die heiratsfähigen Frauen; sie mussten Anstand beweisen, indem sie sittsam und trotzdem sinnlich tanzten. Schließlich waren die Augen ihrer potenziellen Schwiegermütter auf sie gerichtet.

Mercedes und ich beschlossen, uns den qatarischen Damen auf der Bühne anzuschließen, und lernten dabei neue arabische Tanzschritte kennen. Vor allem aber hatten wir Spaß.

10
Vom Winde verweht

Du bist ewig für das verantwortlich, was du dir vertraut gemacht hast.
                                  Antoine de Saint-Exupéry

Nach dem trubeligen Besuch der drei Damen sehnte ich mich förmlich nach meinem Alltag mit seinen Abenteuern zurück. Ob nun das fremde Land und seine »Qultur«, die Wüste, mein Falke, mein Hund – all das sorgte täglich für lehrreiche Überraschungen. Ramas fliegen zu sehen beflügelte meine Seele. Daher wollte ich es nicht glauben, als Salim mir mitteilte, dass am kommenden Tag kein Training stattfinden werde. Genauso gut hätte ein Erwachsener einem Kind eröffnen können, dass Weihnachten in diesem Jahr ausfalle. Wieder ein Tag ohne Wüste?! Doch Salim erklärte mir, dass für morgen ein Sandsturm angekündigt sei. Also hieß es, zu Hause zu bleiben und Türen und Fenster so fest wie möglich zu verschließen. Dass es unvernünftig war, Falken in einem Sandsturm fliegen zu lassen, sah ich ein – und so verabredeten wir uns für übermorgen.

Als ich an dem Tag des vorhergesagten Sandsturms ins Büro fuhr, war noch alles wie immer. Strahlend blauer Himmel, knapp 25 Grad Celsius und ein sanfter warmer Wind.

Gegen 13 Uhr jedoch wurde es windiger, und alle Mitarbeiter wurden vorsichtshalber nach Hause geschickt. Plötzlich waren die Straßen wie leergefegt, nur vereinzelt sah ich ein paar Autos in dem immer stärker werdenden Wind. Jeder versuchte, sich so schnell wie möglich in Sicherheit zu bringen. Die Palmen bogen sich, und die Hochhäuser in der Ferne waren kaum noch zu sehen, weil eine riesige Staubwolke sich vor ihnen auftürmte. Auf dem letzten Kilometer musste ich bereits gegen den Wind ansteuern. Und als ich ausstieg, war die Luft voller Sand, der sich sofort auf Lippen und Augen legte. Bloß ins Haus!

Donald begrüßte mich und freute sich auf seine Runde, doch heute musste der Garten ausreichen. Während Donald rund um den Pool flitzte, peitschte der Wind so heftig auf ihn ein, dass er schon nach wenigen Minuten genug davon hatte. Strand und Lagune waren in einer beigefarbenen Wolke verschwunden, und die Palmen wurden hin und her gerissen, als müssten sie jeden Moment umknicken.

»Salim hatte ja so Recht«, sagte ich zu Ramas. »Da hätten wir beide heute wenig Spaß in der Wüste gehabt.« Obwohl das Haus verbarrikadiert gewesen war, hatte sich über Nacht eine feine Schicht Sand auf Möbel und Fußboden gelegt. Selbst das lila Sofa war nur noch grau. Wilma, bewaffnet mit dem Staubsauger, hatte am Morgen alle Hände voll zu tun, aus dieser Schwarz-Weiß-Szenerie wieder einen Farbfilm zu machen. Die Palmen hingegen standen kerzengerade in der Sonne, als ob nichts gewesen wäre.

Ich war gerade dabei, Ramas auf die Autorückbank zu stellen, um in die Wüste zu fahren, als die Nachbarskinder Julius und Feline herüberkamen. Schon oft hatten sie mich neugierig dabei beobachtet und dann Donald mit zum Strand genommen, um mit ihm auf Krabbenjagd zu gehen. Manchmal schauten sie Ramas auch beim Sonnenbaden zu und fragten mir Löcher in den Bauch. Ich mochte diese beiden lebhaften Blondschöpfe sehr.

»Gehst du jetzt wieder mit Ramas Gassi in der Wüste?«, fragte Feline. Lachend antwortete ich: »So könnte man es auch ausdrücken. Ja, wir gehen eine Runde fliegen.« Begeistert schauten Feline und Julius mich mit ihren blauen Augen an. »Kommt doch mal mit in die Wüste, dann könnt ihr Ramas bei seinem Freiflug beobachten.« Meine Idee wurde sofort mit lautem Gejohle begrüßt. »Au ja, au ja, jetzt! Jetzt!« Doch da musste ich sie enttäuschen. »Das ist zu kurzfristig. Aber wie wär's mit morgen? Fragt mal eure Eltern.«

Und schon waren Feline und Julius bei Minou im Garten und plapperten wie wild auf sie ein. Etwas irritiert blickte sie zu mir herüber. Um sie zu beruhigen, rief ich: »Ich hoffe, ihr habt morgen Zeit für einen Ausflug in die Wüste. Es wäre schön, wenn die beiden Ramas fliegen sähen.« Minou lächelte. »Bist du dir da wirklich sicher?« »Aber natürlich! Ich würde mich freuen. Sag mir einfach später Bescheid, okay?« »Klar, ich bespreche es nur noch mit Jean-Paul.« »Bitte, bitte, Mama«, riefen die Kinder immer noch, als ich die Autotür schloss und die Auffahrt hinunterfuhr.

Mit einem Lächeln auf den Lippen bog ich auf die Hauptstraße der Lagoon ab – da sah ich plötzlich über dem Rasen auf der rechten Seite einen Turmfalken rütteln.* Gespannt hielt ich an. Ja, sie war es tatsächlich: Sieglinde auf Jagd. Wie großartig. Sie war also in meiner Nähe geblieben. Ich beobachtete, wie sie sich auf dem Fenstersims eines unbewohnten

---

* Der Rüttelflug ist eine besondere Turmfalken-Flugtechnik, bei welcher der Falke in der Luft »steht« und »rüttelt«, um sich auf das Geschehen unten am Boden zu konzentrieren.

Hauses niederließ und Ausschau hielt. Wahrscheinlich hatte sich Sieglinde schon die ganze Zeit hier aufgehalten, doch gut getarnt vor dem braunen Fensterrahmen hatte ich sie nicht entdeckt. Überglücklich, die Siegerin wohlauf in der Nachbarschaft zu wissen, fuhr ich mit Ramas weiter Richtung Wüste.

Salim und ich trafen uns wie immer bei seinen Kamelen, wo ich mein Auto stehen ließ und die imposanten Tiere begrüßte, um dann mit Salim zusammen weiterzufahren. Sobald wir Wüstensand unter den Rädern hatten, wurde mein Lächeln noch breiter und vor allem entspannter. Die Wüste fühlte sich an wie Heimat. Dieser Fleck Erde war mein kleines Paradies.

Ramas spreizte schon die Flügel, was so viel hieß wie: »Auf geht's, ich will jetzt fliegen.« Dann aber klappte er seine Flügel wieder ein. Jetzt war jede Feder, möglichst eng am Körper anliegend, in Flugbereitschaft. So aerodynamisch präpariert, kann der Falke jederzeit pfeilschnell aufsteigen. Ramas hat wie die meisten Tiere eine biologische Uhr. Er weiß, wann seine Flugzeit ist, kennt den Ablauf und wird entsprechend nervös. Als das Auto allerdings über den nächsten Stein rumpelte, öffnete Ramas wieder seine Flügel, um die Balance zu halten. Auch bei mir steigerte sich die Vorfreude auf den bevorstehenden Flug von Minute zu Minute. Immer wenn ich Ramas nach seinem Freiflug wieder auf der Faust habe, erleichtert, dass alles gut geklappt hat, sehne ich mich bereits nach dem nächsten.

Nach dem heutigen Training versuchte ich Salim zu vermitteln, dass ich morgen wahrscheinlich Nachbarn mitbringen werde. Der Begriff »Nachbarn« entpuppte sich jedoch als ziemlich kompliziert, weshalb ich schließlich »Freunde« daraus machte. Das verstand er. »*People number?*« Doch Salim wollte nicht etwa deren Telefonnummer haben, sondern wissen, wie viele dieser Fremden denn kommen würden, wahrscheinlich um auf den Andrang vorbereitet zu sein. »*Four*«, sagte ich und hielt vier Finger hoch.

Am Abend setzte ich mich zusammen mit Donald in Ramas' Nähe; eigentlich in der Absicht, noch ein bisschen zu arbeiten, tatsächlich aber wanderte mein Blick immer wieder zu dem Falken. Als die Nahrung vom Kropf in den Magen gedrückt war, schüttelte Ramas sein Gefieder, putzte sich, hob dann eine Hand und ließ sie unter dem aufgeplusterten Kleingefieder verschwinden. Falken machen sich oft regelrecht »dick«, wenn sie so satt und entspannt dastehen. Er schloss ein Auge, während er mit dem anderen Wache hielt. Nach ein paar Minuten wechselte er, bis er irgendwann so müde war, dass er, beide Augen geschlossen, seinen Kopf zwischen den Flügeln vergrub.

Bei diesem Anblick wurde mir immer ganz warm ums Herz, weil er mir damit sein tiefes Vertrauen zeigte. Er wusste, hier wird ihm niemand etwas tun. Wo das nicht der Fall war, kam die Haube zum Einsatz.

Laien betrachten das Verhauben oft skeptisch, meinen, dem Tier werde damit zwangsweise etwas übergestülpt. Doch dann würde der Falke protestieren. Vielmehr gibt es sogar Falken, die ihren Kopf in Richtung Haube strecken, weil diese Ruhe verspricht. Keine Hektik und kein Wachehalten mehr, sondern Dunkelheit und damit Erholung pur. Es ist ein bisschen wie eine Schlafmaske.

Kaum bewegte ich mich, wurde Ramas sofort wach. Dann schaute er mich beruhigt an, als wollte er sagen: »Ach, du bist es nur …«, und schon vergrub er den Kopf wieder am Rücken zwischen den Flügeln und schlief weiter.

Es war kurz nach 9 Uhr, als Alfredo und ich eine helle Kinderstimme im Flur hörten. »Guuuuten Moooorgen!« So fröhlich war ich selten geweckt worden. Ich sprang aus dem Bett und lief im Schlafanzug die Treppe hinunter, wo Julius mich sofort stürmisch umarmte, als auch schon Feline hinter ihm erschien und sich unserer Umarmung anschloss. Es war nichts Ungewöhnliches, dass die Kinder am Wochenende bei uns, den ulkigen Nachbarn, waren, aber heute war die Aufregung besonders groß: ein Ausflug in die Wüste. Mit Ramas! Den hatte ich allerdings noch nicht einmal in den Garten gebracht, und Donald wartete auch schon auf seinen Spaziergang.

»Kommt«, sagte ich, »lasst uns den Ramas erst mal in die Sonne stellen. Und dann könnt ihr den Donald schon mal mit zum Strand nehmen, während ich mich anziehe. Ich komme nach, und wir gehen zusammen spazieren und mit Donald schwimmen, okay?« Sie jubelten.

Genau beobachtend, wie Ramas in den Garten gestellt und die Badebrente aufgefüllt wurde, fragte Feline: »Badet der jetzt?« »Tja, so gerne badet der eigentlich nicht. Er ist nämlich ein Wüstenfalke und bevorzugt Sand zum Putzen.« Die Kinder grinsten – wahrscheinlich stellten sie sich vor, wie sie sich morgens vor der Schule mit Sand schrubbten. »Doch ab und zu springt er rein und schöpft Wasser.« Kritisch hakte Julius nach: »Ich habe ihn aber noch nie trinken sehen!« »Das kann sein, ja, denn die meiste Flüssigkeit nimmt er von frisch erbeutetem Fleisch auf. Nur wenn es besonders heiß ist oder er nicht ausreichend Flüssigkeit bekommen hat, sieht man ihn Wasser schöpfen.« Feline und Julius fixierten den Falken, als erwarteten sie von ihm, dass er jetzt wie auf Befehl trinken würde. Ramas aber dachte gar nicht daran, sondern machte es sich erst mal auf seinem Block bequem. Das war den Kindern zu langweilig, und so rannten sie lieber mit Donald zum Strand. Den musste man wenigstens nicht lange überreden.

Als ich zu der munteren Runde stieß, waren die sechs kleinen Enkelkinder meiner Nachbarin Hamda auch schon da. Donald genoss wie immer die Aufmerksamkeit der Kleinen. Er liebte es, ihr Star zu sein. Ausgiebig tobten wir am Strand und im flachen Wasser, bis die qatarischen Kinder aufbrechen mussten. Ein günstiger Zeitpunkt, dachte ich, um noch eine Runde mit Donald zu drehen, bevor wir uns für den Ausflug in die Wüste fertig machten.

»Guuuck mal, Laura. Guck!«, rief Julius plötzlich. Er hatte einen Mantarochen entdeckt. Er schwamm in Strandnähe ganz dicht unter der Wasseroberfläche. Vorsichtig gingen wir ein wenig näher und betrachteten das Prachtstück. Unglaublich. Da lebten wir an einer künstlich angelegten Lagune, doch immer wieder verirrten sich Tiere aus dem offenen Meer bis vor unsere Haustür. Wir beschlossen, den Manta in Ruhe zu lassen, damit er wieder ins Meer zurückfand, und lieber noch ein bisschen im Pool zu baden.

Dann wurde es endlich Zeit, die Sachen für den Ausflug zusammenzusuchen. Während die Kinder zu Hause noch etwas aßen, Ramas die Sonne genoss und Donald sich im Rasen trocken rubbelte, zog ich meine Wüstenkleidung samt Turban an und packte in meine *mkhla*, eine arabische Falknertasche, Messer, Falknerhandschuh, Telemetrie, Federspiel, Fernglas, Ersatzgeschüh sowie zwei zusätzliche Hauben.

Heute würden wir mit dem wüstentauglichen Land Cruiser von Minou und Jean-Paul fahren. Schon kamen die Kinder angerannt und zeigten mir stolz, was sie alles in ihren Rucksäcken dabeihatten: Taschenmesser, Lupe, Fernglas, Bücher, Spielzeug, iPad, Stifte. »Super«, sagte ich, »dann können wir ja sogar in der Wüste übernachten.« »Eeeecht?« Ich lachte – in den funkelnden Kinderaugen spiegelte sich meine eigene Vorfreude auf die Wüste wider – und schob die beiden die

Auffahrt hinunter gen Nachbargrundstück, wo Minou dabei war, die halbe Speisekammer inklusive Wasservorrat für mindestens fünf Tage in den Kofferraum zu laden. Zum Glück war der aber so groß, dass auch Ramas, unser wichtigster Akteur, noch Platz fand. Erst hievte ich den Marmorblock hinein, dann stellte ich den Falken behutsam darauf ab. Donald schaute mir dabei wieder mit so traurigen Augen zu, dass ich diesmal nicht widerstehen konnte und ihn einfach mitnahm. Zum ersten Mal. Ohne Salim vorher gefragt zu haben. Aber wir fuhren ja auch nicht mit seinem Auto.

Der weiße Geländewagen war beladen bis oben hin, und die Kinder fotografierten alles und jeden, um das große Abenteuer für ihre Freunde in der Schule zu dokumentieren. Während Ramas unter seiner Haube von dem ganzen Trubel nicht viel mitbekam, bekam Donald vor lauter Aufregung fast einen Herzinfarkt, denn er war mindestens so aufgedreht wie die Kinder.

Ich lotste Jean-Paul nach Tinbek und zu Salims Kamelen. Julius und Feline kreischten: »Sind wir jetzt da?« »Noch nicht ganz«, sagte ich, »aber ihr könnt auf jeden Fall schon mal aussteigen.« Nur zögerlich schaukelten die Kamele näher, denn sie kannten das Auto nicht, doch dann sahen sie mich und kamen sofort zu uns. Ich zeigte den Kindern, wie sie den Kamelen die Leckereien, die ich dabeihatte, geben sollten. »Das ist ja wie bei Pferden«, rief Feline, und schon hatten die Kamele eine neue Freundin.

Kamele haben übrigens ein extrem gutes Gedächtnis und sind sehr treu. Sie kennen ihren Stall und die Menschen, die sie pflegen. Fasziniert von den sanften großen Tieren, wollten die Kinder gar nicht mehr weiter. »Aber wir müssen doch Ramas fliegen lassen«, sagte ich. In dem Moment hielt Salims Auto neben uns. Mit großen Augen beobachteten Julius und Feline, wie der Beduine zusammen mit seinem Sohn ausstieg. »*Salam aleikum*«, begrüßte er die europäischen Gäste lächelnd. Und ich merkte, wie stolz Sultan war, den fremden Kindern seine Welt zeigen zu können.

In der Wüste angekommen, flog erst einmal Silsal, der schnelle Wanderfalke. Den Blick gen Himmel gerichtet, stand die niederländische Familie auf dem heißen staubig-steinigen Boden und staunte. Danach durfte Sultan seinen Wanderfalkenterzel, den er *Ghattha*, also Fleischzerstückler, getauft hat, fliegen. Julius und Feline waren begeistert, dass Sultan einen eigenen Falken hat, und hätten in dem Moment wahrscheinlich jedes iPad dafür hergegeben. Alle schauten zu, wie Sultan seinen Falken von der Faust starten ließ, dieser in die Höhe stieg und erfolgreich seine Beute schlug. Nun näherte sich Sultan unter Salims Aufsicht seinem Falken und gab ihm eigenhändig die Atzung auf seiner Faust. Obwohl der große Falke auf der Faust des kleinen Falkners gleich doppelt so groß wirkte, agierte der Beduinenjunge schon sehr professionell. Ihm, genauso wie schon seinem Vater, wurde die Falknerei in die Wiege gelegt.

In der Zwischenzeit waren auch Salims Brüder und Cousins mit ihren Söhnen in der Wüste eingetroffen. Ein besonders großer Perserteppich wurde ausgebreitet und Tee und Kaffee gereicht. Sofort begannen die qatarischen Jungs, gefolgt von Julius und Feline, auf und um den Teppich herum Fangen oder fliegender Falke zu spielen. Einen Falken fliegen zu sehen lässt eben Jung und Alt träumen …

Minou und Jean-Paul waren besonders fasziniert davon, dass den Falken der ganze Himmel zur Verfügung steht, sie sich aber trotzdem entscheiden, zu dem vertrauten Falkner zurückzukehren und seine Beute mit ihm zu teilen. Eine Partnerschaft, die der Falke akzeptiert, solange er genug von der

Beute abbekommt. Sicherheit statt Freiheit – denn sollte er es nicht schaffen, selber Beute zu schlagen, oder krank sein, so wird er vom Falkner versorgt.

Falken können Würmer, Bakterien, Viren und Pilzinfektionen aller Art bekommen. In der Natur sterben 60 Prozent der Falken bereits im ersten Jahr an Krankheiten, Jagdpech oder an unserer Zivilisation, zum Beispiel bei Zusammenstößen mit Strommasten oder Autos. Der Falkner aber achtet auf seinen gefiederten Gefährten: Ist der Schmelz, wie er sein soll? Sind die Augen klar? Schüttelt er das Gefieder mit voller Kraft? Ist etwas nicht in Ordnung, so wird das Tier medizinisch versorgt, gehegt und gepflegt, bis es sich wieder erholt hat.

Mit Tieren zu arbeiten heißt zu lernen, sie durch Beobachten zu verstehen. Sie können nicht reden, daher aber auch niemals lügen. Ihre Ausdrucksweise ist ihr Verhalten; an ihm gilt es abzulesen, wie ihnen zumute ist.

Die Falken meiner Beduinenfamilie demonstrierten gerade einer nach dem anderen ihre Luftakrobatik, gespannt verfolgt von Julius und Feline, die ihre Ferngläser kaum noch von den Augen nahmen. Und die Erwachsenen mussten aufpassen, dass sich ihre Nacken bei der ungewohnten Haltung nicht verkrampfen. Wann steht man schon über eine Stunde in der Wüste und starrt in den Himmel?

Nun war es auch Zeit für Ramas, seine Runde zu fliegen und hoffentlich Beute zu machen. Ich holte ihn aus dem Auto, wobei Donald fast heraussprang. »Ruhig Donald, ein wenig musst du dich noch gedulden, dann kommst auch du dran.« Kaum hatte ich Ramas von seinem Block losgebunden und auf meiner Faust, standen Feline und Julius bereits neben mir. »Darf er jetzt fliegen?«, fragte Julius aufgeregt. »Klar doch, gleich seht ihr euren gefiederten Nachbarn in Action.« Salim befestigte den Sender, dann knotete ich die Langfessel auf und lockerte die Haube. Sobald Salim mir das Zeichen gab, nahm ich die Haube herunter und ließ Ramas starten. Wie der Wind sauste er davon. Immer höher. Da sichtete er auch schon eine Taube, und die Verfolgungsjagd begann.

»Kommt mit, wir fahren hinterher!«, rief ich den beiden Kindern zu. Alle anderen verfolgten das Spektakel von dem Teppich aus. Feline und Julius genossen die rasante Autofahrt durch die Wüste, Ramas immer über uns. Und dann hatte er sie: Zwei Angriffe genügten, und er schlug die Taube nieder. »Bravo Ramas!«, jubelten seine kleinen Fans im Auto.

Lächelnd blickte ich in Felines und Julius' strahlende Gesichter.

Ich hätte sie schon viel eher mal mitnehmen sollen, dachte ich. Schließlich wusste ich doch nur zu gut, was für ein Geschenk es ist, einen Falken beim Jagen zu beobachten. Inzwischen brauchte ich nur das Wort »Falke« zu hören, und mein Herz schlug höher. Es ist, als hätte die Falknerei schon immer als Leidenschaft in mir geschlummert. Wie eine Geschenkschachtel, die ich jahrelang nicht auspacken konnte. Irgendetwas kam immer dazwischen. Schule, Studium, Beruf, Ehe. Es war Fatma, die den richtigen Moment erkannte und mich durch ihr Geschenk – Sieglinde – dazu anhielt, meine Leidenschaft für die Falken endlich aus- und anzupacken. Seine Leidenschaft, seinen Traum leben zu können, ist vielleicht das größte Geschenk, das uns im Leben zuteilwerden kann, denn es ermöglicht uns, sinnerfüllt zu leben, statt nur zu existieren.

Ja, Qatar ist wirklich wie der Schlüssel zu einem neuen, vielleicht meinem eigentlichen Leben, ging es mir durch den Kopf, während Julius und Feline neben mir immer noch ihrem Lieblingsfalken zujubelten. Das Land und die Menschen, denen ich hier begegnet war: Fatma, die mich gezwungen hat, meine Leidenschaft zu leben. Miriam, die mich in die qatarische Kultur einführte und mich am Nationalfeiertag so herzlich in ihrem Land willkommen hieß. Salim, der mich als seine Schülerin akzeptierte und in seine Familie aufgenommen hatte. Aber auch all die anderen Freundschaften, die ich seit meiner Ankunft in Qatar geschlossen hatte, waren von einer Tiefe, wie ich sie so noch nie so schnell erlebt hatte.

»He, Laura«, riss Feline mich aus meinen Gedanken, »schau mal, es gibt wieder Tee!«

Nachdem alle Falken geflogen waren, versammelten wir uns auf dem Teppich. Die Europäer bekamen Tee, Kaffee und Süßigkeiten, Salims Familie bereitete sich auf das *Maghreb*-Gebet, auch Sonnenuntergangsgebet genannt, vor. Es ist das vorletzte der täglichen fünf Gebete im Islam. Selbst Julius und Feline lauschten andächtig den Suren, die sie bereits kannten, weil sie jeden Tag fünfmal von den diversen Moscheen in Doha und im Radio erklangen.

Nachdem das abschließende *Assalamu alaikum wa rahmatullah* (der Friede Gottes sei mit euch) gebetet worden war, setzten die Beduinen sich zu uns. Es wurde getrunken, gegessen, geredet und gelacht. Die Falkner analysierten die Flüge der Falken: Was hatte man gut gemacht hat, was könnte man morgen verbessern? Für mich war dieser Austausch zwar immer eine besonders wichtige Lektion, doch jetzt musste ich Donald erlösen.

Kaum hatte ich die Tür des Land Cruisers geöffnet, rannte er los wie von der Tarantel gestochen – und die Kinder hinterher. Doch Donald, sonst ein großer Kinderfreud, hatte Besseres zu tun, immerhin war er zum ersten Mal in seinem Leben in der Wüste. Es war wie ein riesengroßer neuer Spielplatz. Er schnupperte, rannte vor, zurück und kreuz und quer. Überrascht schaute Salim mich an, sagte aber nichts, sondern widmete sich dem Lagerfeuer.

Wenig später saßen alle um das Feuer herum, lachten und erzählten Geschichten. Als meine Beduinenfamilie eine bevorstehende Reise nach Libyen erwähnte, fragte mich Jean-Paul, worum genau es sich dabei handele. »*Mgnas* ist eine Jagdreise, die eine Gruppe von Männern mindestens einmal im Jahr mit ihren Falken unternimmt«, erklärte ich ihm. »Ein wichtiger Bestandteil der uralten Beduinentradition, denn *mgnas* ist vor allem dafür da, jungen Falknern Geduld und Überlebensstrategien beizubringen. Sie sollen lernen, eins mit der Natur zu sein, und ihre Männlichkeit unter Beweis stellen.«

Gespannt hörte Jean-Paul zu. »Aber wieso ausgerechnet Libyen? Da ist es doch gerade extrem gefährlich?!«[*] Das stimmte. Früher waren die Araber aus den Golfstaaten für ihre *mgnas* oft in den Irak, Iran, nach Afghanistan oder Pakistan gereist. Doch immer wieder hatten politische Unruhen und Kriege einen Ortswechsel erforderlich gemacht. Auch in Libyen hatte sich die Lage vor Kurzem verschärft, doch Salim und seine Brüder waren überzeugt davon, in ein relativ sicheres Gebiet zu reisen, das von den täglichen Kämpfen verschont blieb. In zehn Tagen würden sie fliegen, erzählten sie. Mit ihren Falken, Zelten, Schlafsäcken und ihrer Jagdausrüstung. Es ist der Traum jedes arabischen Falkners, für den die Falken täglich auf Höchstleistung trainiert werden.

Ich hatte den Eindruck, dass Minou und Jean-Paul noch stundenlang unter dem weiten Sternenhimmel am Lagerfeuer hätten sitzen können. Doch da die Kinder am nächsten Tag

---

[*] Im Oktober 2011 war der langjährige Machthaber Muammar al-Gaddafi (1949–2011) gestürzt worden, und die Beduinen wollten im Februar 2012 reisen.

wieder in die Schule mussten, brachen wir zeitig auf. Ich bedankte mich noch einmal ganz besonders herzlich bei Salim, dass er mir erlaubt hatte, meine Nachbarn mitzubringen. Mit einem raschen Seitenblick auf Donald, der offenbar gerade einen Tunnel nach Saudi-Arabien zu graben begann, lächelte er und bedankte sich seinerseits für unseren Besuch. Wieder einmal spürte ich, dass seine Gastfreundschaft von Herzen kam.

Als ich am kommenden Nachmittag in die Wüste aufbrach, positionierte sich Donald erwartungsvoll an der Tür, doch Salims *»Dog no!«*-Ansage galt ja nach wie vor. Und da ich noch auf dessen wüstentaugliches Auto angewiesen war, blieb mir nichts anderes übrig, als Donald enttäuscht zu Hause zu lassen und allein mit Ramas nach Tinbek zu fahren, wo ich von meinem Lieblingskamel Jabara und seinem Besitzer Salim begrüßt wurde. Es war also alles wie immer, und doch genoss ich jede Minute meiner Wüstentrainings wie beim allerersten Mal.

Ramas war startklar: Die Schwingen ausgefahren, wartete er nur noch auf die Genehmigung, voll durchzustarten. Sender anbringen, Langfessel abbinden, Haube runter – und los … Ramas war der Taube bereits ganz dicht auf den Schwingen. Doch die Taube wich immer wieder geschickt aus – weiter steil nach oben, dann wieder pfeilschnell und fast senkrecht nach unten. Die Taube machte einen perfekt kalkulierten Schwung nach rechts, Ramas flog wieder knapp an ihr vorbei, holte aber schon wieder auf. Es war eine rasante Verfolgungsjagd. Und Salim und ich fuhren im Auto immer drunter her.

Während Salim sich aufs Fahren konzentrierte, musste ich ihn, Ramas im Auge behaltend, in die richtige Richtung lotsen. *»I see him«*, rief ich, obwohl Ramas inzwischen die Größe eines Stecknadelkopfes hatte: ein kleiner schwarzer Punkt am tiefblauen Himmel, der mit der orange gelblich glühenden Sonne verschmolz – und schließlich ganz verschwand. Ramas war nicht mehr zu sehen. Trotzdem fuhr Salim weiter, und ich suchte angestrengt den Himmel ab. Nichts. Alles flimmerte vor meinen Augen.

Dann standen wir plötzlich an einer breiten Straße. Es war eine Autobahn quer durch die Wüste. Nur über aufwendiges Auf- und Abfahren gelangten wir auf die andere Seite. Doch von Ramas gab es keine Spur. Wir holten die Telemetrie heraus, aber ausgerechnet heute hatte die Batterie ihren Geist aufgegeben. So ein Mist! Es gab keinen einzigen Signalton.

Mein Hals wurde ganz trocken, mein Herz ein Klumpen. Fassungslos schaute ich auf das tote Telemetrie-Gerät, dann wieder in den Himmel. Nichts. Salim versuchte, mich aufzumuntern: »*Inschallah find it.*«

Wir fuhren weiter, kurvten spiralförmig durch die leere Wüste, suchten auch den Boden ab, ob Ramas irgendwo mit seiner geschlagenen Taube stand. Vielleicht flog er ihr aber auch immer noch hinterher. Wir fuhren, kurvten, suchten und entdeckten nichts. Dann probierte ich es mit dem Federspiel, schwang es in großen Kreisen und so hoch wie möglich. »RAMAS! RAMAS!« Ich rief und pfiff. Immer wieder und wieder. Aber Ramas blieb verschwunden. Da kam auch schon die Nacht. Noch nie war sie so schnell da wie heute, so kam es mir vor. Als ob jemand einfach das Licht ausgeknipst hätte. Ein Gefühl der Ohnmacht überfiel mich, denn nun war ich eine ganze Nacht lang zum Nichtstun verdammt. »*No be sad please. Normal, Lora, this happen. Tomorrow inschallah find Ramas.*« Wie gerne hätte ich Salim geglaubt.

Schweren Herzens fuhr ich nach Hause und machte mich fertig für ein Essen der Auslandshandelskammer, für das ich bereits zugesagt hatte. Ich legte Lippenstift und ein Lächeln auf und bemühte mich an dem Abend um Contenance und unverfänglichen Small Talk. Doch meine Gedanken waren in der Wüste unterwegs. Sie kreisten im Sand, immer in den Himmel schauend. Kreisend, kreisend. Vergeblich. Teilnahmslos stocherte ich in dem aufwendigen Essen herum und versuchte es an dem Frosch in meinem Hals vorbeizuschieben. Mein Hals war so furchtbar trocken. Ich hätte literweise Wasser trinken können, ohne dass es etwas geholfen hätte. Ich sehnte mich nach Ramas, während ich von den Tischgesprächen nur noch ein leises Murmeln vernahm und die Gesichter der Anwesenden zu einer blauen Fläche mit einem kleinen schwarzen Punkt verschwammen.

Als das Essen endlich vorbei und ich wieder zu Hause war, hatte ich nur noch einen Gedanken: Wüste. Wie in Trance tauschte ich die Abendgarderobe gegen bequeme Kleidung, kramte einen Schlafsack heraus und packte meinen Stadt-SUV. Ich musste in Ramas' Nähe sein. Hier allein – Alfredo war in Spanien bei seiner Familie – und ohne Ramas war ich nicht glücklich. Vielleicht konnte die Wüste mich trösten. In Tränen aufgelöst, nahm ich den süßen Donald auf den Arm, hielt ihn kurz ganz fest umschlungen und ließ ihn ins Auto springen.

Nicht nur, dass es das erste Mal war, dass ich allein in die Wüste fuhr, es war auch noch mitten in der Nacht. Natürlich ging ich davon aus, den Weg zu kennen, doch im Dunkeln sah alles irgendwie gleich aus. Aber wozu brauchte ich Orientierung, wenn ich erst mal in der Wüste war? Ich wollte einfach dort sein – unter dem weiten Sternenhimmel und nicht eingeengt von Zementwänden.

Es war eine gute Entscheidung. Hier konnte ich aufatmen, weinen, an Ramas denken, auf morgen hoffen. Ramas würde jetzt die gleichen Sterne sehen wie ich. Aber ich konnte Ramas, was aus dem Arabischen übersetzt »Flüstern in der

Nacht« heißt, weder sehen noch hören. Stattdessen hörte ich plötzlich Frösche quaken, die sich offenbar an einer sumpfigen Stelle, wie sie ab und zu nach einem Regen auftreten, zusammengefunden hatten. Während ich traurig in meinem Schlafsack lag, flitzte Donald glücklich über den unerwarteten Ausflug herum, bis er sich schließlich neben mir niederließ und zusammen mit mir wachte.

Kurz vor 5 Uhr, es war noch dunkel, rief Salim an und fragte, ob wir uns in einer Stunde bei den Kamelen treffen wollten, um Ramas zu suchen. Ich antwortete, dass ich schon in der Wüste sei. Erst dachte er, er habe mich nur falsch verstanden. »Was?« »Ja, ich habe hier geschlafen. In der Wüste«, versuchte ich es noch einmal so simpel wie möglich zu erklären. Schließlich sagte Salim immer noch ungläubig: »Okay, ich komme zu dir.« Nur leider konnte ich ihm nicht sagen wohin, denn offensichtlich war ich nicht an unserem üblichen Platz gelandet. Kurzum: Ich hatte mich verfahren. Mein Orientierungsvermögen hatte schlicht nicht ausgereicht, um nachts den Weg in der Wüste zu finden. Nun blieb uns nichts anderes übrig, als einander im Morgengrauen zu finden. Salim suchte mich, während ich erfolglos probierte, ihm entgegenzufahren.

So ein Riesenmist, schimpfte ich vor mich hin. Eigentlich sollten wir jetzt Ramas suchen und nicht mich! Ich wurde fast wahnsinnig. Per Telefon versuchte Salim, mich zu beruhigen, und sagte, ich solle sofort anhalten und beschreiben, wo ich sei. Beschreiben? »Links Sand, rechts Sand, vor und hinter mir Sand, dazwischen ein paar Steine. Punkt. Was soll ich da noch beschreiben?« Salim aber blieb ruhig und geduldig. »Beschreibe mir genau, was du siehst. Wie sehen die Steine aus? Welche Farbe hat der Sand?« Der meinte es tatsächlich ernst, aber ich war komplett überfordert. »Na, welche Farbe wird er schon haben? Willst du mich bei Laune halten, oder was?« Seine Hartnäckigkeit war bewundernswert. »Lora«, sagte er ernst in seinem arabischen Akzent, »schau auf den Boden. Fokussiere. Ist der Sand eher gelblich, beige, braun? Ist es feiner Sand oder grober? Wie viele Steine hast du vor dir? Sind die eher grau, blau, braun, weißlich? Wie groß sind sie? Eher wenige große Brocken oder mehrere kleine? Beschreibe alles ganz genau, damit ich nachvollziehen kann, wo du bist.«

Und schließlich war ich nicht einfach in einer Wüste, sondern dort, wo der Sand kamelfarben war und recht grob gemischt mit vielen kleineren Steinen. Diese kleineren Steine wiederum waren bläulich grau. Vereinzelt gab es etwas größere, eher weißliche Steine. Auch ein paar niedrige Büsche waren zu sehen. Salim wollte genau wissen, wie groß diese waren und in welchen Abständen sie vorkamen. Auf einmal erkannte ich die vielen feinen Unterschiede, als ob mir jemand meine Haube abgenommen hätte. Trotzdem war ich verloren. Salim fragte nach, ob ich den »Berg« sähe, womit er wohl eher einen Sandhügel meinte, aber weit und breit sah ich weder das eine noch das andere.

Völlig versunken in meine Umgebung sah ich plötzlich etwas aufleuchten in der Ferne. Es war die Lichthupe von Salims Land Cruiser. Hurra. Er hatte mich tatsächlich gefunden! Nie hätte ich gedacht, dass es aufgrund meiner Beschreibung funktionieren würde. Aber als Beduine kannte er seine Wüste. Ganz ohne GPS, einfach nur anhand von Sandbeschaffenheit, Büschen und Steinformationen.

Als er ausstieg, schüttelte er den Kopf: »Allein in der Wüste. Wie hast du dir das vorgestellt? Das ist gefährlich, wenn man sich nicht auskennt.« Natürlich hatte er Recht. »Entschuldigung«, sagte ich kleinlaut, zuckte mit den Schultern und seufzte. Aber Salim wusste auch genau, weshalb ich nachts in die Wüste gefahren war. Als Falkner konnte er meine innere Unruhe und Sehnsucht nachvollziehen. »Und jetzt«, sagte Salim, »*inschallah* finden wir Ramas.« Es fiel mir schwer, nicht in Tränen auszubrechen, und noch schwerer, an »*Inschallah*« zu glauben.

Das Morgengrauen war inzwischen von einem intensiven Morgenrot abgelöst worden, das die Wüste samt ihren Steinchen und Büschen in ein fast unwirkliches Licht tauchte. Salim und ich fuhren in die Richtung, wo wir Ramas aus den Augen verloren hatten. Wir drehten jeden Stein um, suchten nach Federspuren, die auf eine erlegte Taube hinwiesen – und wurden tatsächlich fündig. Diese Taube war erlegt und vollkommen verspeist worden. Ein erstes gutes Zeichen, obwohl wir natürlich überhaupt nicht sicher sein konnten, dass es sich dabei um Ramas' Beute handelte. Aber es war ein Ansatz und gab Grund zur Hoffnung, dass Ramas noch in der Nähe war. Erwartungsvoll zog ich das Federspiel aus meiner *mkhla*, schwang es in weiten Kreisen um mich und rief laut, um Ramas' Aufmerksamkeit auf die ihm vertraute Stimme zu lenken. Schwingen, rufen, schwingen, rufen. Nichts.

Wir fuhren weiter. Spiralförmig bahnten wir uns den Weg um die erlegte Taube herum, hielten Ausschau nach weiteren Spuren. Doch da war nichts als Wüstensand. Nach einiger Zeit fragte Salim mich unvermittelt: »Wo ist Norden?« Erstaunt dachte ich kurz nach, und – zack – antwortete ich falsch beziehungsweise nicht ganz richtig. »In der Wüste musst du immer genau wissen, wo Norden ist«, ermahnte er mich. Und ich solle meine Umgebung stets genau wahrnehmen, mir Merkmale als Orientierungspunkte einprägen. »Das ist ganz wichtig«, betonte er. »Du musst immer wissen, wo du bist.« Das hatte ich gemerkt. Aber im Augenblick war ich nicht in der Lage, mich zu konzentrieren, ich konnte nur an

Ramas denken. Trotzdem wiederholte Salim die Frage »Wo ist Norden?« immer wieder, während wir das Suchgebiet weiter ausdehnten, bis ich die Himmelsrichtung Norden so sicher und schnell zeigte wie ein Kompass.

Nach ein paar Kilometern kamen wir an einen Hügel. Aber auch von hier aus hatte ich kein Glück mit meinem Federspiel. Ramas blieb verschwunden. Enttäuscht packte ich es zurück in meine Falknertasche und erklärte Salim, dass ich jetzt leider ins Büro müsse. Er versprach mir, noch ein wenig weiterzusuchen. Ich war ihm sehr dankbar, auch für sein *Inschallah*, an das ich mich trotz aller Sorge, Traurigkeit und Angst hoffnungsvoll klammerte.

»Ramas ist gut genug in Form, um sich in der Wildnis zu behaupten«, versuchte Salim mich aufzumuntern. Doch der Gedanke, Ramas womöglich nie wiederzusehen, versetzte mir einen schmerzhaften Stich. Offenbar konnte Salim meine Gefühle lesen wie die Steine in der Wüste, denn er seufzte, als wollte er mich an das Atmen erinnern, und sagte lächelnd: »Es ist der erste Tag der Suche. Hier gibt es noch viele Möglichkeiten.«

Da es schon ziemlich spät war, beeilte ich mich, nach Hause zu kommen, Donald abzusetzen, zu duschen – und zog mich praktisch auf der Fahrt ins Büro an. Trotzdem war ich nicht ganz pünktlich, so dass ich dem Chef eine kurze Erklärung samt Entschuldigung liefern musste. Er verdrehte die Augen: »Du mit deiner Falknerei.« Ich lächelte, sagte aber nichts und setzte mich an meinen Schreibtisch.

Ja, ich mit meiner Falknerei. Meiner Leidenschaft. Vielen ist so eine Leidenschaft fremd. Sie wissen nicht, wie es sich anfühlt, für etwas Feuer und Flamme zu sein – und bereit, Opfer zu bringen. Den meisten Europäern und US-Amerikanern, die nach Qatar kommen, geht es weniger um die qatarische

Kultur; und weitaus mehr darum, viel Geld zu verdienen. In ihrer Freizeit spielen einige Expats Tennis, Basketball oder Golf wie zu Hause auch. Und falls ein Schläger kaputt- oder ein Ball verloren geht, wird er ersetzt. Kein Problem. Und wenn nötig, kann so ein Schläger auch mal monatelang unbenutzt im Schrank liegen. Das stört den herzlich wenig.

Falknerei hingegen ist kein Hobby, sondern eine Lebenseinstellung, die dem Falkner viel abverlangt. Da gibt es kein Entweder-oder und auch kein Sowohl-als-auch, sondern nur ein klares »Ja« mit allem, was dazugehört. Aber sollte ich das meinem Chef erklären? Gedanklich war ich sowieso bei Ramas und wollte daher mein Tagessoll so schnell wie möglich abarbeiten. Zackig beantwortete ich E-Mails und verfasste Marketingpläne – und war schon um 15 Uhr wieder auf dem Weg in die Wüste.

Inzwischen halfen auch Salims Brüder bei der Suche. Doch seit den Taubenresten hatte niemand auch nur eine Spur entdeckt. Kein einziger Hoffnungsschimmer. Als schließlich die zweite Nacht ergebnislos hereinbrach, sackte mein Herz kilometerweit unter den Wüstensand. Wieder kein Ramas. Salim sagte, ich solle nach Hause fahren und schlafen, ich sähe ganz müde aus. Seufzend widersprach ich: »Aber ich muss doch suchen!« »Ja, aber nicht nachts«, sagte Salim.

Während ich zu Hause trotzdem meine Sachen für die zweite Nacht in der Wüste zusammensuchte, kamen Julius und Feline vorbei. Zum Gutenachtsagen, wie sie grinsend betonten – und natürlich, um noch ein bisschen mit Donald zu spielen. Es dauerte jedoch nicht lange, bis sie nach Ramas fragten. Allein die Frage tat so weh, dass mir sofort Tränen in die Augen schossen. »Wir haben uns verloren«, sagte ich. »Aber wir suchen ihn.« Dabei kullerte eine Träne meine Wange hinab. Einfach so. Traurig blickten die Kinder auf den leeren Falkenblock, dann wieder zu mir. »Ramas wird wiederkommen. Ganz sicher!«, sagten sie und legten ihre Ärmchen um mich. Dann mussten sie jedoch ins Bett, gingen aber nicht, ohne mir noch viel Glück bei der Suche zu wünschen. »Ramas kommt bestimmt wieder! Der hat dich doch lieb.«

Mit diesen Worten im Ohr brach ich wieder in die Wüste auf, während Donald es sich auf dem Beifahrersitz bequem machte. Diesmal würde ich mich auf die Strecke konzentrieren und mich an den Merkmalen, die ich mir eingeprägt hatte, orientieren. Salims Lektion hatte ich gelernt.

Kaum war ich an meinem Ziel angekommen, beschloss Donald, die bösen Geister mit seinem Gebell zu vertreiben, drehte eine Runde und pinkelte ein paar Wüstenbüsche an, um jedem Wüstenbewohner zu zeigen: Ich bin da. Schmunzelnd rollte ich meinen Schlafsack aus, kroch hinein und fiel nach wenigen Minuten in einen traumlosen Schlaf, bis das erste Licht der Morgendämmerung mich weckte. Sofort war ich hellwach: Würde ich Ramas heute finden?

Da Salim etwas in Doha zu erledigen hatte und seine Brüder nur nachmittags in die Wüste kamen, war ich auf mich allein gestellt. Also kurvte ich herum, schwang das Federspiel, rief, suchte, kurvte, schwang, rief, suchte, kurvte, schwang, bis mir fast der Arm abfiel. Nichts. Gar nichts. Wieder musste ich meine Suche unterbrechen, um mich zu Hause blitzschnell fürs Büro fertig zu machen. Gerade wollte ich die Haustür öffnen, da sah ich einen Umschlag auf der Schwelle liegen. Es war ein Brief von Julius.

Er schrieb, das sei sein gesamtes Taschengeld; ich solle mir davon einen neuen Falken kaufen und nicht mehr traurig sein.

Er würde auf Spielsachen und Süßigkeiten verzichten, nur damit ich nicht traurig bin. Die Liebe, die ich nun spürte, war unermesslich. Zutiefst gerührt ging ich ins Schlafzimmer und legte den Brief in meinen Nachttisch.

»Und? Den Falken wiedergefunden?«, empfing mich mein deutscher Kollege, als ich abgehetzt ins Büro kam. Ich schüttelte den Kopf und ging an ihm vorbei zu meinem Schreibtisch. Er hinterher. »Aber wieso kommen diese Dinger nicht mehr wieder? Fliegen die einfach so weg oder wie?« Den Ton ignorierend, atmete ich einmal tief ein und wieder aus, bevor ich antwortete: »Falken fliegen nicht einfach weg, sondern verfolgen ihre Beute. Das tun sie fliegend, und zwar mehrere Hundert Meter über uns, oft über mehrere Kilometer hinweg. Uns kleine Zweifüßler können die Falken aus dieser Distanz nicht so einfach wiederfinden. Darum finden wir *sie* heutzutage in der Regel mithilfe von Telemetrie, aber die Batterie hat den Geist aufgegeben. Und nun muss ich meinen Falken eben weiter suchen.« Offenbar merkte er, dass bei diesem Thema nicht mit mir zu spaßen war. »Ach so«, murmelte er, als hätte er alles verstanden, und verschwand.

Bevor ich heute in die Wüste zurückfuhr, wollte ich auf jeden Fall noch kurz zu Hause, genauer bei Julius und Feline, vorbeischauen. Schon von Weitem sah ich die beiden in ihrer Schuluniform im Garten umherlaufen. Als ich ausstieg und ihnen winkte, kamen sie sofort zu mir herüber. Julius gab ich einen besonders dicken Schmatzer. »Danke! Du bist ein ganz toller Junge«, sagte ich aus tiefstem Herzen. »Und ich bin auch nicht mehr ganz so traurig wie gestern.« Er strahlte mich an. Dann gab ich ihm sein Geld zurück. »Ich danke dir, aber ich hoffe, dass wir keinen neuen Falken brauchen. Ich gehe jetzt in die Wüste und suche Ramas noch einmal. Und sollte ich ihn wirklich nicht finden, werde ich nicht traurig sein. Versprochen. Hauptsache, Ramas geht es gut, wo auch immer er ist.« Ich umarmte die beiden und fuhr wieder los. Im Rückspiegel sah ich, dass Feline und Julius mir hinterherwinkten.

Wieder war die Suche vergebens. Umrahmt von Salim und seiner Familie saß ich auf dem Perserteppich und nippte an meinem Tee. Ich fühlte mich wie amputiert. Mein Jagdpartner war weg. Ohne ihn war ich nicht mehr ganz. Jetzt wusste ich, was Falkner meinten, wenn sie davon sprachen, in ihrem Falken das Spiegelbild der eigenen Seele zu sehen.

Die Männer versuchten, mich aufzumuntern: »Das kann passieren. Das gehört zur Falknerei dazu. Uns allen ist das schon passiert, und es wird uns auch wieder passieren. *Abschir bil awath**.« »Wie bitte? Was bedeutet das?« Fragend blickte ich zu Salim. »Wenn jemand aus der Gruppe einen Falken verliert«, erklärte er, »dann wird dieser von den anderen ersetzt. Als Zeichen des Zusammenhalts.« Das war natürlich wieder eine wunderbare Tradition, aber eigentlich wollte ich ja nur Ramas, meinen Ramas, wiederhaben.

»Lora, hör' mir zu! Bei Falken gibt es zwei Möglichkeiten: *loose or die***. Das müssen wir als Falkner akzeptieren.« Dann erklärte Salim mir, dass es ziemlich unwahrscheinlich sei, einen Falken noch zwei Tage später zu finden. »Er ist bestimmt mehrere Kilometer weit geflogen und könnte überall sein.« Es habe keinen Sinn mehr, weiterhin die Umgebung abzusuchen. Deshalb bestand Salim darauf, dass ich jetzt nach Hause gehe und auch dort bleibe. »*Abschir bil awath*«, sagte er noch einmal zum Abschied.

Zurück in den 40 Wänden vermisste ich die Wüste. Diese scheinbar unendliche Leere. Die Stille. Den Sternenhimmel.

---

* Übersetzt: Ersetzt werden soll, was dir fehlt.
** Übersetzt: verstoßen [= verlieren/wegfliegen] oder sterben.

Und vor allem die gefühlte Nähe zu Ramas. Ich versuchte, mich zu beruhigen, mich wie ein erfahrener Falkner der Situation zu stellen. Doch so vieles um mich herum erinnerte an Ramas: der einsame Block, der Falknerhandschuh, die Haube … Alles lag nutzlos und traurig herum. Meine Träume von der Falknerei schmolzen dahin. Sie waren weg. Verloren.

Für den nächsten Tag hatten Minou und Jean-Paul mich eingeladen, die Familie zu einem Feuerwerk zu begleiten. Ich konnte mir zwar nicht vorstellen, warum ein Feuerwerk am Tag besonders spektakulär sein sollte, betrachtete den Ausflug aber als willkommenes Ablenkungsmanöver. Irgendwie musste ich das dunkle Loch in mir stopfen. Julius und Feline freuten sich riesig, dass ich mitkam, und schon allein diese Freude zu spüren tat mir wohl.

Vor dem *Mathaf*, dem ersten Museum für moderne Kunst der Arabischen Halbinsel, lag ein weitläufiges leeres Gelände, auf dem sich schon einige Zuschauer versammelt hatten, um die Eröffnung der Cai-Guo-Qiang[*]-Ausstellung mitzuerleben. Das eigens dafür komponierte Feuerwerk hieß »Black Ceremony« und war so ganz anders als alle Feuerwerke, die ich bisher gesehen hatte. Vor unseren Augen explodierten schwarze Punkte. Eines der »Explosionsbilder« nannte der Künstler »Vögel«, das andere »Schwarzer Regenbogen«, und danach kam eine bedrohliche, atombombenartige Explosion. Noch schockiert von dem Anblick, wurden die Zuschauer mit einem farbigen Regenbogen getröstet. Eine bunte Komposition aus zig wolkenartigen Explosionen am Himmel über Doha. Für einen Moment war ich wie berauscht.

In solchen Momenten werden wir daran erinnert, dass wir

---

[*] Chinesischer Bildhauer und Aktionskünstler (geboren 1957).

unsere eigene Begrenzung sind und über den eigenen Tellerrand hinausschauen müssen. Denn nur wer daran glaubt, dass es auch anders geht, wird neue Wege finden. Ich bin mir sicher, Cai Guo-Qiang hat von allen Seiten zu hören bekommen, eine solche Inszenierung entfalte sich nur nachts. Ein Feuerwerk am helllichten Tag sei nun mal nicht zu sehen. Doch er ließ nicht locker, bis er es schaffte. Sein Durchhaltewillen zeigte uns allen: Es geht doch.

Am Abend rief Salim an, um mir mitzuteilen, dass sie Ramas wieder nicht gesichtet hatten, und fragte, ob es bei mir etwas Neues gebe. Nein. Kein Anruf. Ramas war auf und davon. Mit einem Kloß im Hals legte ich auf, als mein Handy schon wieder klingelte. Völlig erschöpft ging ich ran. Der Anrufer sprach schnell auf Arabisch, ließ mich gerade mal »*Salam aleikum*« sagen und legte wieder auf. Doch ich wusste sofort: Er hatte Ramas gefunden. Ich rief zurück und fragte in gebrochenem Arabisch »*Indek teir?*« (wörtlich übersetzt: Haben Sie Falken?), er antwortete: »*Naam*« (Ja), und legte wieder auf. Völlig aus dem Häuschen schickte ich die Nummer via SMS an Salim und bat ihn, dort anzurufen. »Sie haben Ramas!«

Wenige Minuten später rief Salim mich zurück. Er lachte und lachte. Aufgeregt wie ich war, sagte ich, er solle jetzt aufhören zu lachen und mir sofort sagen, wo Ramas ist! Nur mit Mühe brachte Salim heraus, dass der Mann völlig verwirrt gewesen sei, eine Frau am Apparat zu haben. Und schon prustete er wieder los. Deswegen hatte er also aufgelegt, dachte ich. Falknerei ist ja Männersache. Aber wenn es Feuerwerke am Tag gibt, kann es auch Frauen mit Falken in der Wüste geben.

»Aber was ist jetzt mit Ramas?« »Sie haben ihn gesehen«, sagte Salim, »und brauchten ganze 45 Minuten, um ihn zum

Federspiel zu locken.« Ramas war offenbar immer wieder am Federspiel vorbeigeflogen, wollte es aber nicht angreifen. Sie mussten alle falknerischen Tricks anwenden, um ihn dann doch noch zu überlisten. »Ramas wurde aufgeatzt und sitzt jetzt bei ihnen im *majls** in Al Ruwais.« Ich war so erleichtert. »Und wann können wir ihn abholen?« »Morgen früh!«, sagte Salim lachend.

In dieser Nacht bekam ich vor lauter freudiger Aufregung kein Auge zu: Meinem Falken ging es gut, und morgen würde ich ihn wieder bei mir haben. Das dunkle Loch in mir war nur noch ein schmaler Spalt, mein Herz auf einmal viel leichter. Feline und Julius überbrachte ich die gute Nachricht natürlich sofort. Auch sie freuten sich riesig. Alfredo, der am Abend aus Spanien zurückgekommen war, wird Salim und mich morgen früh begleiten, wenn wir Ramas in Al Ruwais abholen. *Al Ruwais* heißt übersetzt »Kopf«: der Kopf von Qatar, weil es die nördliche Spitze des Landes ist. Wäre Ramas noch ein bisschen weitergeflogen, wäre er in Bahrain, Kuwait oder gar Saudi-Arabien gelandet.

Als wir am nächsten Morgen nach anderthalbstündiger Autofahrt dort ankamen, durfte ich das *majls*, in dem Ramas mit seinem Finder und dessen Familie saß, nicht betreten. Frauen ist der Zutritt verboten. Doch Salim und Alfredo beeilten sich und kehrten schon nach wenigen Minuten mit meinem Falken auf der Faust zu mir zurück. Ramas. Ich glaube, selten in meinem Leben war ich so glücklich wie in diesem Moment.

Auf der Rückfahrt hatte ich nur Augen für Ramas. Dass es die ganze Zeit wie aus Kübeln schüttete, nahm ich kaum wahr,

---

* Eine Art Empfangszimmer, in dem sich die männlichen Familienmitglieder versammeln und männliche Gäste bewirtet werden.

obwohl so ein Starkregen ein sehr ungewöhnliches Ereignis in dem Wüstenstaat war. Umso gemütlicher aber war es zu Hause: Der Regen prasselte, Ramas stand auf seinem Block, als wäre er nie woanders gewesen, Donald saß schwanzwedelnd daneben. Der Falke schüttelte sein Gefieder, plusterte sich auf und hob entspannt eine Hand hoch. Er fühlte sich wohl – und erst recht ich.

Auch in Tinbek waren alle froh, Ramas wiederzusehen, doch vor allem freuten sie sich für mich. Endlich wieder eine strahlende Laura! Der einzige Wermutstropfen war die Tatsache, dass die Männer in sechs Tagen nach Libyen aufbrechen würden, und zwar ohne Ramas und mich. Auf dem Teppich sitzend, sprachen wir über verlorene und wiedergefundene Falken, tranken aromatischen Tee, während der Mond hinter uns aufging. Ich erzählte, dass ich eine Freundin habe, die Kriegsjournalistin sei. Zurzeit sei sie in Libyen: Julia Leeb. Wenn sie mich schon nicht mitnahmen, würden sie ja vielleicht zumindest meiner Freundin in der Wüste begegnen. Etwas irritiert schauten mich die Männer an. Sie dachten wohl, ich hätte einen schlechten Witz gemacht. Also versuchte ich, es ihnen zu erklären, aber die kritischen Blicke blieben.

Als Salim mich durch die dunkle Wüste zu meinem Auto zurückbrachte, fragte er plötzlich: »Wo ist der Norden?« Ich zeigte in eine Richtung. »Sehr gut«, sagte er und nickte anerkennend. Dann fuhr Salim zweimal im Kreis, hielt an und wollte wissen: »Wo ist Süden?« Instinktiv zeigte ich gen Norden. Zack, erwischt! Er wiederholte: »Wo ist *Süden?*« Jetzt zeigte ich natürlich in die entgegengesetzte Richtung. »Gut. Und Osten?« Ich zeigte es, während ich ahnte, dass das jetzt ein tägliches Ritual werden würde.

Plötzlich sah ich im Scheinwerferlicht etwas am Boden entlangrennen. Ich traute meinen Augen nicht: ein Igel! Vor

Glück schrie ich auf: »Stooopp! Sofort anhalten!« Salim bremste scharf, und schon war ich draußen und rannte dem flüchtenden Igel hinterher, der sich vor Schreck einigelte (Ich liebe dieses Wort!), als ich bei ihm ankam. Begeistert nahm ich ihn auf den Arm.

»Was ist los?«, fragte Salim, der sich offenbar genauso erschreckt hatte wie der Igel. Lächelnd hielt ich ihm den Igel hin. »Ein Igel!« »Und deshalb schreist du so?« »Aber ja doch! Ich wusste gar nicht, dass es in der Wüste Igel gibt. Das ist irre.« Fassungslos schüttelte Salim den Kopf: »Du bist ja komplett verrückt.«

Inzwischen spähte der Igel aus seiner Kugel heraus, um zu sehen, ob die Luft wieder rein war. Ist sie gleich, du Süßer, aber erst noch ein letzter Blick in dieses knuffige Igel-Gesicht. Behutsam rollte ich ihn von meinen Armen zurück auf den Wüstenboden. Das Kerlchen zögerte nicht lange, sondern flitzte los. Ich war verliebt. In die Wüste.

Igel hatte ich schon als Kind geliebt, gefunden, aufgesammelt, geknuddelt – trotz Stacheln – und wieder freigelassen. Oft ließen wir Igel auch in unserer Garage überwintern. Der Igel erinnerte mich an meine Kindheit. An das Laub im Wald, durch das die Igel rascheln, an die Wiesen, durch die sie marschieren. Er erinnerte mich an Heimat und die Natur meiner Heimat. Niemals hätte ich einen Igel mit der Wüste in Verbindung gebracht. Ich fragte Salim, was der Igel in einer trockenen Wüste fresse. »Skorpione«, antwortete er, »aber auch kleine Schlangen, Insekten und so etwas.« Ein knallharter Wüstenigel also. Was mochte diese große stille Wüste noch so alles verbergen?

»Ist der Falke immer noch nicht da?«, fragte mein Kollege vorsichtig nach. Unwillkürlich musste ich lachen: »Doch, doch – ist wieder da!« »Toll … Glückwunsch!«, sagte er und dann: »Ich gebe einer unserer Kundinnen deine Handynummer, okay? Sie will ein Interview mit dir als Expat-Falknerin fürs neue *Society Magazine* der *Gulf Times*.« Etwas perplex stimmte ich zu. Wenig später rief die Dame auch schon an und bat mich zu sich in die Redaktion, die praktischerweise nur wenige Bürohäuser entfernt lag.

»Ist das ein normales Hobby?«, eröffnete die Redakteurin das Interview. Ich wusste gar nicht, wo ich anfangen sollte. »Was ist schon normal? Das kommt ganz auf die Definition an, aber Falknerei ist definitiv kein Hobby.« Und dann legte ich los. Ich erzählte von meiner tiefen Naturverbundenheit, meiner Liebe zu Pflanzen und Tieren. Von meiner Faszination für Falken und meinem qatarischen Lehrer. Die Redakteurin war begeistert und bedankte sich vielmals.

Kaum hatte ich die Redaktion wieder verlassen, um in die Wüste zu fahren, rief Salim völlig aufgelöst an: »Silsal ist weg!« Seine Tochter hatte aus Versehen die Langfessel gelöst – und Silsal war davongeflogen. Salim bat mich, allein zu seiner Familie zu fahren, um Ramas zu trainieren, er werde sich auf die Suche machen. Und das alles so kurz vor der *mgnas*-Reise! Hoffentlich findet er Silsal vorher noch – oder jemand anders. Ich hatte damit ja inzwischen mehr Erfahrung, als mir lieb war.

Als Salim am Abend zu uns stieß, um mit seiner Familie zu beten und gemeinsam Tee zu trinken, erinnerte er mich noch einmal an die beiden Optionen, die es für Falken gibt: verstoßen oder versterben. Das muss jeder Falkner wissen, denn früher oder später wird er den Verlust eines liebgewonnenen Falken erfahren. Es gehört nun einmal dazu – und trotzdem ist es jedes Mal hart. Auch für Salim, denn Silsal blieb verschwunden.

Die Abreise nach Libyen stand kurz bevor, und Salim

konnte nun nur Al Bahraini mitnehmen. Zum Abschied wies mein Falken-Mentor mich darauf hin, dass die Mauser – auf Arabisch *mgyth* – jetzt jederzeit beginnen könne. Das heißt, Ramas hatte ab sofort Sommerurlaub. Er würde so viel Atzung bekommen, wie er will, damit er genügend Fett und Vitamine zur Verfügung hatte, um sein gesamtes Federkleid auszuwechseln. Alle Federn würden nach und nach ausgeworfen und durch neu nachwachsende ersetzt. Aus Ramas' braunem Jugendkleid würde innerhalb weniger Monate ein bläulichgraues Alterskleid. Die individuelle Mauserdauer hängt allerdings von der Falkenart, aber auch von Lichtverhältnissen und Futter sowie Temperatur und Hormonhaushalt des jeweiligen Falken ab.

Am liebsten hätte ich die Beduinen nach Libyen begleitet, doch sie betonten, dort sei es zu gefährlich. »Aber Julia ist doch auch da.« »Wer?«, fragten sie. »Meine deutsche Freundin Julia Leeb.« Sie schüttelten nur den Kopf und fragten nicht weiter. Stattdessen sagte Salim noch einmal, dass sie während ihrer dreiwöchigen Abwesenheit nicht telefonisch erreichbar seien. Ich nickte. »Eine gute Reise und viel Glück!«

Zu Hause fand ich das druckfrische *Society Magazin* vor: Ramas und ich waren auf dem Cover! Damit hätte ich niemals gerechnet. Doch Ramas, von seinem plötzlichen Ruhm gänzlich unbeeindruckt, schüttelte bloß sein Gefieder und knirschte genüsslich seinen Schnabel.

11
Zufluchtsort Wüste

> *Wir müssen bereit sein, uns von dem Leben zu lösen, das wir geplant haben, damit wir das Leben finden, das auf uns wartet.*
> Oscar Wilde

Es war Sommerpause – nicht nur für Ramas, sondern auch für die Qataris und Expats. Um den Ramadan-Monat herum war alles besonders ruhig, entspannt und weniger wuselig in Qatar. Ramas konnte unter Wilmas und Salims Aufsicht fröhlich in seiner Voliere, die ich im Garten aufgestellt hatte, vor sich hin mausern, während Alfredo und ich uns in Europa eine Auszeit von der Hitze nahmen. Über 50 Grad Celsius im Schatten sind nämlich kein Genuss mehr. Donald freute sich, dass er sich nicht ständig die Pfoten verbrannte, und wir freuten uns auf Familie und Freunde in der Heimat.

Die Kehrseite der Medaille: Für entspannte Zweisamkeit hatten wir kaum Zeit, denn neben den vielen Besuchsterminen waren auch etliche organisatorische Dinge wie Besorgungen und Arztbesuche zu erledigen. Ich fühlte mich eingeengt und erstaunlich allein, mein Herz fand einfach keine Ruhe. Weder in der Heimat noch neben Alfredo. Ich wollte nur noch nach Hause – nach Qatar, sehnte mich nach der vertrauten Stille und Weite der Wüste.

Aber auch als wir schließlich in der Vorzeigevilla zurück waren, galt es zu lächeln. Alles musste so fantastisch aussehen wie immer, obwohl das Bild des glücklichen Vorzeigepärchens inzwischen erhebliche Risse bekommen hatte.

Mit schräggelegtem Kopf schaute Ramas mich an. Offenbar war er etwas beleidigt, dass ich ihn so lange allein gelassen hatte. Oder war es mein eigenes Gefühl, das ich in seinen Blick hineininterpretierte? Ja, ich hatte Ramas vermisst und ein schlechtes Gewissen, so lange weggeblieben zu sein. Hingegen wird Ramas mich sicher weniger vermisst haben, denn Falken sind keine Rudeltiere. Ganz anders Donald: Er legt sich sofort in meinen geöffneten Koffer, wenn ich packe, weil er bei seinem Frauchen sein möchte. Ramas will jagen. Biete ich ihm diese Möglichkeit, steht er mir nahe. In gewisser Weise vertrauensvoll und dankbar, aber nicht in emotionaler Abhängigkeit. Ein Falke ist sich allein genug, frei von irdischen Gefühlen, schwebt gewissermaßen über ihnen. Im Gegensatz zu mir. Ich konnte mit Ramas meinen Traum, die Falknerei zu erlernen, verwirklichen, meine Leidenschaft ausleben, war also von meinem Lannerfalken abhängig. Wenn ich ihn anschaue, sah ich all meine Träume.

Ramas hatte sich äußerlich verändert. Sein Großgefieder war viel dunkler, das Kleingefieder an der Brust deutlich heller geworden. Er wirkte größer. Dabei sind Falken schon nach weniger als 45 Lebenstagen ausgewachsen.

Falkenwissen
Nach knapp 45 Tagen sind junge Falken flügge, sprich flugfähig. Anfangs brauchen sie zwar noch die Hilfe ihrer Eltern, um das Jagen zu erlernen und die Gefahren einschätzen zu können, aber schon nach zwei Monaten sind sie komplett

selbstständig. Sie sammeln Erfahrungen und machen innerhalb kurzer Zeit große mentale Entwicklungsschritte. Letztlich entscheidet sich im ersten Lebensjahr eines Falken, ob er gute Überlebenschancen hat oder nicht. 60 Prozent aller wilden Falken sterben; die übrigen 40 Prozent hingegen, die sich in der Natur behaupten, ihre Überlegenheit, Taktik und Stärke bewiesen haben, dürften noch einige Jagdsaisons in Freiheit vor sich haben.

Jeder Falke entwickelt seine eigene Taktik beim Jagen: Oft steigen Falken über ihre Beute und schlagen sie in einem Sturzflug, doch es gibt auch etliche, die wie ein Pfeil nach oben schießen und ihre Beute sehr geschickt greifen, manchmal sogar mit vorherigem Looping rückwärts. Es kommt immer auf den einzelnen Falken, seine spezifischen Erfahrungen und die jeweilige Beute an.

Auch Ramas lernte bei jeder Taube dazu. Eine besonders anschauliche Situation: Ramas war der Taube dicht auf den Flügeln, flog extrem schnell und schaffte es schließlich, knapp an der Taube vorbeizusausen. Ich war sicher: Jetzt hat er sie. Doch er vergaß, im richtigen Moment seine Hände auszufahren, um die Taube zu greifen. Daraufhin rief ich ihn auf das Federspiel zurück. Ja, er bekommt bei mir etwas zu fressen, er wird niemals leer ausgehen, und Ramas weiß das. Aber Falken wollen in erster Linie jagen, ihre Beute verfolgen und selber erlegen. Ein Trostpreis ist nicht ihr Ding. Und gleich beim nächsten Flug fuhr Ramas seine Hände blitzschnell aus. Die Taube hatte keine Chance.

Ja, Ramas hatte sich weiterentwickelt. Ebenso wie ich. Ramas hatte sein Gefieder verloren, ich meine Ehe. Erfahrungen, gute wie schlechte, lassen sich nicht ausradieren. Sie markieren und verändern uns für immer. Ramas verlor sein Jugendkleid, Feder für Feder. Damit verschwanden sein braunes Jugendkleid sowie seine langen Stoßfedern, die ihn bislang beim Wenden und Landen unterstützt hatten. Diese Hilfe brauchte er nun nicht mehr. Sein neues Gefieder würde blaugrau sein und der Welt zeigen, dass er erwachsen ist. Müsste er nun hungern, bekäme er Grimale (siehe Falknersprache) in den Federn, zu viel Sonne wiederum würde sein Gefieder ausbleichen und die Federn brüchig machen. Bräche eine Feder ab, würde sie bei der nächsten Mauser durch eine neue ersetzt. Von Jahr zu Jahr würde Ramas' Brust weißer und weißer werden, als spiegelte sich seine Weisheit in Form gesammelter Erfahrungen darin wider. Auch ich werde an meinen Erfahrungen wachsen, dachte ich. Am liebsten wäre ich sofort mit Ramas in die Wüste gefahren. Neue Flüge, neue Erfahrungen machen. Aber der Falke schob noch seine Säule; ich musste mich gedulden, bis die Feder ausgewachsen und trocken war.

※ ※ ※

Die Stimmung zwischen Alfredo und mir war erstickend. Immer häufiger lagen wir beide nachts wach im Bett, starrten im Dunkeln an die Decke, seufzten, wälzten uns von einer Seite auf die andere, taten so, als ob wir schliefen. Hauptsache, wir mussten nicht reden. Es war sowieso schon alles gesagt. Morgens konnte ich es gar nicht erwarten, hinauszukommen und mit Donald um die Häuser zu ziehen, barfuß am Strand entlangzulaufen, in den Gärten zu schlendern, bei Hamda vorbeizuschauen. Es war immer noch sehr heiß und schwül. Trotzdem konnte ich hier aufatmen. Tief Luft holen, bis ich die Dehnung meiner Lungen spürte, und dann die ganze Luft rauslassen. Alles mit einem einzigen Ausatmen vergessen. Das wäre schön gewesen. Stattdessen musste ich irgendwie an dem Glauben festhalten, dass Zeit alle Wunden heilt. Etwas anderes konnte ich nicht tun.

Morgen würde ich endlich Salim und seine Familie wiedersehen. Bei Sonnenaufgang in der Wüste, hatte Salim gesagt, dann sei es noch nicht so heiß. Er wollte mir die neuen Falken zeigen. Genau das ist es, was ich jetzt brauche, dachte ich. Wüste.

Mitten in der Nacht klingelte mein Wecker. Der Muezzin hatte noch nicht zum ersten Tagesgebet gerufen, da war ich schon auf dem Weg durch das verschlafene Doha hinein in die Wüste. Als ich in Tinbek ausstieg, funkelten die Sterne, und die Kamele schliefen noch. In der Dunkelheit sah ich die weißen Land Cruiser der Familienmitglieder. Alle waren sie da. »Looora!« Diese herzliche Begrüßung, Salims offenes Lachen, der feste Händedruck, all das tat mir gut.

Wie am ersten Schultag wollte jeder seine Sommergeschichte erzählen. Alle redeten durcheinander, und Salims Englisch, das er in den letzten Wochen vernachlässigt hatte, schien allmählich zurückzukommen. Nur ich hatte kein Bedürfnis, etwas zu erzählen. Sie fragten aber nach, wollten wissen, wo ich gewesen sei und ob es schön war. »Deutschland und Spanien … Ja, ja alles gut. Vor allem aber ist es schön, wieder hier zu sein!« Sie bohrten weiter. »Wo denn genau?« »In München und Madrid. Familie und Freunde. Nicht so spannend.«

Als wüssten sie, dass irgendwas nicht in Ordnung war, ließen Salim und Khalifa sich nicht abwimmeln. »Hast du auch deine verrückte Freundin Julia gesehen?« »Wieso verrückt? Na klar habe ich Julia in München getroffen. Sie wird mich auch bald besuchen kommen.« Die Männer waren schockiert. »Die Libyen-Julia?« Ich musste lachen: »Habt ihr sie also doch in Libyen getroffen?« Salim und Khalifa schüttelten den Kopf. »Aber von ihr gehört. Die ist ja komplett verrückt, sich mitten im Krieg dorthin zu begeben.« Immerhin glaubten sie mir jetzt, dass meine Freundin Julia Kriegsjournalistin ist.

Dann erzählten die beiden, wie sie zwei Wochen gejagt und in der Wüste gelebt hätten, fernab des Bürgerkrieges. Wie kalt es nachts gewesen sei, wie ihre Falken geflogen seien. Und eines Tages seien sie auf eine Gruppe Rebellen gestoßen. Diese hätten eine europäische Frau erwähnt. Und Salim hatte sie gefragt: »Sprecht ihr von Julia? Aus Deutschland?« Die Rebellen nickten. Ja, sie sei mit ihrer Kamera unterwegs gewesen, habe die Männer ermahnt, nicht aufzugeben, und sei dann auf dem vordersten Panzer mitgefahren.

»Ja, das ist Julia!«, lachte ich, während die Beduinen nur kopfschüttelnd *»Majnouna, majnouna*!«* sagten. Plötzlich fragte Salim: »Wo ist Norden?« Das hatte ich zum Glück nicht vergessen und zeigte prompt in die korrekte Richtung. Schließlich kannte ich mich hier inzwischen aus.

Als Khalifa seinen neuen Falken erstmals auf der Lockschnur flog, kündigte sich der neue Tag gerade an. Es war zwar auch jetzt heiß, doch sobald die Sonne aufgegangen war, wäre es für die Falken unzumutbar zu fliegen. Die Beduinen hatten sich junge Wanderfalken aus deutscher Zucht gekauft, und die waren solche Temperaturen ganz und gar nicht gewöhnt. Die Falken der letzten Saison hingegen waren noch in der Mauserkammer.

Obwohl das Jagen fest im Instinkt des Falken verankert ist, müssen die jungen Falken das Jagen erst noch lernen und nach und nach an ihrer Taktik feilen. Deshalb werden zunächst Übungen an der Lockschnur trainiert. Und egal, wie erfahren

---

* Übersetzt: »Die Verrückte, die Verrückte!«

die beduinischen Falkner sind: Mit jedem Falken ist das Training anders, und der Falkner ist gefordert, all seine Tricks und besonderen Handgriffe anzuwenden, um sicherzustellen, dass der Falke seine Lektion positiv aufnimmt. Dabei zuschauen zu dürfen war ein Geschenk und enorm lehrreich. Ich war so konzentriert, dass ich für einen Augenblick all meine Sorgen vergaß. Die Wüste hatte mich wieder. Hier fand ich Ruhe und Geborgenheit. Hier schöpfte ich neue Energie.

***

Es dauerte eine gefühlte Ewigkeit, bis Ramas letzte Federn durchgemausert waren. Aber dann war es endlich so weit: Ramas kam wieder ins Haus auf seinen Block, und ich freute mich riesig darauf, ihn wieder trainieren zu können. Ich sehnte das frühe Weckerklingeln förmlich herbei. Man könnte mir wohl auch um 2 Uhr nachts »Wüste« ins Ohr flüstern, und ich wäre im Nu putzmunter. Salim wollte sich mit mir erstmals direkt am Trainingsplatz treffen. »Du musst lernen!«, hatte er gesagt. »Schuld« daran war mein neuer Mietwagen, denn diesmal hatte ich darauf geachtet, dass er wüstentauglich war. Das war ein wichtiger Schritt auf dem Weg zur eigenständigen Falknerin, die von jetzt an selber entscheiden konnte, ob sie ihren Hund mitnehmen oder zu Hause lassen wollte.

»Aber natürlich kommst du heute auch mit, Donald!«, sagte ich, als ich Ramas am frühen Morgen in den Wagen stellte. Es fühlte sich an wie eine kleine Revolution. Auf der Fahrt sah ich Ramas schon vor mir, wie er voller Energie durch die Lüfte fegt.

Doch als wir drei am Trainingsplatz ankamen, bremste mich mein Mentor. »Nein, nein, nein«, sagte er. Ramas habe in der Sommerpause viel zu viel Fett angesetzt. Jetzt war also erst mal wieder Training mit Lockschnur angesagt. Salim schlug vor, eine 50-Meter-Schnur zu nehmen und Ramas aufs Federspiel zu rufen. »Mal sehen, was passiert.«

Tatsächlich passierte nichts. Ramas, die jagdfaule Socke, war einfach zu fett. Er schüttelte sich auf dem Handschuh, schaute zufrieden durch die Wüste und machte keine Anstalten, zum Federspiel zu kommen oder sonst irgendwo hinzufliegen. Wir mussten also abwarten, bis er bereit war, und ihn für kooperative Teamarbeit belohnen. Denn Falken lassen sich nun einmal nicht zwingen. Natürlich war ich enttäuscht, aber ich musste lernen, Ramas' freien Willen zu akzeptieren, dass ich geduldig sein musste und die Dinge nicht selbst in die Hand nehmen konnte. Das war eine spannende Erfahrung für einen vom Tatendrang bestimmten Menschen wie mich.

Auch am nächsten Tag wollte Ramas nicht. Er schaute zwar sehr interessiert auf das Federspiel, nickte auch mit seinem Kopf, um zu fokussieren, überlegte lange, kam dann allerdings zu dem Schluss, dass sein Hunger noch nicht groß genug war.

Donald war es schnurz, was sein gefiederter Kumpel tat oder nicht tat, er war nur glücklich, endlich dabei sein zu dürfen. Auch Salim fand den kleinen Terrier, der mit einem Affenzahn durch die Wüste fegte und eine Staubwolke hinterließ, langsam sympathisch.

Heute war bereits der dritte Fastentag. Ich hätte mich schon längst auf jede (gebratene) Taube gestürzt. Doch Ramas zehrte noch immer von seinen offenbar recht üppigen Reserven. Enttäuscht fuhr ich mit meinem verhaubten Falken und meinem schwanzwedelnden Hund zurück nach Doha, warf einen Blick auf das Haus, an dem ich Sieglinde vor der Sommerpause ein paar Mal gesehen hatte. Doch sie schien weg zu sein. Weder morgens noch nachmittags traf ich die Falkendame an. Vielleicht ist sie in kühlere Gefilde gezogen und kommt im Herbst zurück, überlegte ich. Oder jemand hat sie eingefangen und versucht sein Falknerglück mit der sturen Sieglinde. Ich hoffte nur, dass es ihr gut ging, wo auch immer sie war.

Dafür sah ich Feline und Julius wieder. Auch für sie waren die Sommerferien vorbei, und sie freuten sich sichtlich, wieder in Qatar zu sein. Begeistert erzählten sie mir von Amsterdam und London, dass sie ihren Hund wiedergesehen hatten, der jetzt bei der Tante lebte, und von den Malediven. Die Kinder erzählten und lachten, und ich versuchte, mich darauf zu konzentrieren, um bloß nicht an meinen eigenen Sommer zu denken.

»Laura, ist Ramas heute geflogen?«, fragte Julius. Ich erklärte, warum es wohl noch ein paar Tage dauern wird, bis er wieder fliegt. Mit ernster Miene schauten die beiden Ramas an, fanden aber offenbar nichts an ihm auszusetzen. »Wenn er wieder fliegt«, sagte Feline, »dürfen wir dann wieder mit in die Wüste?« Ich lachte. »Na gut, am Wochenende könnte es klappen. Allerdings müssen wir um 4 Uhr morgens los, weil es sonst zu heiß wird.« »So früh?!«, rief Feline und riss die Augen auf. »Es ist ja Wochenende, ihr könnt danach also wieder schlafen, aber so ein Sonnenaufgang mitten in der Wüste ist auch toll.« Die Kinder waren sofort überzeugt. Nun mussten nur noch ihre Eltern mitmachen.

Weiterhin fuhr ich jeden Morgen geduldig in die Wüste. Ohne jegliche Erwartungshaltung. Das Essen ist serviert, wenn Ramas zu Tisch fliegen will, muss er es nur tun, und wenn nicht heute, so eben dann, wenn er dafür reif ist. Ich bin jedenfalls bereit.

Heute wollte *ich* Ramas auf der Faust haben, um ihn in Ruhe beobachten zu können, während Salim das Federspiel schwang. Was würde Ramas heute machen? Wie würde er sich verhalten?

Kaum nahm ich ihn auf die Faust, war er schon nervös. Und noch bevor ich ihm die Haube herunternahm, breitete er seine Schwingen aus. »Du bist also auch endlich bereit«, sagte ich leise. Prüfend verfolgte Salim jeden meiner Handgriffe. »Heute Ramas Hunger.« Hoffentlich! Salim positionierte sich, um das Federspiel zu schwingen. Und seine Familie sah gespannt zu, als ich ein wenig nervös die Haube abnahm. Ramas schaute, fokussierte, und – zack – flog er auf das Federspiel. Alle klatschten. Ramas war zurück, und ich spürte, wie mein Herz freudig und stolz klopfte. Mein kleiner Ramas. Endlich!

Auch diesen Abend verbrachte ich allein zu Hause. Alfredo war bei einem Geschäftsessen, doch ich ließ mich entschuldigen. Mir war nicht nach feinem Menü in pompösem Fünfsternehotel zumute. Ich wollte mir nicht mehr anhören müssen, ob das Hausmädchen das Hemd des Gatten perfekt gebügelt hat und ob der neue Mercedes nun tatsächlich besser war als der BMW. Lieber löffelte ich auf dem Sofa sitzend Nutella aus dem Glas und nebenbei etwas Eiscreme. Ich bewunderte Ramas' schicke Hosen, die nun viel heller waren als sein Jugendkleid. Wie würden sie wohl nächstes Jahr aussehen? Und wie würde mein nächstes Jahr aussehen?, dachte ich, während ein weiterer Löffel Macadamia-Eiscreme in meinem Mund schmolz. Obwohl das Haus bis ins kleinste Detail und jedes Eckchen durchdekoriert war, kam es mir leer vor. Vielleicht lag es an der Stille. Selbst Donald schlief bereits. Die Stille in der Wüste hatte etwas Heilendes, diese Stille aber war fast bedrohlich. Ich probierte, sie mit dem Gedudel aus dem Fernseher zu übertönen, und wartete darauf, dass ich müde werden würde.

Am nächsten Tag streikte Ramas. Er flog läppische zwei Durchgänge, dann baute er sich demonstrativ vor mir auf. »Ich flieg jetzt keinen Meter weiter, aber ich möchte, dass du mich jetzt fütterst.« Haltung und Blick waren eindeutig. Damit brachte er mich allerdings in eine schwierige Situation: Zum einen wollte ich ihn belohnen, weil er ja zu mir gekommen war, zum anderen waren da Salims strenger Gesichtsausdruck und sein deutliches Kopfschütteln. Also blieb mir nur, meinen Falken ohne Atzung aufzunehmen und zu verhauben. Er musste lernen, dass er für Faulheit nicht belohnt wird. Schließlich ist die Natur auch unnachgiebig: Wenn er nicht der beste und schnellste Falke ist, kann er nicht überleben.

* * *

Nicht mehr lange, dann würden wir wieder am Nachmittag trainieren. Beides – der Morgen und der Nachmittag – hatte etwas für sich. Ich genoss den wunderschönen Sonnenaufgang. Wenn das Dunkel dem Licht weicht, wenn der Tag so voller Versprechen ist. Früh aufstehen, sich leidenschaftlich auf die Wüste freuen. Danach hatte ich genügend Energie, um den Alltag zu meistern. Doch genauso liebte ich es, nach dem Stress im Büro alles hinter mir lassen zu können und in die Wüste zu fahren, im Freien mit meinem frei fliegenden Falken, danach auf dem Teppich Tee trinkend und plaudernd den Tag ausklingen zu lassen, während die Sonne untergeht und die Landschaft für kurze Zeit in ein unwirklich schönes Licht taucht. Die Wüste ist wie Balsam für meine Seele. Keine Hektik, keine Menschenmassen mit blinkenden und piependen Telefonen, kein Lärm. Nichts. Die Wüste erlaubt einem zu sein. Nicht so tun als ob. Wie oft hatte ich das Gefühl, ein Leben im Schnelldurchlauf zu leben? Schnell die Schule durch, schnell die Uni, schnell einen Job und heiraten. Jeder Tag war durchgeplant, selbst jeder Urlaub durchgetaktet. Die Wüste hat mich gelehrt, dass das Leben kein Wettrennen ist.

Es kommt nicht darauf an, wer als Erstes das Ziel erreicht, sondern wie. Und vor allem sein eigenes und nicht das vorgegebene Ziel zu erreichen. Die Wüste ist mein Raum der Stille, wo ich meinem Herzen zuhören kann. Hier wollte ich alles von den Beduinen und ihrem Blick auf Natur und Leben lernen. Al Galayel. Das war für mich der Inbegriff eines tiefen Verstehens zwischen Mensch und Wildnis …

»Na? Falke noch da?«, unterbrach mein deutscher Kollege schief grinsend meinen Tagtraum. Und ohne eine Antwort abzuwarten, schob er hinterher: »Hast du die Unterlagen fürs Meeting schon zusammen?« Ach ja, das Meeting! Glücklicherweise stand das Wochenende bevor, denn ich brauchte dringend mehr Wüste.

Als ich am Nachmittag nach Hause kam, freute ich mich auf ein paar entspannte Stunden am Pool mit einem Buch. Doch ein Anruf durchkreuzte meine Pläne. Die Schwester meines ehemaligen Kommilitonen Carlos und ihr Mann wollten »auf einen Sprung« vorbeikommen. Ich hatte versprochen, ihnen ein paar Tipps zu geben, weil sie mit ihren fünf Kindern erst vor Kurzem nach Qatar gezogen waren. Nun hieß es also Plauschen statt Planschen.

Während ich Kühlschrank und Vorratskammer auf ihren Inhalt hin überprüfte, bereitete Wilma, die ich kurzfristig zu Hilfe gerufen hatte, bereits diverse Häppchen vor. Und ich würde noch rasch meine *Tarta de Santiago* backen: Mandelmehl, Butter, Eier, Zitronenschale verrühren, in die Kuchenform füllen und ab in den Backofen. Wilma und ich waren ein eingespieltes Team bei Spontanbesuchen.

Es war kurz nach 6 Uhr, als Carlos – nun doch allein mit seiner Schwester Mamen – bei uns vorfuhr. Mamens Mann musste noch arbeiten, und die Kinder waren in der Obhut eines Kindermädchens. Noch wohnte die Familie in einem Hotel, aber man war schon auf Haussuche, weshalb Mamen natürlich auch besonders neugierig darauf war zu sehen, wie wir wohnten. Sie fragte mich, wo die Schulen seien, wie lange man von A nach B brauche und wo man am besten einkaufen könne. Einige ihrer Fragen konnte ich beantworten und ihr auch noch ein paar Extratipps geben.

Als sich Alfredo zu uns gesellte, freute er sich, mit frischem Kuchen – noch dazu nach spanischem Rezept – empfangen zu werden. »Der Kuchen schmeckt ja genau wie zu Hause!«, sagte Mamen. »Dabei bist du doch Deutsche, oder?« Lachend antwortete ich: »Ja, ich bin aus Deutschland.« Sie war begeistert und erzählte sofort, dass sie in den vergangenen Jahren in Dortmund gelebt und gerade ihr Haus dort aufgegeben hätten, »weil Raul nun in Qatar verpflichtet ist«. »Verpflichtet? Was macht dein Mann denn beruflich?«, fragte ich. »Raul ist Fußballspieler! Erst bei Real Madrid, dann FC Schalke und jetzt Al Sadd SC«, sagte Mamen. Er habe bereits Training, und parallel mussten sie eben ein Haus und Schulen suchen.

Carlos schaute in den Garten hinaus. »Ist der echt?«, fragte er mich verwundert und zeigte auf Ramas. »Ja, das ist ein waschechter Falke, kein Plüschtier«, sagte ich stolz und grinste. Nun prasselte eine Frage nach der anderen auf mich ein. Mamen und Carlos waren enorm wissbegierig und fasziniert. »Aber so etwas machen doch eigentlich die Araber ...«, sagte Mamen schließlich, als hätte sie das »aber doch keine deutsche Frau« verschluckt. Carlos sprang ein: »Aber als Frau? Falknerin?«

Die Frage war zu erwarten gewesen – und eigentlich auch berechtigt in einer von Männern dominierten muslimischen Gesellschaft wie der qatarischen. »Ja«, antwortete ich deshalb, »das stimmt schon. Soviel ich weiß, bin ich hier die einzige

Falknerin. Schnell merkte ich, dass ich mich hier als Frau unter den arabischen Machos erst einmal behaupten musste. Dabei haben Frauen früher – zumindest in Europa – genauso an Fuchs- und Beizjagden teilgenommen wie Männer. Ob es in der arabischen Geschichte auch mal anders war als jetzt, dafür gibt es allerdings keine Beweise. Ich könnte es mir aber vorstellen, immerhin gibt es ja auch in Indien, China und Japan frühe Zeugnisse für jagende Frauen.« Doch daran möchte sich heute niemand erinnern.

»Das ist ja fantastisch«, sagte Mamen. »Ich würde total gerne mal miterleben, wie du deinen Falken fliegen lässt.« »Kein Problem, am besten gleich morgen früh; da fahren auch unsere Nachbarn mit.« Es dauerte nicht lange, da war der Plan perfekt. Mamen würde Punkt 4 Uhr mit Mann und Kindern am verabredeten Treffpunkt sein – und Ramas hoffentlich in Jagdlaune, dachte ich.

**

Am nächsten Tag zu nachtschlafender Zeit standen Feline und Julius abenteuerlustig vor unserer Tür, während ihre Eltern bereits abreisebereit im Wagen warteten. Schnell packten Alfredo und ich Hund, Falken und Ausrüstung zusammen und stiegen ein. Dann fuhr Jean-Paul die Straße entlang Richtung Norden in die Wüste, und wie verabredet winkte Mamen uns am Kreisverkehr aus ihrer Familienkutsche zu. Ich freute mich riesig, dass sie alle mitkamen. Und weiter ging es gen Norden.

Salim hatte ich gleich gestern Abend über die bevorstehende Invasion der Europäer informiert. Seine Brüder, Cousins und er erwarteten uns bereits in der Wüste. Im Licht der Scheinwerfer begrüßten sich alle; und der große Teppich war ausgebreitet, um die Gäste mit *gahwa* und Tee willkommen zu heißen, während sich am Horizont das erste Licht des Tages in herrlichsten Orangetönen ausbreitete. Es war magisch, die aufgehende Sonne genießen zu dürfen. Für einen Moment herrschte eine andächtige Ruhe. Dann aber begann die internationale Kinderschar wieder, fröhlich herumzutoben. Minous Lächeln sagte mir: Sie bereute das frühe Aufstehen nicht.

Als die Falkner und die Falknerin schließlich anfingen, ihre Falken vorzubereiteten, waren alle – Erwachsene wie Kinder – auf einmal ganz gespannt und konzentriert. Da nahm mich Khalifa plötzlich zur Seite und fragte mich, neugierig beobachtet von den anderen beduinischen Männern: »Ist das *der* Raul? Der Real-Madrid-Raul?« Seit Qatar die Weltmeisterschaft 2022 austragen darf, begeistern sich viele Qataris für Fußball und kennen den einen oder anderen Spieler. »Ja, das ist er«, sagte ich und war glücklich, dass dieser Tag somit auch für die Beduinen ein besonderes Ereignis war. Raul tauschte für einen Moment das Stadion gegen die Wüste, und die Beduinen freuten sich, ihre Traditionen zu teilen und die Expats in ihre »Qultur« aufzunehmen.

Bei jedem einzelnen Flug wurde gefragt, welcher Falke das nun sei, wie er heiße, wie alt er sei, was er denn schon alles gejagt habe und ob er denn nicht wegfliege. »Natürlich fliegt er weg«, sagte ich. »Jedes Mal, wenn er seiner Beute hinterherjagt. Deshalb kommt es darauf an, den Falken auf seiner Beute am Boden rechtzeitig zu finden und dass er uns voller Vertrauen erlaubt, uns ihm zu nähern. Und hat er kein Jagdglück gehabt, so sollte er wissen, dass er zu uns auf sein Federspiel kommen kann und wir ihn füttern werden.« Vor allem Minou und Mamen hörten so interessiert zu, dass man fast hätte meinen können, sie spielten mit dem Gedanken, ebenfalls Falknerin zu werden.

Die Sonne hatte ihr gleißendes Strahlentuch bereits über der ganzen Wüste ausgebreitet, als die beiden letzten Falken trainiert wurden. Von Minute zu Minute wurde es spürbar wärmer. Dabei war es gerade erst 6 Uhr. Noch einmal setzten wir uns alle zusammen, um ein Glas Tee zu trinken. Da fragte Salim, ob die Kinder Lust hätten, die Kamele kennenzulernen. Und ob! Was für eine Frage!

Kamele sind beeindruckende Tiere mit ihrer ruhigen, ausgeglichenen Art und ihrer imposanten Größe. Die Kinder waren hingerissen – erst fliegende Falken und jetzt Kamele. Sie ließen sich von den Kamelen abschlecken und abknutschen und knuddelten und streichelten sie kräftig zurück. Auch die Erwachsenen waren von den »Wüstenschiffen« eingenommen. Und mir machte es Spaß, meine neue Welt mit neuen Freunden zu teilen und ihre Begeisterung zu erleben. Umgeben von so viel Herzlichkeit und Lebensfreude tankte mein Kraftspeicher spürbar auf.

※ ※ ※

»Morgen kommen meine Freunde Julia und Gregor zu Besuch«, verkündete ich zwei Wochen später auf dem Perserteppich. Salims Cousin Abdullah fragte sofort: »Die Libyen-Julia?« »Genau die«, sagte ich und amüsierte mich über Julias neuen Spitznamen. Ich war gespannt, wie ihr der gefallen würde.

Julia und Gregor waren auf der Rückreise von Nordkorea und fanden, so ein Zwischenstopp bei Laura in Qatar sei eine gute Idee. Allerdings! Ich freute mich sehr darauf, meine alten Freunde wiederzusehen und ihnen meine neue Heimat zu zeigen.

Ich hole die beiden vom Flughafen ab – und das Erste,

was ihnen auffiel, war die Hitze. Immerhin sei doch schon September. »Darum hat es sich ja auch schon abgekühlt«, lachte ich. »Und damit ihr gleich wisst, worauf ihr euch noch einzustellen habt: Morgen müssen wir um 3 Uhr aufstehen. Schließlich muss mein Falke trainiert werden.« Gregor starrte mich entgeistert an, während Julia grinste: »Typisch Laura. Immer Programm!«

Am nächsten Tag mussten wir Gregor mit diversen Kaffees wach halten. Doch als das Koffein zu wirken begann, war er hin und weg von dem Sonnenaufgang in der Wüste und der Atmosphäre bei den Beduinen. Die waren allerdings erst einmal auf Julia gespannt und wollten von ihr alles über Libyen wissen: Wieso, weshalb, warum und vor allen Dingen wie … Julia schmunzelte und versuchte, so gut es ging, all ihre Fragen zu beantworten.

Die Beduinen konnten es kaum fassen, dass sie mit jemandem sprachen, der mitten im Kriegsgebiet gewesen war. Noch dazu eine Frau! Zwar bezeichneten sie Julia wieder als *majnouna*, doch es war ihnen anzumerken, wie sehr sie ihre Tapferkeit bewunderten.

Als das Training begann, meinte Ramas wohl, diesem besonderen Menschen eine besonders spektakuläre Verfolgungsjagd bieten zu müssen. In hohem Tempo fuhren wir ihm hinterher. Spätestens jetzt war selbst Gregor hellwach, dessen Aufregung auch beim anschließenden Tee auf dem Teppich noch spürbar war. Immer wieder betrachtete er fasziniert die Falken auf ihren Blöcken. Für uns alle war es ein Augenblick der Erholung nach aufregenden Falkenflügen.

Da kam Abdullah mit seinem neuen deutschen Wanderfalken auf uns zu. »Ich möchte dir diesen Falken schenken, Lora.« Ich war so perplex, dass ich kein Wort herausbrachte. Stattdessen strahlte ich Abdullah an. »Das ist jetzt dein Falke«, wiederholte Abdullah lächelnd, stellte den wunderschönen Falken auf meine Faust und erklärte, dass dieser Falke komplett verrückt sei: »Fast so wie Julia. Deswegen sollte er ihr zu Ehren auch Julia heißen.« Ich lachte. Salim nickte anerkennend und sagte: »Ein Wanderfalke. Das ist eine ganz neue Herausforderung für unsere junge Falknerin!«

12
Suhail

Schaut nicht hinunter zu euren Füßen,
sondern hinauf zu den Sternen.
Stephen Hawking

Der Winter war im Wüstenstaat Qatar angekommen. Vorbei das Aufstehen in aller Herrgottsfrühe, vergessen der glühend heiße Wüstensand unter der brennenden Sommersonne. Nun trainierten Ramas, Julia und ich wieder nachmittags, die Teestunden auf dem Teppich kehrten zurück, manchmal gefolgt von einem Lagerfeuer im Mondschein. Da die Wüste keine Wärme speichert, fällt die Temperatur in den Keller, sobald die Sonne untergegangen ist, manchmal sogar unter 0 Grad. Da tut ein wärmendes Feuer gut.

An diesem Nachmittag wollte ich einfach mal einige Zeit mit meinen Falken und dem treuen Donald allein in der Wüste sein. Ohne vorher bei den Kamelen vorbeizuschauen und ohne Salim hinterherzufahren. Ich sehnte mich nach der Stille und Weite und danach, für einen Moment nichts anderes zu tun, als Stille und Weite zu genießen. Darum fuhr ich frühzeitig los. Ich kannte ja die Strecke. Allerdings kam sie mir heute irgendwie länger vor. War ich womöglich schon am Trainingsplatz vorbeigefahren?

Plötzlich ein Knall, ein tüchtiges Rumpeln und Rattern – und mir war sofort klar: Reifenpanne. Doch bei näherer Betrachtung war es kein simpler platter Reifen, eher eine kleine Reifenexplosion. Das schwarze Gummi war komplett zerfetzt. Dumm nur, dass ich nicht mal theoretisch einen Reifen wechseln konnte. Also rief ich Salim an und erklärte kurz und bündig: »Reifen kaputt.« Er fragte nach meiner genauen Position. »Bis zu unserem Trainingsplatz und noch etwas weiter«, antwortete ich. »Viel weiter?« Woher sollte ich das wissen? »So zehn bis 15 Minuten vielleicht.« »Okay, kommen«, sagte er und legte auf.

Während ich auf Salim wartete, ließ ich Donald eine Runde um die spärlichen Büsche flitzen. Da sah ich auf einmal einen Schäfer inmitten seiner großen Schafherde, der auf seinem Esel offenbar in meine Richtung ritt. Als er mich erreicht hatte, hielt er an, sprang ab und begrüßte mich, während er die Vorderbeine des Esels zusammenband. »*Salam Aleikum. Hello!*« Seinem Äußeren nach zu urteilen war er Nepali oder Inder. »*Help?*« Das war jedoch offensichtlich nicht als Frage, sondern als Ankündigung gemeint, denn er schien bereits den Werkzeugkasten zu suchen. »*Thank you*«, sagte ich schnell, um ihn zu stoppen, »*but no help needed. My friends are coming.*« Daraufhin sah er mich an, als wäre ich etwas wirr im Kopf. »*Friends?*«, wiederholte er lachend und sah sich demonstrativ in der weiten leeren Wüste um. Dann schüttelte er den Kopf. Doch da tauchten wie im Film acht Land Cruiser nebeneinander an einem Hügel auf, umrahmt von einer beachtlichen Staubwolke. Der Nepali sagte noch einmal »*Friends*«, jetzt aber mit Ausrufezeichen, band seinen Esel wieder ab, stieg auf und ritt mit einem kurzen Winken davon. Aufgescheucht von dem Motorenlärm trabten seine Schafe hinter ihm her.

Der Suchtrupp, bestehend aus Salim und seinen Brüdern, hatte den Reifen im Handumdrehen gewechselt – und ich wieder etwas dazugelernt.

***

Fast jede freie Minute widmete ich meinen beiden Falken. Julias »Umtragen« von Abdullah auf mich klappte recht schnell. An Menschen war sie ja schon gewöhnt, und die Lockschnur kannte sie auch. Doch zuallererst mussten wir einander vertrauen. Julia und Ramas waren zwei ganz unterschiedliche Charaktere: Julia war ein Nervenbündel, Ramas die Ruhe selbst. Mit aller Kraft krallte sie sich in den Handschuh, als wollte sie nie wieder von der Faust herunter. Wenn ich Ramas in die Nähe seines Blocks brachte, sprang er von selbst hinüber und freute sich, dort ausruhen zu dürfen. Nicht so Julia. Sie stieg zwar mit einer Hand auf den Block hinüber, doch mit der anderen krallte sie sich am Handschuh fest. Besonders für Falken konnte ich inzwischen so manche Portion Geduld aufbringen, und so stand ich eine Weile mit ihr neben dem Block. Es dauerte bis zu einer Viertelstunde, bis Julia den Handschuh endlich losließ und es sich auf dem Block bequem machte. Natürlich hätte ich auch den Handschuh wegziehen können, so dass sie keine andere Wahl gehabt hätte, als auf den Block zu steigen. Doch ich wollte, dass sie diese Entscheidung selber traf. Jedes Mal schaute sie mich genau an, aber ich tat rein gar nichts. Ich ließ sie einfach so dastehen – die eine Hand am Handschuh festgekrallt, die andere auf dem Block.

Wenn ich in Julias scharfe Falkenaugen sah, war es, als spiegelten sich in ihnen meine eigene Unsicherheit und Unruhe, als ob die Falkendame spürte, was in meinem Inneren los war. Insofern wurde nicht nur meine Geduld mal wieder auf die

Probe gestellt, ich musste auch innerlich zur Ruhe finden, um ihr glaubhaft vermitteln zu können, dass alles in Ordnung ist. Nach ein paar Tagen schließlich merkte Julia, dass ihr Klammern zu nichts führte, und entschied sich, ohne viel Federlesen von der Faust auf den Block zu steigen. Ihre Botschaft an mich: Einfach loslassen, ohne lange drüber nachzudenken!

Beim Training in der Wüste flog Julia pfeilschnell und holte sich die flinksten Tauben, Möwen und Enten, doch nach der Jagd stieg sie immer wieder gerne auf meine Faust. Abdullah freute sich zu sehen, wie sich der Wanderfalke bei mir entwickelte. Auch Ramas war schnell, wenngleich um einiges kleiner als Julia, die immerhin doppelt so viel wog wie er. Statt die Flügel in Vorfreude auf den Flug ein wenig zu spreizen, wäre sie am liebsten von jetzt auf gleich abgesprungen. Fast schon hysterisch flatterte Julia, soweit es die Fessel erlaubte, vor und zurück. Trotz Haube. Sie zu beruhigen war eine Herkulesaufgabe für mich. Schließlich war ich selbst alles andere als ausgeglichen und gelassen. Auch ich wollte am liebsten immer alles und sofort. Und bei Julia wurde ich schon vom Zusehen nervös. Sie könnte sich ja verletzen, eine Feder abbrechen, sich etwas zerren.

Salim empfahl mir, einfach mal früher und ab und zu auch morgens in die Wüste zu fahren. Klar, ihr Ablauf musste verändert werden, um die Assoziation Auto – Wüstengeruckel – Freiflug – Atzung zu durchbrechen. Ramas stand unterdessen immer lieb daneben und ließ seiner übereifrigen Kollegin den Raum, den sie benötigte. Und tatsächlich gelang es im Laufe von ein paar Tagen, Julias ebenso wie meine Ungeduld zu zügeln – obwohl Julia natürlich Julia blieb und auch weiterhin mit entspanntem Abwarten nichts am Hut hatte.

* * *

Nun hatte auch Fatma beschlossen, sich ihrer »Schwester mit den zwei Falken«, wie sie mich liebevoll nennt, einmal anzuschließen. Denn nach all den Erzählungen von Wüste, wilden Pferden, fliegenden Falken und gemütlichen Kamelen wollte sie mich und die Tiere mal in Aktion erleben. Ihre Eltern waren zunächst skeptisch und fragten, ob Männer in der Nähe sein würden. Ich sagte ihnen ehrlich, dass ich normalerweise mit Beduinen in der Wüste sei. Doch mit Fatma könne ich in eine Wüste fahren, in der wir nicht so schnell einem Mann begegnen würden. Ganz auszuschließen sei es aber natürlich nicht. »Und sollten wir eine Autopanne haben oder Ramas davonfliegen, brauchen wir eventuell männliche Unterstützung«, erklärte ich. Die Eltern überlegten, schätzten aber meine Offenheit und vertrauten mir. Für sie war ich nicht mehr einfach nur eine fremde Expat, und so sagten sie schließlich Ja. Prompt wollte Fatmas jüngere Schwester Badria natürlich auch mit.

Gehüllt in ihre schicken *abayas* und mit großen dunklen Sonnenbrillen, um sich vor der Wüstensonne zu schützen, erwarteten mich die Mädels am nächsten Tag. Statt in die Shopping-Mall ging es heute in die Wüste, gut versorgt mit Starbucks Coffee, Muffins und anderen Leckereien. In der Wüste weiß man schließlich nie. »Ich glaub es ja nicht«, lachte Fatma, »Hund und Falken einfach so in einem Auto. Laura, du bist ja schon ein richtiger Beduine!« Badria klatschte vor Begeisterung in die Hände, dann machte sie Fotos und meinte: »Also, als Frau ist das wirklich nicht normal.« Tja, dachte ich, was ist schon »normal«?

In der Wüste angekommen, konnten die beiden jungen Stadtqatari Ramas, Julia und Donald in Aktion erleben. Donald rannte, so schnell er konnte, unter Ramas her und bellte die flüchtende Taube an, als wollte er sie zu Ramas treiben. Und wenn die Taube sich irgendwo verstecken wollte, hatte sie keine Chance – Donald stöberte sie auf. Meine qatarischen Freundinnen hatten sehr viel Spaß. Sie staunten, wir lachten und schauten zu, wie Donald um unsere Picknickdecke herum alles bewachte, während Ramas und Julia auf ihren Blöcken gemächlich damit begannen, ihre Mahlzeit zu verdauen.

Fatma und Badria waren ganz vernarrt in Donald und seine Kunst, im Handumdrehen tiefe Tunnel zu graben. Falken hingegen hatten sie schon jede Menge herumstehen gesehen und konnten meine Faszination nicht recht nachvollziehen, doch sie freuten sich für mich. »Fatma, ich bin ja so froh, dass du mir empfohlen hast, mir einen Beduinen als Mentor zu suchen. Ich habe so viel von Salim und seiner Familie gelernt.« »Ja«, sagte Fatma lächelnd, »die kennen die Wüste und sind die besten Falkner.« »Es ist fast so, als hätte ich die Beduinenbrille aufsetzen dürfen, um die Wüste mit ihren Augen zu sehen.«

※ ※ ※

Am nächsten Tag war ich wieder allein unterwegs. So fröhlich es mit Fatma und Badria auch gewesen war, so sehr genoss ich es, wieder unter Beduinen zu sein. Wieder einmal hatte Salim mich am Lagerfeuer die Himmelsrichtungen abgefragt, als er plötzlich wissen wollte, ob ich mich anhand der Sterne orientieren könne. Statt zu antworten, suchte ich den Himmel nach dem bekannten Nordstern (Polaris) ab, denn so könnte ich Salim immerhin zeigen, dass ich wusste, wo Norden ist. Doch wo war der Nordstern?

Mein langes Zögern verriet mich: Ich hatte keinen blassen Schimmer. Und nur mit dem Großen Bären* (*Ursa Major*),

---

* Auch Großer Wagen genannt.

den ich entdeckt hatte, kam ich nicht weiter. Lächelnd zeigte Salim auf einen hell leuchtenden Stern, der mal gelblich, mal ein bisschen bläulich und dann wieder silbern blitzte. »Das ist *Suhail**«, sagte er. Der Stern des Südens – und von nun an mein himmlischer Orientierungspunkt in der nächtlichen Wüste. Dank ihm war ich nicht mehr von GPS, Google Earth und Co. abhängig, sondern frei wie die Beduinen, die sich bis heute auf die Natur und ihre Traditionen verlassen.

Als Salims Familie und ich in Autokarawane auf dem Rückweg aus der Wüste waren, hatte ich keinen freien Blick auf die Sterne mehr, dafür aber entdeckte ich kurz vor der großen Straße im Scheinwerferlicht einen Igel. Ich bremste so scharf, dass auch der Letzte in der Karawane stoppen musste. »Was ist los? Warum halten wir hier?«, brüllten die Männer durch die offenen Autofenster. Nur Salim wusste, was los war, und musste lachen: »Ein Igel – Lieblingstier von Lora!« Offenbar konnte er sich noch gut an mein hysterisches Geschrei angesichts eines Igels in der Wüste erinnern.

»Wäre es nicht besser, den Igel zurück in die Wüste zu bringen, damit er nicht überfahren wird?«, fragte ich Salim. »Nein, der kennt sich hier aus und weiß, wo seine Familie ist«, sagte er, außerdem sei die Straße hier ja kaum befahren. Beruhigt stieg ich ein – und die Karawane setzte sich wieder in Bewegung. Zu Hause angekommen, suchte ich sofort nach *Suhail*. Doch Doha war eine heller leuchtete Betonwüste mit Wolkenkratzern, Villen, Stadien und Straßen. Hier war kaum ein Stern zu sehen.

* * *

---

* Der Stern Canopus (*Alpha Carinae*) im Sternbild Schiffskiel ist 65-mal größer als die Sonne und der zweithellste Stern unseres Nachthimmels. Allerdings ist er nur südlich des 30. Breitengrads zu sehen.

Auf einmal war Weihnachten vorbei – und wir hatten es nicht einmal gemerkt. Schließlich sind Heiligabend und die beiden Weihnachtstage völlig normale Arbeitstage in Qatar bei sonnigen 23 Grad im Schatten. Alfredo und mir war sowieso nicht nach trauter Familienfeier zumute. Kurz nach Weihnachten gab es allerdings doch noch so etwas wie Familiengefühl: Meine Mutter kam zum ersten Mal zu Besuch. Was würde sie zu meinem jetzigen Leben, das ich am liebsten in Gesellschaft von Ramas, Julia und Donald in der Wüste verbrachte, sagen?

Kaum war sie in Doha angekommen, da war ihr bereits klar, dass der Haussegen schiefhing und ihre Tochter nicht mehr glücklich verheiratet war. Meine Mutter hatte die perfekte Hochzeit mit einem perfekten Schwiegersohn erlebt, das perfekte Paar, das gemeinsam in die perfekte Vorzeigevilla gezogen war. Sie verstand die Welt nicht mehr. Doch wie sollte ich ihr die neue Situation erklären? Wo anfangen, wo aufhören? Ich hole weit aus – und schließlich meinte meine Mutter stirnrunzelnd: »Ihr habt euch auseinandergelebt«, und nahm mich in den Arm.

Weder meine Freundinnen – Miriam hatte »Um Laura«* zur Begrüßung sogar Blumen und einen großen Früchtekorb geschickt – noch meine Beduinenfamilie konnten es erwarten, sie kennen zu lernen. Sie musste in *majls*, auf Hochzeiten, den Souq, in Museen und sämtliche Wüsten. Die meistgestellte Frage lautete: »Sind Lauras Geschwister auch so?« Meine Mutter lachte jedes Mal herzlich und antwortete: »Nein – die sind ganz normal.« Nach fast zwei Wochen war sie ein echter Falken- und Wüstenfan. Sie begriff, was mich in diese Welt gezogen und mit wie vielen Hindernissen ich zu kämpfen

---

* Aus dem Arabischen übersetzt: Mutter von Laura.

habe. Diese gemeinsame Zeit tat uns beiden gut. »Laura, hör auf dein Herz«, sagte meine Mutter zum Abschied, »du weißt, was für dich am besten ist.«

Diesen Rat konnte ich gleich ausprobieren: Sollte ich das Jobangebot des Qatar Museums annehmen oder das der Qatar Foundation? Beide hatten schon vor unserem Umzug nach Qatar auf meiner Wunschliste ganz oben gestanden, aber dass ich nun die Qual der Wahl hatte, war nur meiner Hartnäckigkeit und sicher nicht dem Scheich zu verdanken. Letztlich entschied ich mich für die Qatar Foundation, womit ein neuer Abschnitt in meinem Berufsleben eingeläutet wurde: Einzug in ein neues Büro, das glücklicherweise viel näher an unserem Compound lag, aber vor allem hatte ich es nicht mehr so weit in die Wüste (ein wichtiges Entscheidungskriterium!) und natürlich komplett neue Aufgaben. Mein erstes Projekt: Die Band The Script würde nach Qatar kommen und ein Exklusivkonzert für die Universitäten* der Qatar Foundation geben. Das musste nun bis ins kleinste Detail organisiert werden. Neues Jahr, neues Glück?

Anfang Januar begann auch das Qatar Falken-Festival wieder. Leider konnte Mama nicht so lange bleiben. Es hätte mir Spaß gemacht, die Wettkämpfe diesmal mit ihr zusammen von der Tribüne aus zu verfolgen. Als die beiden einzigen Frauen unter Beduinen. Aber auch so genoss ich die nächsten Wochen, zumal ich merkte, wie viel ich inzwischen an Falkenwissen erworben hatte. In diesem Jahr saß ich dort fast als

---

* Die Qatar Foundation (QF) sitzt in der sogenannten Education City von Doha, in der diverse von ihr geförderte Schulen und Universitäten wie die Georgetown School, die HEC Paris und die Northwestern University eine Dependance haben, um der Bevölkerung eine gute Ausbildung zu ermöglichen.

Fachfrau in Sachen Falken und betrachtete das Geschehen mit ganz anderen Augen.

Abermals, jetzt um einiges selbstbewusster, fragte ich Salim, weshalb es nicht möglich sein sollte, beim Al Galayel dabei zu sein oder wenigstens einmal zuzuschauen. Doch Salim winkte ab. »Keine Chance«, sagte er, Frauen seien als Teilnehmer nicht zugelassen, und Zuschauer gebe es keine. »Selbst ich kann nicht einfach dorthin gehen.« »Aber ich würde doch so gerne sehen, wie die *Bedu** auf ihren Pferden und Kamelen reiten und mit ihren Falken und *Salukis*** jagen.« »Tja, das musst du dir wohl im Fernsehen anschauen«, sagte Salim und seufzte. Trotzig erwiderte ich: »*Mafi mostah'iel!*«***

Dabei wusste ich nicht einmal, wo Al Galayel überhaupt ausgetragen wird. Eine Webseite gab es damals noch nicht. Irgendwo tief in der Wüste, aber wo genau? So fing ich an, jeden, dem ich auf dem Falkenfestival begegnete, über Al Galayel auszufragen. Stichhaltige Auskünfte zu bekommen, war jedoch alles andere als ein Kinderspiel. Nur nicht aufgeben, spornte ich mich an. Und dann traf ich Ahmed, der den Schießstand auf dem Festival betrieb. »Ich weiß zwar auch nicht, wo Al Galayel stattfindet«, sagte er, »aber mein Cousin Ali arbeitet dort und ist ein *Al-Galayel*-Kenner.« Innerlich jubelte ich. Endlich ein Hoffnungsschimmer! Sofort hakte ich nach, wo der Cousin sei und ob ich seine Handynummer haben könne. Jetzt bloß keine falsche Bescheidenheit. Lachend erwiderte Ahmed: »Warte, der müsste bald kommen.« Also hielt ich am Schießstand Stellung, bis Ali eine knappe Stunde später auch tatsächlich kam.

---

* *bedoui* (arab.): Beduine, also Singular; *bedu* (arab.): Beduinen, also Plural.
** *Saluki*, arabische Windhunde.
*** Übersetzt aus dem Arabischen: Nichts ist unmöglich!

»Hallo, ich bin Laura«, sagte ich, und schon fing ich an, Ali auszuquetschen wie eine Zitrone. Endlich hatte ich meinen Informanten gefunden. »Al Galayel ist ein *mgnas*-Wettbewerb. Er basiert also auf alten beduinischen Traditionen und Regeln und wird in diesem Jahr erst zum zweiten Mal ausgetragen«, erklärte er. »Sechzehn Teams, jedes mit je sechs bis neun Teilnehmern, treten gegeneinander an. Und jedes Team kann selbst entscheiden, ob es das Gebiet* zu Pferd oder Kamel durchstreift und wie viele *Salukis* und Falken es mitnimmt. Jedes Team muss sein eigenes Zelt in dem Reservat aufbauen und dort die kommenden vier Tage und drei Nächte leben. Außerdem müssen die Teilnehmer sich ihr Essen selber jagen.«

Am liebsten hätte ich auf der Stelle beim Al Galayel mitgemacht! »Ich bin eine gute Reiterin und habe nun auch Falken«, eröffnete ich Ali. »Das wäre das perfekte Turnier für mich!« Der aber lachte nur. »*Mostha'hiel***! Es ist nur für Qataris, und für Frauen überhaupt nicht.« Bevor ich reagieren konnte, fügte er jedoch hinzu: »Du kannst es dir aber zusammen mit mir live ansehen, wenn du das willst.« Und ob ich das wollte! Schließlich träumte ich seit über einem Jahr davon. Und so vereinbarten wir, dass ich ihn gleich morgen begleiten würde. »Es fängt aber schon um 6 Uhr morgens an. Wenn du mitwillst, musst du pünktlich sein, weil ich als Richter auf keinen Fall später losfahren darf.«

Wahrscheinlich hatte Ali damit gerechnet, dass ich kneifen oder verschlafen würde – aber von wegen! Mitten in der Nacht klingelte mein Wecker, und ich fuhr im Dunkeln gen

---

* Das Al-Galayel-Gebiet ist ein 900 Quadratkilometer großes Naturschutzgebiet an der Grenze zu Saudi-Arabien, in dem der namensgebende Felsen Al Galayel liegt. Es darf nur für den Wettbewerb betreten werden.
** Aus dem Arabischen übersetzt: Unmöglich!

Saudi-Arabien. Nach einer guten Stunde Autofahrt bog ich kurz vor der Grenze rechts ab und rief Ali an, um mich zu versichern, dass ich am richtigen Treffpunkt war. Es war immer noch stockdunkel. »LORA?! Du bist wirklich gekommen? Aber es ist doch erst 5.40 Uhr.« »Falls ich mich verfahren hätte ... Aber wenn ich hier richtig bin, warte ich auf dich.« »Du musst nur wenige Hundert Meter weiter geradeaus fahren, dann bist du am Base-Camp.«

In der ersten Morgendämmerung konnte ich bereits Teilnehmer sehen, die dabei waren, ihre Kamele und Pferde zu satteln und die Falken auf den Reittieren zu befestigen. Mir ging das Herz auf. Es war eine Szene wie aus einer längst vergessenen Welt. Wie in Zeitlupe stieg ich aus dem Auto. Bin ich wirklich hier?, fragte ich mich. Völlig überwältigt stand ich da, als Ali plötzlich neben mir auftauchte. »Du bist wirklich eine Verrückte. Dass du hier allein herkommst um diese Uhrzeit, hätte ich dir nie zugetraut.« Ich grinste und dachte: Der arme Ali, denn ab heute werde ich jeden Tag hier sein. Mein Blick schweifte wieder zu den vier Teams*, die aufbrachen, um ins Reservat hineinzureiten**. Familien und Freunde mussten sich nun verabschieden. Für sie war am Base-Camp Schluss.

»Komm, steig ein«, rief Ali, »wir müssen los!« Alis Land Cruiser ist mit den entsprechenden Aufklebern als Richter-Auto erkennbar und damit befugt, in das Reservat zu fahren. Ich konnte mein Glück immer noch nicht fassen.

Während wir den Teams, die in den Sonnenaufgang hineinritten, in gewissem Abstand folgten, gab es für mich nur diesen kostbaren Augenblick. Alles andere wurde bedeutungslos.

---

* Alle vier Tage treten vier Teams gegeneinander an.
** Nur die männliche Familie. Der weibliche Teil verabschiedete sich schon zu Hause.

Stolz reckten Canyons ihre zerklüfteten Felsen gen Himmel, und die vielen niedrigen Büsche im rötlichen Sand ließen einige Bereiche fast grün aussehen. Alis Aufgabe bestand unter anderem darin, für die Sicherheit der Teilnehmer zu sorgen. Sobald sich ein Reiter, Kamel oder Pferd verletzte, musste er Hilfe rufen. Und waren die Teams mal zu dicht beieinander, wurden sie gebeten, andere Richtungen einzuschlagen. Wie ein Kurswechsel beim Segeln. Denn jedes Team musste selbstständig jagen, und nur das Team mit der meisten Beute kam in die nächste Runde, bis beim Finale nur noch vier Teams gegeneinander antreten würden.

Als ich wieder in meinem Auto saß, erschienen mir die zurückliegenden drei Stunden wie ein fantastischer Traum, aus dem ich nicht erwachen wollte. Ich konnte es kaum abwarten, Salim am Nachmittag davon zu erzählen.

»Rate mal, wo ich heute Morgen war!«, begrüßte ich meinen Mentor nach einem schnellen *»Salam aleikum«*. Mit großen Augen schaute ich ihn an. Doch er schaute nur fragend zurück. Er hatte keine Ahnung. »AL GALAYEL«, rief ich voller Begeisterung und schob grinsend hinterher: »Nichts ist unmöglich.« Salim freute sich sichtlich für mich, zügelte allerdings wieder einmal meinen Übermut: »Zugeschaut hast du, Lora, aber mitmachen ist wirklich unmöglich.« Stur erinnerte ich ihn an meinen Lieblingsspruch: *»Mafi mostah'iel!«*

* * *

Es war Sonntag. Bürotag. Das Wochenende war vorbei, und ich musste wieder zwischen Stadt und Wüste hin und her pendeln. Was für ein Kontrast zu Falken, Kamelen, Pferden und *Salukis*: Das Neonlicht auf den cremefarbenen Fliesen war nicht halb so schön wie die Sonnenstrahlen auf dem Wüstensand. Doch immerhin waren die neuen Kollegen sehr nett, und so waren die Tage bis zum nächsten Wochenende gut auszuhalten. Pünktlich zu Büroschluss am Donnerstagnachmittag beeilte ich mich, weil ich Hamdas Töchter heute in ihrem Wüstencamp besuchen und meinen beiden Falken eine kurze Federspielübung bieten wollte, aber pünktlich zum traditionellen Valentinstag-Dinner mit Alfredo zurück sein musste.

Ramas flog seine Durchgänge perfekt und erhielt somit das beste Ausdauertraining. Julia hingegen reagierte heute gar nicht auf das Federspiel. Da halfen weder Pfiffe noch Rufe. Ich hatte die Falken schon mehrmals allein geflogen und bislang keinerlei Problem gehabt. Doch auf einmal fühlte ich mich so klein wie ein Sandkorn unter meinen Füßen. Julia flog noch eine Kurve – und dann einer Taube über der Privatfarm eines Scheichs hinterher. Im Nu war sie hinter Dattelpalmen verschwunden. Bewaffnet mit dem Telemetrie-Gerät, fuhr ich zum Eingang, wurde jedoch von zwei grimmig dreinblickenden Security-Kerlen aufgehalten. Die Schranke ging runter. Das durfte doch nicht wahr sein!

Ich zögerte nur einen Moment, dann dachte ich ›Mafi mostah'iel!‹, stieg aus dem Auto und rannte mit meinem Federspiel an der Schranke vorbei auf das Gelände, immer dem Signal folgend. Allerdings blieb mir wenig Zeit, weiter nach Julia zu suchen. Einer der Kerle holte mich ein und drohte, die Polizei zu rufen. Ich nickte. Sollte er doch tun, was er nicht lassen konnte, denn ich musste ja auch tun, was ich nicht lassen konnte: meinen Falken suchen.

Es wurde bereits dunkel, die Polizei kam aber trotzdem nicht. Julia ebenso wenig. Zwar erhielt ich am Rand der Farm ein Telemetrie-Signal, doch zwischen den dichten Bäumen und Palmen konnten wir uns nicht entdecken. Valentinstag, Dinner, alles passé, denn ich wollte bei Julia bleiben und übernachtete deshalb an der Farm. Wasser, Studentenfutter und Schlafsack hatte ich ja immer im Auto. Salim versprach mir, mich am nächsten Morgen vor Sonnenaufgang bei der Suche zu unterstützen.

Gemeinsam suchten wir alle Ecken der Farm ab, doch dann war das Signal plötzlich nicht mehr zu hören. Entweder war die Batterie defekt, oder jemand hatte sie gefunden und den Sender abmontiert. Hatte Julia mich am Valentinstag verlassen? Aber noch wollte ich die Hoffnung, wieder einen Anruf zu bekommen, nicht aufgeben. Es war offensichtlich an der Zeit, eigene Wege zu gehen. Julia hatte es mir vorgemacht.

* * *

Leider können wir aufgrund fehlender Kapazität das Projekt derzeit nicht annehmen. Es war wie im Geschäftsleben. Für das neue Projekt »Scheidung und Zukunft« fehlte mir zurzeit schlichtweg die Energie. Erst einmal musste ich das The-Script-Konzert bestmöglich über die Bühne bringen. Zusammenreißen hieß die Devise. Und es lohnte sich, denn der Auftritt der Band wurde ein großer Erfolg – bis Leadsänger Danny mich backstage ansprach: »Was ist, Laura? Wieso bist du so traurig?« Ich erschrak, schließlich hatte ich mir doch so viel Mühe gegeben, meine Gefühle zu verstecken, und befürchtete, jeden Moment in Tränen auszubrechen. Reiß dich zusammen, Laura!, ermahnte ich mich und sagte so gefasst wie möglich: »Vor ein paar Wochen habe ich meinen Falken verloren. Julia. Am Valentinstag. Ausgerechnet.«

»Oje, das tut mir leid. Ich verstehe deine Trauer. Ich habe meinen Vater am Valentinstag verloren.« Mir blieb das Herz stehen, sofort entschuldigte ich mich und sagte, das sei überhaupt nicht zu vergleichen. »Doch«, antwortete Danny,

»es kommt ja darauf an, welche Bedeutung *du* dem Falken schenkst. Und ich sehe, dass sie dir sehr viel bedeutet hat, und dann ist so ein Verlust extrem schwer.« Unglaublich. Da sprach mir ein fremder Mensch einfach so aus der Seele. Dann warf Danny seinen Jungs einen kurzen Blick zu und stimmte ein Lied an. A cappella sangen sie *»If you could see me now«*, das Lied, das Danny für seinen verstorbenen Vater geschrieben hatte. *»It was February 14, Valentine's Day. The roses came, but they took you away…«*

Das Lied berührte mich tief. Noch heute kann ich es hören, wenn ich die Augen schließe, wenn ich an den Abend denke, an Julia und daran, dass es darauf ankommt, all die guten Momente und Begegnungen in unseren Herzen zu bewahren.

Getragen von diesem Gedanken begann ich, erneut meine Sachen zusammenzupacken. Der nächste Umzug stand an. Alfredo wollte zurück nach Madrid; ich lagerte das meiste ein und zog mit Donald und nur einem Koffer zu meiner Freundin Mercedes, bis ich eine eigene Wohnung gefunden haben würde. Für Ramas aber, der ja nun keine Mauserkammer für den bevorstehenden Federwechsel mehr hatte, musste ich eine andere Lösung finden. Salim kam mir zu Hilfe, indem er anbot, den Falken zu sich zu nehmen. Er habe noch Platz für Ramas, sagte er. Ich war natürlich erleichtert, gleichzeitig schmerzte es jedoch sehr, Ramas nicht mehr bei mir haben zu können. Es fraß mich förmlich von innen auf.

An dem Tag, als das Haus leer war und die letzten Koffer darauf warteten, abgeholt zu werden, kam Salim vorbei und nahm meinen treuen Ramas mit. Ich weinte stundenlang, als würde ich ihn nie wiedersehen, aber vermutlich beweinte ich das Ende eines ganzen Lebensabschnitts. Alles war echt. Kein Spiel, kein böser Traum.

Plötzlich klingelte mein Telefon. Abdulrahman, ein qatarischer Kollege bei der Foundation, war dran. »Lora«, sagte er, »hast du einem Magazin ein Interview über Falknerei gegeben?« Welches Interview?, dachte ich. Mein Leben hatte sich innerhalb eines Jahres komplett auf den Kopf gestellt. Ich saß heulend in diesem leeren Haus, Alfredo zog zurück nach Spanien, Julia hatte ich verloren, Ramas weggeben müssen, und er fragte mich nach einem Interview. »Äh, ja, meinst du das von neulich, das für so ein arabisches Magazin?« »Du musst sofort die Redaktion anrufen«, sagte er aufgeregt. »Stoppe den Artikel. Das ist nicht gut für dich.« »Wieso denn?«, fragte ich verwundert. »Na, wer weiß, was du da alles gesagt hast ... Fremde Frauen sollten nicht über Falknerei reden. Wenn das ein Scheich liest, dem das nicht gefällt, kannst du deine Koffer packen.«

Ich wusste, dass so etwas bereits einigen Expats passiert war. Doch ich war entschlossen, den Artikel drucken zu lassen. Die Koffer waren ja ohnehin gepackt. Außerdem hatte ich nichts gesagt, um jemanden zu provozieren – und wenn ich hier als fremde Frau keine Falken fliegen lassen darf, dachte ich, dann will ich hier auch nicht leben.

13
Sonne, Sand und Sterne

*Die Dünen verändern sich mit dem Wind,
aber die Wüste bleibt dieselbe.*
                                    Paulo Coelho

Regelmäßig besuchte ich Ramas und freute mich auch jedes Mal, die Kamele zu sehen. Die treuherzigen Wüstenschiffe schienen all meine Sorgen zu verstehen. Diese Ruhe, die sie ausstrahlten, und die Vertrautheit, die ich zu ihnen aufgebaut hatte, wirkten tröstend auf mich. Bei Ramas konnte ich regelrecht zusehen, wie er wieder eine alte Feder nach der anderen fallen ließ und wie sich jede neue Feder über Wochen entwickelte, bis sie ausgewachsen und trocken war. Ein Wunder der Natur. Einige seiner alten Federn waren ziemlich ramponiert. Ließe er sie nicht los, könnten keine neuen nachwachsen. Genau das war es: Auch ich würde meine alten Federn loslassen müssen, um Raum für Neues zu schaffen und wieder fliegen zu können.

Natürlich war Ramas im Grunde der Gleiche wie vor einem Jahr, gleichzeitig aber hatte er an Erfahrungen hinzugewonnen, die ihn veränderten, ihn selbstbewusster machten. Diese Erkenntnis gab mir die nötige Kraft, um mit meiner eigenen Situation zurechtzukommen. Ich war jetzt allein in

Qatar. Zwar hatte ich schon wunderbare Freunde, auf die ich mich verlassen konnte. Doch war ich mir so bewusst wie nie zuvor, dass alles vergänglich und nichts planbar ist. Auch würde ich niemals die qatarische Staatsbürgerschaft erhalten. Ein Ausländer bleibt hier immer ein Ausländer, oft auch ein Außenseiter. Selbst Kollegen, deren Eltern bereits vor Jahrzehnten nach Qatar immigrierten und die hier geboren sind, haben keinen Sonderstatus. Das Aufenthaltsrecht ist stets an die Arbeit gebunden. Wer keine Arbeit mehr hat, muss zurück. Nur wohin »zurück«?

In letzter Zeit hatte ich mich immer wieder gefragt, ob ich hier überhaupt hingehörte, zumal die Wohnungssuche sich viel schwieriger gestaltete als gedacht. Mein neues Zuhause sollte zentral liegen, sowohl Hunde als auch Falken beherbergen dürfen und bezahlbar sein. Auf Pool und Privatstrand konnte ich verzichten. Doch vieles war bereits vermietet, oder es wurden keine Hunde geduldet. Falken waren nie das Problem, aber ein Hund? »*No!*« So erhielt ich eine Absage nach der anderen. Ohne Donald aber würde ich nicht in Qatar bleiben und ohne Ramas wollte ich Qatar nicht verlassen. Zumal ich seit dem Erscheinen des *Brooq Magazins*, wieder mit mir und Ramas auf dem Cover, mit einem Fuß auf der Abschieberampe stand.

Greg, ein amerikanischer Freund, Foundation-Kollege und vor allem mein Notfallkontakt*, war bereits auf meine potenzielle Abschiebung vorbereitet: Er würde Donald vorübergehend nehmen. Sogar Salim meinte, als er das Magazin sah, das könne nicht gut für mich ausgehen. Je nachdem, welcher Scheich sich wie sehr aufregen würde, hätte ich etwa 48 Stunden Zeit, um das Land zu verlassen. So stand mein

---

* Unser Arbeitgeber verlangte, eine Kontaktperson für den Notfall in Qatar und eine in unserer Heimat zu benennen.

kleiner Koffer für den Ernstfall gepackt bereit. Greg wusste, was dann mit Donald, und Salim, was mit Ramas geschehen sollte. Meine Tiere waren das Wichtigste, alles andere war ersetz- oder verzichtbar.

Aber es blieb alles ruhig, und ich fand sogar eine passende Wohnung. Doch sollte ich die üblichen 13 Monatsmieten im Voraus zahlen, obwohl ich vielleicht abgeschoben werden würde? Noch während ich den Mietvertrag unschlüssig in den Händen hielt, klingelte mein Telefon. Die *Brooq*-Redaktion. Mir wurde mulmig. Die ganze Zeit hatte ich mir versucht einzureden, dass mir eine Abschiebung egal wäre, und es drauf ankommen lassen. Jetzt wollte ich gar nicht daran denken. Ich wollte hier in Qatar bleiben und selber über meine Zukunft entscheiden können. Doch die Redaktion wollte sich nur noch einmal herzlich bei mir bedanken. »Wir haben so viel positives Feedback von den Lesern bekommen.« Nie zuvor sei eine Ausgabe auf so große Resonanz gestoßen.

Erleichtert und guten Gewissens konnte ich nun den Mietvertrag unterzeichnen, den Umzug in meine eigenen vier Wände in Angriff nehmen und den geländegängigen Gebrauchtwagen abholen, den ich vor Kurzem gefunden hatte. Dann würde auch Ramas wieder bei mir und Donald einziehen können, jubelte ich innerlich, als ich den Mietvertrag unterschrieb. Tatsächlich war es meine erste eigene Wohnung. Ich musste sie weder mit meiner Familie noch mit Kommilitonen, noch mit einem Ehemann teilen. Und es waren auch meine eigenen vier Räder, die vor der Tür parkten. Mein statt unser. Der Auftakt eines neuen Lebensabschnitts.

※ ※ ※

Zufrieden stand Ramas da und wartete auf seine Mahlzeit. »So, Dicker, wir fahren jetzt in die Wüste, und du holst dir dein Fressen wieder selber!« Donald saß schon im neuen Auto und wartete auf seinen gefiederten Freund, voller Vorfreude auf neue Abenteuer. Selbstsicher fuhr ich an den Kamelen vorbei in die Wüste. Den Weg zu meiner Beduinenfamilie hätte ich inzwischen sogar rückwärtsfahrend gefunden. Allmählich hatte ich das Gefühl, jeden Stein zu kennen, na, zumindest jeden zweiten.

Auf dieses Wiedersehen hatte ich mich seit Monaten gefreut. Nur hier in der Wüste war ich wirklich zu Hause. »*Marhaba thieba*«, wurde ich von den Männern begrüßt. Das heißt so viel wie »Willkommen Wölfin« und ist ein äußerst respektvoller Ausdruck für eine starke Frau.* »Wo warst du? Dein Platz hier in der Wüste war leer. Endlich füllst du ihn wieder.« Wie sehr mochte ich die poetische Ausdrucksweise der Araber, mit der sie mir sagten, dass man mich vermisst hatte. Ich erzählte nur, dass ich stark in den neuen Job eingespannt gewesen sei. Dann widmeten sich die Männer auch schon meinem neuen Auto. »Perfektes Wüstengefährt. Glückwunsch!«, sagte Khalifa. »Und weißt du auch noch, wo Norden ist?«, fragte Salim lachend. Pfeilschnell wies mein Arm in die entsprechende Richtung, und mein Mentor nickte zufrieden. »Und woran kannst du an einem unbekannten Ort ohne Kompass und mitten am Tag den Norden erkennen, wenn du keine Uhr dabeihast?«

---

* Schon die männliche Version *thieb* ist sehr respektvoll gemeint: ein Mann, der mutig ist und ehrenvoll kämpft, ein Anführer. Die weibliche Form *thieba* ist jedoch eine besondere Auszeichnung, denn von Frauen wird so viel Mut gar nicht erwartet.

Wüstenwissen
Der Norden lässt sich mithilfe einer analogen Uhr ausmachen. Dazu richtet man den Stundenzeiger gen Sonne aus. Nun wird der Winkel zwischen Stundenzeiger und der Ziffer 12 halbiert: Die Winkelhalbierende, sprich die Linie in der Mitte des Winkels zwischen dem Zeiger und der 12, zeigt nach Norden, vis-à-vis ist also Süden. So ist zumindest es in der *südlichen* Hemisphäre, in der nördlichen ist es natürlich andersherum.
Ein Beispiel für die Nordhalbkugel: Wenn es 17 Uhr und der Stundenzeiger auf die Sonne ausgerichtet ist, ist Norden genau zwischen der 2 und der 3 auf dem Ziffernblatt, der Süden entsprechend zwischen der 8 und der 9.

Ich war gespannt, was er mir jetzt beibringen würde. An einem fransigen Wüstenbusch zeigte er auf den Sand, der sich auf der einen Seite angehäuft hatte. Ich nickte und konzentrierte mich auf den Busch samt Sand, als Salim bereits zu einem anderen Busch lief und rief: »Liegt der Sandhaufen auf der gleichen Seite?« Ich nickte. Und schon war er bei dem dritten Busch. »Und?« »Ja. Wieder auf der gleichen Seite.« Salim kam zu mir zurück. »So, jetzt weißt du, dass Süden dort ist, wo der Sandhaufen ist.« Es war einfach fantastisch, die Codes der Wüste zu erlernen. Mir wäre niemals aufgefallen, dass die Sandhaufen immer auf einer bestimmten Seite der Büsche liegen.
Während die Männer ihre Falken für den Flug vorbereiteten, nahm ich dem dicken Ramas behutsam die Haube ab. Würde er beim Anblick der anderen Falken sofort mitfliegen wollen? Doch Ramas' Reaktion war eindeutig: Nö, keine Lust mitzufliegen. Also hielt ich ihn nur auf meiner Faust und

genoss den Moment. Salim lächelte uns zu, wissend, dass ich meinen Mentor nicht mehr fragen musste, was ich nun tun sollte. Morgen würden Ramas und ich es einfach noch einmal probieren.

Der Abend kam, und ich konnte es kaum erwarten, nach meinem Lieblingsstern *Suhail*, dem Stern der Beduinen, zu suchen. Als ich ihn schließlich in einem hellen Orangeton blinken sah, begrüßte ich ihn leise: »Ich bin wieder da«, flüsterte ich. »nach einem Neuanfang. Vielleicht kannst du ja auch mir den richtigen Weg weisen.«

* * *

Am nächsten Tag erhielt ich erneut einen Anruf von einer Zeitschriftenredaktion. Diesmal handelte es sich um *Qatar Happening*, man wolle sehr gerne ein Interview mit mir führen und am liebsten ein Fotoshooting mit Ramas und mir in der Wüste machen. Gesagt, getan – und nur drei Wochen später hatten wir es schon wieder auf die Titelseite geschafft. Doch als Salim das Cover sah, war er alles andere als beeindruckt. »The Changing Tradition of Falconry?«, las er die Artikelüberschrift kritisch vor und fragte mich stirnrunzelnd: »Denkst du etwa, du kommst hierher und veränderst unsere Traditionen?« »Überhaupt nicht!«, sagte ich erschrocken. »Ich weiß das«, beruhigte Salim mich, »aber es kommt so rüber.« Das mag sein, aber ich hatte die Überschrift ja nicht erfunden. Offenbar war es gar nicht so ungefährlich, Interviews zu geben.

Allerdings konnte ich diese Überschrift sogar verteidigen, immerhin entsprachen Land Cruiser und Telemetrie auch nicht mehr der Tradition. Salim dachte darüber nach und stimmte mir schließlich zu. Ich war selbst ein Fan von Traditionen – sie weisen auf unsere Wurzeln, wirken verbindend und geben Orientierung –, aber sobald wir versuchen, verkrampft an ihnen festzuhalten, verlieren wir das Leben aus den Augen, denn Leben heißt Veränderung. Auch das Handwerkszeug der Falknerei verändert sich, aber die Falknerei als jahrtausendealtes Erbe bleibt.

Mein Falkner-Freundeskreis wuchs. Immer wieder konnte ich aus den spannenden Erfahrungen der anderen etwas lernen. Es war, als ob meine Faszination für Falken von Tag zu Tag intensiver wurde. In Qatar nannten sie mich *thieba*, in Europa bekam ich den Beinamen »Laura von Arabien«. Als ich in diesem Jahr auf dem Falkenfestival auftauchte – nun tatsächlich schon zum dritten Mal –, wurde ich von etlichen Teilnehmern und Zuschauern persönlich begrüßt. Laura, »die Wölfin«, die einen Lannerfalken fliegt. Es hatte sich herumgesprochen – und so musste ich mich nicht mehr verstecken und mich nicht ständig rechtfertigen. Im Gegenteil: Ich war angekommen und meine Beduinenfamilie sogar stolz darauf, der Deutschen die Falknerei beigebracht zu haben.

Doch nicht alle Qataris waren angetan von der Aufmerksamkeit und Akzeptanz, die mir zuteilwurden. Bis heute gibt es jene, die der Auffassung sind, dass eine Frau nichts in der Wüste verloren habe und mit einem Falken schon gar nicht. Aber Meinungen gibt es so viele wie Sandkörner, und der Wind der Veränderung wird auch immer wehen. Dennoch betonte ich so oft wie möglich, dass Frauen zu Pferd, auf der Jagd und mit Falken alles andere als neu und modern seien.

Sobald Salim mit seinem Tagewerk als Schiedsrichter fertig war, trafen wir uns wieder wie eh und je, um unsere Falken zu fliegen. Dabei ließ er kaum einen Moment ungenutzt, um mich zu testen: Hatte ich die Flüge der Festival-Falken korrekt bewertet, sprich, wie viel hatte seine Schülerin von der Psychologie des Falken verstanden? Welcher Falke wurde in die falsche Richtung gehalten und hatte somit wegen eines Falknerfehlers schlechtere Startbedingungen? Und welche Falken hatten die besten Bedingungen, waren aber nicht motiviert? Woran könnte das gelegen haben? Diese Lagebesprechungen waren ungemein lehrreich und ein kostbares Geschenk. Am nächsten Tag aber wollte ich mal wieder allein auf Tour gehen. Salim hielt wenig von meiner Idee, denn wer sollte mir helfen, falls Ramas wegflog oder ein Autoreifen platzte? »Salim«, sagte ich, »wenn ich es nicht selber mache, dann lerne ich nichts.«

* * *

Mit Ramas und Donald im Auto fuhr ich in eine mir noch unbekannte Wüste im Westen, wo qatarische Freundinnen mich im Wüstencamp ihrer Familie erwarteten. Sie wollten mich über die Falknerei ausfragen. Zwar war ihr Vater selbst Falkner und bildete gerade seinen ältesten Sohn aus, doch die sechs Schwestern wollten es von einer Frau hören, wollten das Wieso und Wie verstehen. Nur leider konnte ich kein Wüstencamp entdecken, obwohl ich Wadhas Wegbeschreibung genau befolgt hatte. Zum Glück war ich nicht vor 30 Jahren mit einem Kamel unterwegs, denn sonst hätte ich nun anhand von Anzahl, Größe und Farbe der Steine meinen Weg finden müssen. Ausgerüstet mit einem modernen Handy, rief ich Wadha an und erkundigte mich nach Orientierungshilfen. Sie aber sagte nur: »Warte! Mein Bruder kommt und holt dich.«

Es dauerte keine Viertelstunde, da sah ich ein braunes Pferd mit schwarzer Mähne und Schweif auf mich zugaloppieren. Darauf saß ein Mann im *thoab*, auf dem Kopf einen weißen Turban. Eine filmreife Szene für »Laura von Arabien«. Schwungvoll hielt der junge Mann, der barfuß ritt, neben meinem Auto an und fragte: »Bist du Laura?« Noch ganz überwältigt von der Szene, die eins zu eins meinem Wüstentraum glich, vergaß ich zu antworten. »Bist du Laura? Ich bin der Bruder von Wadha«, sagte er. Langsam fand ich zurück in die Realität und auch meine Sprache wieder. Dann fuhr ich, verliebt in diesen unvergesslichen Moment, Pferd und Reiter im Schritttempo hinterher.

Wadha und ihre Schwestern freuten sich, als ich endlich bei ihnen im Camp ankam. Zu den Schwestern hatten sich noch Cousinen und Freundinnen gesellt, doch bevor ich mit der »Vorführung« begann, tranken wir gemeinsam Tee. So viel Zeit muss immer sein. Dankbar, mich kurz ausruhen zu können, nippte ich an dem heißen *karak*, einem roten Tee mit indischen Gewürzen, viel Zucker und Kondensmilch, der als inoffizielles Nationalgetränk in Qatar gilt. Man sagt sogar, die Qataris, bestünden zu 80 Prozent aus *karak*. Die Frauen fragten mich über alles Mögliche aus: Was hatte ich seit meiner Ankunft in Qatar erlebt? Was gefiel mir am besten? Und ob ich außer ihnen noch andere qatarische Freunde hatte?

Als wir schließlich alle zusammen etwa 100 Meter weiter in der Wüste standen und ich mit Ramas trainierte, waren die Frauen begeistert. Für sie war die Falknerei immer eine klare Männersache gewesen, und nun sahen sie erstmals eine Frau, die diese uralte Tradition praktizierte. Ramas ließ sich von den vielen Ladys nicht aus der Ruhe bringen. Schnurstracks flog er auf mich zu und probierte, sein Federspiel zu fangen, bevor ich es in letzter Sekunde wegzog und er erneut durchstarten und angreifen musste. Einige Durchgänge flog er, und fast hatte man den Eindruck, als flöge er für seine Zuschauerinnen besonders hoch und in besonders schicken weiten Schleifen.

Anschließend unterhielten wir uns lange über Leidenschaften im Allgemeinen und meine für die Falknerei im Besonderen, doch nicht alle konnten verstehen, was ich meinte. Wadha allerdings schon, denn ihr Herz schlug für Pferde. Der Araber-Hengst, mit dem mich ihr Bruder abgeholt hatte, war ihrer; nur durfte sie jenseits der Farm nicht reiten. »Möchtest du Marwan mal reiten?«, fragte sie plötzlich. Der Traum ging offenbar weiter.

Im Nu saß ich auf dem wunderschönen Pferd. Wie lange war es her, dass ich geritten war? Auf jeden Fall viel zu lange. Und dann ritt ich auf dem feurigen Hengst der untergehenden Sonne entgegen, als schwebten wir über der Wüste. Als gäbe das Pferd mir die Flügel, die ich mir beim Anblick des fliegenden Falken wünschte. Das Glück der Erde ... Der warme Wind wehte mir ins Gesicht, die Hufen des Pferdes tanzten im Sand, und wieder fielen mir ein paar schwere Steine vom Herzen. Meine Gedanken schweiften zu A Galayel. Wie gerne würde ich mitreiten und mit Falken jagen.

Als die Dunkelheit hereinbrach, war es an der Zeit umzukehren. Marwan langsam abreitend, ritt ich zum Camp zurück, begleitet von *Suhail*. Auf einmal durchströmte mich ein herrliches Gefühl von Freiheit. Ich war frei. Niemand fragte danach, wo ich war und was ich machte. Ich konnte mein Leben leben.

Ramas wartete geduldig auf seinem Block in der Nähe des Lagerfeuers, während ich noch mit den Frauen zusammensaß und über Falken, Pferde und Handtaschen plauderte. Zunächst gab es dazu wieder *shai* und *ghawa*, dann aber wurde mir ein wenig Kamelmilch in einer riesigen Stahlschüssel angeboten. Mir war nicht ganz klar, ob ich das unbekannte Getränk tatsächlich aus der Schüssel probieren sollte. »Hast du schon mal Kamelmilch getrunken?«, fragte Wadha. Die große Schüssel in den Händen haltend, schüttelte ich den Kopf. »Das ist *das* Beduinenelixier, das *musst* du probieren«, forderte sie mich auf. Wunderbar sanft und etwas süßlich schmeckte die frisch gemolkene Milch der hauseigenen Kamele.

Am nächsten Tag nach dem Falkenfestival erzählte ich Salim von meinem Ausflug, berichtete von dem Hengst, der Kamelmilch, der Nacht unter dem Sternenhimmel am Lagerfeuer. »Ich kann es gar nicht erwarten, wieder Al Galayel zu besuchen.« Salim protestierte: »Schlag dir das lieber aus dem Kopf, Lora. Du kannst da doch eh nicht mitmachen.« »Hier beim Falkenfestival ja auch nicht, warum dann nicht wenigstens von Kamelen, Pferden, Falken und *Salukis* träumen? *Mafi mostah'iel!*« Ratlos zuckte Salim mit den Schultern.

Marwan wurde mein Lieblingshengst. Ich besuchte Wadha nun häufiger und durfte dort auch jedes Mal ihr Pferd reiten, aber schon bald fand ich weitere Reitmöglichkeiten, so dass ich immer öfter für wenige Momente durch die Wüste »fliegen« konnte. Salim mahnte, dass ich neben Büro und Falken keine Zeit mehr hätte, doch das Reiten wollte ich nicht mehr missen.

Bald darauf entdeckte ich das Qatar Endurance* Village. Das war wie für mich gemacht. Beim nächsten Rennen wollte ich auf jeden Fall mitmachen, was allerdings bedeuten würde, mehrere Stunden lang durch die Wüste zu galoppieren. Natürlich hätte ich locker meinen Tag mit Reiten, Ramas und Donald ausfüllen können, aber ich musste auch noch arbeiten gehen, um das dafür nötige Geld zu verdienen. Deshalb blieb mir nichts anderes übrig, als einfach weniger zu schlafen oder ab und zu in der Wüste zu übernachten, womit ich mir ein bisschen Fahrerei ersparte. Bei dem Endurance-Rennen wollte ich nämlich unbedingt mitmachen. Also trainierte ich, was das Zeug hielt, oder besser, was ich und das Pferd physisch

---

* Distanzreiten.

aushielten. Das hieß, fast täglich anderthalb bis zwei Stunden galoppierend im Sattel zu sitzen. Und schließlich wurde ich für das 80-Kilometer-Rennen durch die Wüste registriert. Das Rennen wollte sich meine Freundin Sinje auf keinen Fall entgehen lassen und buchte sofort einen Flug.

Nur eine Woche später lagen wir beide, von Donald bewacht, neben einem selbstgebauten Lagerfeuer in meinem großen Doppelschlafsack, über uns das Sternenzelt, unter uns Wüstensand. »Wir schlafen jetzt einfach so auf dem Boden?« Sinje war etwas beunruhigt. »Was ist denn mit Skorpionen?« Schnell lenkte ich ab: »Na ja, eher fürchte ich den Wüstenfuchs, der es auf Ramas absehen könnte, aber Donald passt schon auf.« Ein paar Minuten schauten wir schweigend zu den funkelnden Lichtern hinauf. »Und Alfredo?«, fragte Sinje leise. »Zurück in Spanien.« »Schon merkwürdig, bei euch hätte ich wirklich gedacht, dass es für immer hält.« »Es ist eben nichts für die Ewigkeit. Nicht mal die Sterne. Guck mal, das ist *Suhail*«, und als Sinje ihn gefunden hatte, fuhr ich fort, »der Stern des Südens, der mich zurück zur Natur und ins Hier und Jetzt geführt hat. Ich plane nicht mehr, ich lebe. Keine Luftschlösser mehr, sondern Träume verwirklichen.« »Und was ist dein nächster Traum?« Da musste ich nicht lange überlegen. »Al Galayel. Ich will so jagen können, wie die Beduinen es schon vor 2.000 Jahren gemacht haben.«

Um 3 Uhr beendete der Wecker unsere kurze Nacht. Schnell krabbelte ich aus dem Schlafsack. »Du bist bekloppt!«, sagte Sinje und lachte. »Seit wann kommst du denn so schnell aus den Federn, du Langschläfer? Es ist noch total dunkel.« »Nur für Falken, Pferde und Hunde stehe ich gerne auf«, antwortete ich, reichte ihr die Thermoskanne mit Tee und begann, meine Beine zu bandagieren, damit sie sich während des langen Ritts nicht wundrieben. Das war ein mühsames Procedere. Nun die Reithose drüber, eine letzte Bandage je Bein und los geht's.

Es war 3.40 Uhr. Das Endurance Village mit seinen Stallungen lag nur einen knappen Kilometer von unserem Nachtplatz entfernt, direkt an der Endurance-Rennstrecke, die durch Qatars südliche Dünenwüste führt. Noch im Auto sitzend trank ich ein wenig Tee und aß einen Sport-Riegel, dann überließ ich Sinje die Autoschlüssel. »Toi, toi, toi!«, rief sie mir hinterher, als ich – wegen der Bandagen leicht watschelnd – zu den Stallungen ging. Sie würde nachher wie viele andere Zuschauer auch mit Ramas und Donald an der Rennstrecke entlangfahren, um mich anzufeuern.

Meine Stute Myra war so nervös, dass zwei Stallburschen sie halten mussten, damit ich aufsitzen konnte. Kaum war ich oben, begann sie zu steigen und auszuschlagen. An ein ruhiges Aufwärmen war nicht zu denken, dafür war Myras Lampenfieber einfach zu stark. Immer wieder stieg und bockte sie. Mehrmals drohte ich zu stürzen. Die Stallburschen hielten sie zwar immer wieder fest, aber sie riss sich los und schlug um sich. Oje, all ihre kostbare Energie, dachte ich, während ich versuchte, Myra zu beruhigen.

Um Punkt 5 Uhr fiel der Startschuss. Zusammen mit 35 Reitern und ihren Pferden galoppierten Myra und ich los. Nun war die Araberstute in ihrem Element und wurde von Minute zu Minute konzentrierter. Als Team durch das gleiche Ziel vereint, flogen wir durch den Sand, begleitet von den Sternen, dem Mond und dem Scheinwerferlicht der Autos neben uns. Während mir der noch herrlich kühle Gegenwind ins Gesicht schlug, dachte ich an die Legende, wonach das erste Araberpferd aus dem Wind geformt worden war. »Tochter des Windes« sagen die Beduinen deshalb auch zu ihren Pferden.

Meine »Tochter des Windes« war kaum zu bändigen. Doch da wir nun mal keinen Sprint zu gewinnen, sondern einen Marathon zu überstehen hatten, musste ich sie in einem gemäßigten Tempo von etwa 20 Stundenkilometern halten, um ihre Kräfte zu schonen. Wir galoppierten durch den Sand, während ich darauf achtete, in Myras Rhythmus zu bleiben, ihre Beingelenke gleichmäßig zu belasten und sie durch Gewichtsverlagerung zu bremsen. Bei solchen Distanzritten kommen Pferd und Reiter an ihre Grenzen.

Nach einer Stunde sah ich die erste Morgendämmerung, kurze Zeit später einen prächtigen Sonnenaufgang. Auf Myras Rücken ritt ich in den Tag hinein. Doch kaum war die Sonne da, wich die kühle Nachtluft der brütenden Hitze. Ich spürte, dass mich die Kraft allmählich verließ. Jetzt waren es aber auch nur noch wenige Minuten bis zur 30-Kilometer-Marke.

Es war kurz nach 7 Uhr. Reiter und Pferde legten eine Pause ein, und die Pferde wurden ärztlich untersucht. Einige wurden wegen zu hohen Pulses oder eines lahmen Beins disqualifiziert. Ich erfrischte mich während des 30-minütigen Zwischenstopps mit Wasser von innen und außen und freute mich, dass Myra noch topfit war.

Auf zur nächsten Etappe. Das hieß wieder zwei Stunden im gestreckten Galopp durch die Wüste. Das erforderte nicht nur Ausdauer und Durchhaltevermögen von Pferd und Reiter, sondern auch akrobatische Fertigkeiten meinerseits, denn die Reiter mussten zwischendurch, möglichst ohne das Tempo zu verlangsamen, Wasserflaschen aufnehmen. Wer stehen blieb, wurde disqualifiziert. Das richtige Tempo zu halten war keine Kleinigkeit. War man zu langsam, verlor man kostbare Punkte, war man zu schnell, wurde das Pferd überstrapaziert.

Für Myra und mich war das Rennen trotz besten Willens und eines guten Tempos an der nächsten 30-Kilometer-Marke vorbei, weil die Stute leicht lahmte. 60 Kilometer in gut vier Stunden hatten wir geschafft, doch die letzten 20 Kilometer sollten es diesmal nicht sein. Schade. Trotzdem war ich Myra dankbar für diese großartige Erfahrung, die ich mit ihr zusammen machen durfte. Auch viele andere Duos schieden aus, so dass schließlich nur knapp ein Viertel der Teilnehmer das Ziel erreichte.

Ich achtete darauf, dass Myra gut abgeduscht wurde, vor allem die Beingelenke mussten gekühlt werden, dass sie anschließend trockengeführt und in ihrem Stall mit frischem Stroh und Heu versorgt wurde. Sie sollte sich erst mal ordentlich ausruhen und sich mit einer kräftigen Mahlzeit stärken. »Beim nächsten Mal schaffen wir es, Myra!«, sagte ich, streichelte ihren eleganten Hals und ließ sie dann allein.

* * *

Auf der 100 Kilometer weiten Fahrt zu Salim – schließlich musste Ramas auch heute trainiert werden – holte Sinje ein wenig Schlaf nach, während mir Salims Mahnung durch den Kopf ging: Vielleicht hatte er doch Recht … Vielleicht war es doch zu viel … Vielleicht machte ich nun zwar alles, aber nichts richtig.

Während des Trainings schaute Sinje entzückt zu, wie ihr entspannter Beifahrer beim Endurance-Rennen plötzlich durch die Lüfte schoss und einer Taube hinterherjagte. Anschließend ließ ich sie an meinem neuen Wissen in Sachen Sandhaufen, Sonnenverlauf und Spurensuche teilhaben. Und Sinje gab mir wie immer eine große Portion von ihrer Leichtigkeit und Zuversicht ab. Mit ihr zusammen zu sein tat einfach gut. »Weißt du, worauf ich mich richtig freue«, sagte sie. »Darauf, morgen mal auszuschlafen.« Ich lachte. »Wie kommst du denn auf *die* Idee? Morgen ist Al Galayel angesagt, sprich wieder um 3 Uhr aufstehen.« Mit großen Augen sah Sinje mich an, dann grinste sie und sagte: »Hast ja Recht. Schlafen wird maßlos überschätzt.«

Al Galayel war für mich inzwischen viel mehr als der Traum aus 1001 Nacht mit seinen Falken, Araberpferden, Kamelen, Salukis und Spuren suchenden Beduinen. Je häufiger ich dank Ali als Zaungast dabei sein konnte, desto mehr tauchte ich in das Zusammenspiel der einzelnen Al-Galayel-Teams ein. Waren sie gut vorbereitet? Waren auch die Tiere als Team trainiert worden, oder hatten sie gar Angst voreinander? Von einer Minute zur nächsten kann es mit dem perfekten Bild vom Beduinen auf seinem Kamel, mit dem Falken auf der Faust und dem treuen Saluki-Hund an der Seite vorbei sein: Es braucht nur ein bockendes Kamel, das den Beduinen abwirft, der dabei seinen Falken loslässt, und schon ist von der Einheit zwischen Mensch und Tier nichts mehr übrig. Die Koordinationsleistung als Team ist nicht zu unterschätzen.

Kurz vor dem Morgengrauen kamen wir am Al-Galayel-Gelände an. Doch zu meiner großen Enttäuschung konnte Ali ausgerechnet heute Morgen nicht wie verabredet kommen – irgendwann später *inschallah* oder eben auch nicht, wer weiß das schon so genau. Umzukehren war allerdings ebenso wenig eine Option, wie auf Ali zu warten. Bis dahin konnte der Wettbewerb längst vorbei sein, heute war schließlich der letzte Tag für die vier Teams. Fragte sich nur, wie wir auf das Gelände gelangen sollten. Mit dem Auto durfte ich ja nicht hineinfahren, das war strikt verboten, aber was, wenn wir einfach zu Fuß gingen, im Schutz der kleinen Düne hineinliefen? Sinje zögerte einen Augenblick, dann war sie dabei! Wir durften uns nur nicht von der Polizeipatrouille erwischen lassen. Also bloß nicht heimlich über irgendeinen Zaun klettern, sondern abwarten, bis der Polizeiwagen vorbeigefahren war, einfach durchs Tor aufs Gelände marschieren, als wär's das Normalste der Welt, und dann Meter für Meter tiefer in das Al-Galayel-Reservat hinein, bis uns die Wüste förmlich verschluckt.

Wir waren noch nicht weit gekommen, da trafen wir auf ein Team, das uns an einer Düne entgegenkam und sich glücklicherweise sehr über unseren unverhofften Besuch freute. Die Männer luden mich sogar ein, eine Runde mit dem Kamel zu drehen. »Woher kennst du die denn?«, fragte Sinje. Ich sagte, dass ich sie gar nicht kennen würde. »Aber sie haben doch deinen Namen gerufen!« »Wahrscheinlich kennen sie mich aus den vielen Interviews«, lachte ich. »Und nun rauf aufs Wüstenschiff!« Ich auf einem Kamel beim Al Galayel – wenn Salim das wüsste.

Schiedsrichter und Kamerateam* hingegen waren völlig überfordert von der ungewohnten Situation. Verletzte Reiter, verstoßene Falken, wilde Verfolgungsjagden, das alles kannten sie, aber zwei fremde Frauen, die eine auf einem Kamel reitend, die andere mit dem Al-Galayel-Team unter einer Palme picknickend, das hatten sie noch nie erlebt. Das Kamerateam musste sofort aufhören zu filmen, denn für die treuen Zuschauer, die Wert auf Tradition und Kultur legten, wären zwei fremde Frauen unter Männern ein Skandal gewesen. Staunend verständigte der Schiedsrichter die Zentrale, während Sinje und ich den Moment genossen, irgendwie dabei und Teil des Teams zu sein. Leben ist immer jetzt!

Wenig später kam ein Land Cruiser angedüst und hielt neben uns an. Der Fahrer ließ die Scheibe herunter und sagte lächelnd und mit einem Kopfschütteln: »Lora.« Auch die Män-

---

* Jedes Team wird von einem Schiedsrichter und einem Kamerateam begleitet.

ner des Al-Galayel-Teams lachten und schilderten dem Fahrer, dass wir auf einmal da gewesen seien. Obwohl niemand sauer zu sein schien, wurden Sinje und ich aufgefordert, ins Auto einzusteigen. Schnell bedankten wir uns noch einmal herzlich bei den freundlichen Beduinen für die Gastfreundschaft, und dann wurden wir auch schon zurück zum Base-Camp gefahren.

Ali erwartete uns dort bereits. So ernst wie ein Vater zu seiner Tochter sagte er zu mir: »Du weißt ganz genau, dass es streng verboten ist, in das abgesperrte Gebiet zu gehen.« Kleinlaut und schuldbewusst entgegnete ich: »Aber du warst ja nicht da ...« Nun musste er doch schmunzeln und amüsierte sich über die zwei deutschen Abenteuerinnen. Ermutigt von seinem Lächeln sagte ich: »Ali, du musst mich einfach nur mitmachen lassen! Ich *muss* hier mitmachen.« Doch Ali erwiderte prompt: »Auf keinen Fall! Als Zuschauerin ja, aber mitmachen: *Mostah'iel!*«

* * *

Nach unserem unverhofften Kamelritt im Al-Galayel-Reservat war Sinje hin und weg von den großen Tieren mit den »schönsten Augen der Welt«, wie sie schwärmte. »Kannst du mir nicht mal zeigen, wie man ein Kamel eigenständig reitet? Wie bringt man es zum Beispiel dazu, sich hinzulegen?« Ich hatte natürlich große Lust dazu, Sinje ein paar Lektionen in Kamelreiten zu erteilen, und rief sofort bei Salim an, ob wir früher kommen und uns die beiden Kamele Jabara und Mkhila ausleihen dürften. »Sinje will nämlich Kamelflüsterin werden«, witzelte ich. »Klar, kommt einfach vorbei«, sagte Salim und lachte sein ansteckendes Lachen.

Völlig angstfrei ging meine Freundin auf Jabara zu, strich ihr über die samtenen Nüstern und tätschelte beruhigend ihren Hals. »Jetzt aber Schluss mit Schmusen, jetzt wird geritten!«, sagte ich – und sofort war Sinje konzentriert bei der Sache. Die sonst so toughe Motorradfahrerin war richtig verliebt in die sanften Wüstenvierbeiner. Als Erstes erzählte ich ihr, dass das schwarze Stück Seil, das Qataris an ihren Turbanen tragen, *aghal* heißt und auf das Kamelreiten zurückgeht, denn der *aghal* wurde früher als Halfter für das Kamel verwendet und später eben auch zum Befestigen des Turbans.

Kamelreiten, Lektion 1

Kein Mensch kann ein ausgewachsenes stehendes Kamel satteln. Dafür muss es erst einmal liegen, weshalb ich mit dieser Lektion begann. Man stelle sich vor oder neben das Kamel, ziehe es am Halfterseil herunter und sage ein langes deutliches »Aaaacchhh«. Wenn alles gutgeht, klappt das Kamel seine langen Beine in dem Moment zusammen und legt sich hin. Sobald es liegt, wird das Halfterseil um eines der Vorderbeine gebunden, damit das Kamel nicht plötzlich aufsteht und davonläuft.

Kamelreiten, Lektion 2

Gegen das Aufsatteln eines Kamels ist das Aufsatteln eines Pferdes ein Kinderspiel. Ein Pferdesattel besteht normalerweise aus einer Decke und einem einzigen Sattel mit nur einem Gurtriemen; bei dem Kamel hingegen werden diverse Decken mit zig Seilen befestigt und verschiedene Sattelteile unterschiedlich angebunden. Dass das hält, ist mir selbst immer noch schleierhaft. Mit großen Augen schaute Sinje bei der Prozedur zu. »Keine Sorge, das musst du nicht lernen, wichtig ist, dass du dich beim Aufsteigen mit der einen Hand gut am Sattel festhältst, während du in der anderen Halfterseil und Kamelstock hast.«

Kamelreiten, Lektion 3
»Zum Aufsteigen bereit?«, fragte ich. Sinje nickte. Zunächst muss das Halfterseil wieder vom Vorderbein gelöst werden. Anschließend wickelt man sich die Schlaufe, die sich am Seilende befindet, um das Handgelenk. »Nun solltest du das rechte Bein zügig, aber nicht hektisch über den Kamelrücken schwingen und dich dabei sicherheitshalber vorn am Sattel festhalten. Könnte ja sein, dass das Kamel schneller aufsteht, als du denkst.« Doch Jabara blieb brav liegen, während Sinje ihren Platz einnahm.

»Wie bekomme ich mein Kamel denn dazu, dass es aufsteht?«, fragte Sinje. »Wenn du oben sitzt«, erklärte ich, »musst du mit dem Kamelstock auf den Po tippen, mit den Beinen seitlich antreiben und ›Hohoho‹ sagen.« Kaum hatte die »Hohoho« sagende Sinje ihr Kamel angetippt, erhob es sich, indem es zunächst sein Hinterteil in die Höhe streckte, wobei es nach vorn kippte, um danach erst das eine, dann das andere Vorderbein durchzustrecken.

»Und was jetzt?«, rief Sinje, während sich Jabara gemächlichen Schritts vorwärtsbewegte. Sofort schwang ich mich auf Mkhilas Rücken und ritt Sinje nach.

Kamelreiten, Lektion 4
»Jetzt lernst du noch, wie du dein Kamel antreibst und lenkst. Also: Um geradeaus zu gehen, musst du dein Kamel nur leicht mit den Füßen in die Seite drücken und dabei mit dem Kamelstock abwechselnd links und rechts auf die Schultern tippen. So.« Ich machte es ihr vor. Schnell hatte Sinje den Dreh raus. »Wenn du dein Kamel nach links bewegen möchtest, zieh das Halfterseil einfach leicht nach links, während du die rechte Schulter antippst. Und nach rechts geht's, wenn du leicht rechts ziehst und mit dem Kamelstock links tippst.«

Kamelreiten, Lektion 5

»Und wie komme ich jetzt wieder runter?«, fragte Sinje. Ein Kamel ist zu hoch, um einfach abzuspringen wie bei einem Pferd. Also muss man es erneut dazu bringen, sich hinzulegen. Dazu tippt man das Kamel mit dem Stock an beide Vorderbeine oder an die Brust und sagt wieder ein langes deutliches »Aaaacchhh«. Sinje befolgte meine Anweisungen, doch diesmal blieb Jabara stur. »Zieh das Halfterseil ein wenig an«, sagte ich, »und dann tippe noch mal kräftiger, während du noch lauter und dominanter ›Aaaacchhh‹ rufst.« Es funktionierte, und Jabara zog ihre Vorderbeine nacheinander ein, beugte sich tief nach vorn, um sich danach mit dem Hinterteil niederzulassen.

* * *

In diesen paar Tagen war Sinje ein echter Kamelfan geworden. Deshalb beschloss ich, mit ihr am letzten Tag zur Kamelrennbahn in Shahanya zu fahren, wo an jedem Februar- und Märzwochenende Rennen stattfinden. Sinje jubelte, während wir im Auto neben den galoppierenden Kamelen herfuhren, die von ferngesteuerten Roboterjockeys geritten wurden. Dabei musste ich höllisch aufpassen, um ja keinen Unfall zu haben, denn die Qataris feuerten ihre Kamele wie wild an und fuhren dabei kreuz und quer ohne Rücksicht auf Verluste. Doch es ging alles gut, und als wir schließlich auf der leeren Piste durch die Abenddämmerung gen Doha zurückfuhren, sagte Sinje noch ganz verzückt: »Laura, ich will das Kamel in meinen Koffer packen!«

14
Isabel la Católica

Wir verlangen, das Leben müsse einen Sinn haben – aber es hat nur ganz genau so viel Sinn, als wir selber ihm zu geben imstande sind.

Hermann Hesse

In diesem Februar verbrachte ich jedes Wochenende in Al Galayel. Ali hatte mir zum Glück schnell verziehen, und ich durfte ihn weiterhin begleiten. Eines Tages fragte mein Qatar-Foundation-Kollege Richard, ein amerikanischer Professor für Design, ob er auch mal mitkommen könne. Dass er dafür in aller Herrgottsfrühe aufstehen müsse, sei ihm egal, er wolle Al Galayel einfach mal mit eigenen Augen sehen. Da ich Richard mochte, freute ich mich sehr über seinen Wunsch und darauf, ihn einen Tag lang dabeizuhaben. Aber noch mehr freute ich mich über seine anschließende Begeisterung. Mit leuchtenden Augen rief er: »Das ist das Beste, was ich je in Qatar erlebt habe!« »Kannst du verstehen, wieso ich Tag und Nacht davon träume, hier selber mitzumachen?«, fragte ich. »Absolut«, sagte Richard, »und *ich* werde dann in deinem Team sein! »*Inshallah*«, sagte ich hoffnungsvoll.

Am nächsten Tag rief mein »Notfallkontakt« an. Greg arbeitete an der Northwestern University, einer der amerikanischen Universitäten der Qatar Foundation. »Laura, könntest du dir vorstellen, einen Falkenflug auf dem Foundation-Gelände durchzuführen? Ich bin sicher, alle Mitarbeiter und Studenten wären begeistert!« Natürlich wollte ich Greg nicht den Spaß verderben, wies ihn aber darauf hin, dass die Qatar Foundation strenge Auflagen habe. »Du bist also dabei? Perfekt. Ich kümmere mich um die Genehmigungen.« »Nicht so schnell, ich muss das erst mal mit Salim besprechen. Schließlich habe ich Ramas noch nie in der Stadt geflogen.«

Salim war tatsächlich skeptisch. Falken in der Stadt zu fliegen, sagte er, sei nicht nur ziemlich anspruchsvoll, sondern könne auch gefährlich sein. Ich bat ihn, wenigstens noch einmal darüber nachzudenken. Immerhin würden viele Studenten zum ersten Mal sehen, wie ein Falke geflogen wird. Salim aber dachte zuerst an die Falken: »Wir könnten sie zwischen den Hochhäusern verlieren, und dann?« »Aber es gibt doch bestimmt eine Möglichkeit. Bitte lass es dir noch mal durch den Kopf gehen.« Schließlich willigte Salim ein. Er würde seinen Wanderfalken Anoof und ich Ramas fliegen lassen. Inzwischen hatte sich Greg auch alle notwendigen Genehmigungen besorgt.

Das Spektakel fand auf der weitläufigen Rasenfläche zwischen Universitäten, Schulen und Bürogebäuden statt. Hinter der Absperrung hatten sich bereits zahlreiche Studenten und Lehrkräfte versammelt, die erwartungsvoll bei unseren Vorbereitungen zusahen. Salim und ich bekamen jeder ein Mikrofon in die Hand, denn ich sollte die englische, Salim die arabische Moderation übernehmen. Wir begannen mit einer kurzen Einführung in Herkunft und Kunst der Falknerei, und leiteten dann zur praktischen Vorführung über. Nur leider wollte Anoof nicht so recht; die vielen fremden Menschen, die Gebäude und der ungewohnte Geräuschpegel machten ihr zu schaffen. Also setzte Salim ihr wieder die Haube auf und sorgte so dafür, dass der Falke seine Ruhe hatte. Ich war gespannt, ob Ramas ähnlich sensibel reagieren würde. Doch erfreulicherweise schoss er, ohne zu zögern, in die Luft und kam nach zwei weiten Bögen auch problemlos zurück auf das Federspiel. Ich war ja so stolz auf meinen Ramas. Die Studenten waren überwältigt, applaudierten, stellten viele Fragen und wollten natürlich Selfies mit Falken haben. Anschließend kam eine qatarische Studentin zu mir und sagte mit Tränen in den Augen: »Danke, dass du mich an einen Teil meiner Kultur erinnert hast.«

* * *

Nach dem Falkenfestival im Januar und Al Galayel im Februar ebbt die Falkensaison in Qatar spürbar ab. Nur noch vereinzelt gehen Falkner auf Beizjagd; die meisten bereiten nun alles für die Zeit der Mauser vor. Ich wollte die Gelegenheit nutzen und einen neuen Falken bestellen. Einen neuen Falken zu bestellen heißt allerdings immer, auf Godot zu warten: Man weiß nie, ob das Bestellte jemals ankommen wird. Lange bevor das Falkenjunge überhaupt geschlüpft ist, werden die begehrten Falken bei den Falkenzüchtern vorbestellt – in meinem Fall bei einem spanischen. Zwar ist sicher, wer die Eltern sind, aber nicht, ob sie in diesem Jahr auch erfolgreich brüten werden. Vielleicht legt das Weibchen gar keine Eier, vielleicht sind die Eier unbefruchtet oder fallen sogar aus dem Nest. Bei einem langen Winter können die Eier auch erfrieren. Doch natürlich bestellte ich trotzdem einen Falken – ohne Garantie, betonte der Züchter – und war gespannt, ob ich schon bald ein spanisches Falkenmädchen auf der Faust tragen würde.

Während ich um das neue Falkenleben mitfieberte, steckte

Ramas in seiner nächsten Mauser. Jede Feder, die zu Boden schwebte, erinnerte mich daran, wie vergänglich alles im Leben ist. Oft fällt es schwer loszulassen, doch stets werden wir mit einem Neuanfang belohnt. Der Zyklus von Leben und Tod spiegelt sich in jeder Feder wider. Eine alte muss gehen, damit eine neue wachsen kann. Ich hatte viel losgelassen in den vergangenen Monaten, und noch fühlte mein Herz sich alles andere als leicht an.

Donald und Ramas haben alles brav mitgemacht, doch während der Terzel flog, atzte und mauserte, als wäre nichts passiert, musste sich Donald erst an die neue Situation gewöhnen. Das gelang ihm allerdings schneller als mir. Um nachdenken zu können, verbrachte ich möglichst viel Zeit in der Wüste und mit mir selbst. Möglicherweise war mir das Wohnen und Leben als Single aber auch noch suspekt. Es war zwar eine ganz neue Form der Freiheit – ich konnte mich einrichten, wie ich wollte, das Licht ausmachen, wann ich wollte, und essen, was ich wollte –, doch es war gewöhnungsbedürftig.

Aber war ich vorher nicht auch mehr oder weniger allein gewesen? Ich übte, mir aktiv solche Fragen zu stellen, auch unangenehme, denn ab jetzt wollte ich bewusst leben. Warum bin ich nach der Trennung von Alfredo nicht nach Deutschland zurückgegangen? Da hätte mich die vertraute Umgebung samt Familie und guten Freunden möglicherweise auffangen können. Eine kleine Verschnaufpause in der Kultur meiner Kindheit. Doch mein Herz sagte mir, dass Qatar jetzt mein Zuhause war. Auf dem Papier würde ich immer ein fremder »Resident« sein. Da brauchte ich mir nichts vorzumachen. Und sollte eines Tages der Job weg sein, wäre auch mein Visum futsch. Ob ich mich hier zu Hause fühlte, interessierte die qatarische Bürokratie herzlich wenig. Dabei wollte ich von den Beduinen noch so viel lernen wie möglich. Ihr besonderes Naturverständnis ist einzigartig. Und wenn ich Qatar jemals verlassen würde, musste ich wenigstens einmal bei Al Galayel mitgemacht haben.

Dafür galt es, mein Wissen zu vertiefen, noch mehr Erfahrungen mit Traditionen und Kultur zu sammeln, die Falknerei zu meinem Lebensinhalt zu machen. Inzwischen war ich mit etlichen Falknergruppen zusammen in die Wüste gegangen, hatte mit ihnen gefachsimpelt und unsere Falken trainiert. Ramas war sicherlich schon über jeder qatarischen Wüste geflogen, und ich hatte mit fast jeder Beduinenfamilie *gahwa* getrunken. Mit den Männern in der Wüste, mit den Frauen zu Hause. Und immer hatte ich etwas mehr dazugelernt, über die Kultur, die Falknerei, mich selber.

So wurde mir beispielsweise erklärt, dass man seine *gahwa*-Tasse (*fendschal*) niemals abstellt, bevor man nicht wenigstens einen Schluck getrunken hat. Außerdem muss alles mit der rechten Hand serviert und mit der rechten Hand angenommen werden – niemals mit der linken. Die Person, die *gahwa* ausschenkt, bleibt so lange stehen, bis die *fendschal* ausgetrunken ist und entweder mit einem kleinen Schütteln (»Ich möchte nichts mehr«) oder gerade gehalten (»Bitte noch einen«) zurückgegeben wird. Wird die Tasse, ohne getrunken zu haben, wieder hingestellt, bedeutet das: »Wir müssen ein Problem klären.« Nun ist es am Gastgeber, seinen Gast zu fragen, was los sei. Und dann kann dieser sein Herz ausschütten.

Handelt es sich bei dem Problem allerdings um etwas Lebensbedrohliches, kommt der Gast ins Zelt und wirft seinen *aghal* auf den Boden. Das heißt: »Ich brauche dringend Hilfe.« All diese Details jahrhundertealter Traditionen sog ich voller Dankbarkeit auf. Jede neue Redewendung, die ich kennen lernte, jeder neue Ehrenkodex, jedes Ritual war ein Puzzleteil, das mich den Qataris und ihrer Kultur wieder ein Stück näherbrachte.

* * *

»He, Laura«, sagte Fatma, »was ist nun mit dem Schießen?« Sie hatte mich angerufen, um mich an mein Versprechen zu erinnern, ihr das Schießen auf dem Schießstand in Lusail* beizubringen. Seit Ramas mauserte, war ich wieder häufiger dort. Auch Badria wollte wieder mitkommen. »Okay, wie wär's denn mit morgen nach der Arbeit?« Fatma und Badria zögerten keinen Moment: »Morgen ist super. Um 17 Uhr auf dem Parkplatz?« Es war abgemacht, und ich beschloss, auch zwei Kolleginnen einzuladen. Die Idee schien sich allerdings herumzusprechen, denn als ich am nächsten Tag am Schießstand eintraf, kamen mir zehn verschleierte Frauen entgegen. Der Wind blähte ihre *Abayas* auf, so dass es aussah, als trügen die Frauen Superhero-Umhänge.

Das Schießstand-Personal wirkte leicht überfordert, obwohl eine qatarische Schützin, Bahia Al Hamad, erst vor Kurzem an der Olympiade teilgenommen hatte. Aber das war eben nur eine. Wir waren jetzt zu elft: zehn qatarische Frauen in schwarzen *Abayas* und eine weiß gekleidete Fremde mit buntbesticktem Turban auf dem Kopf.

Als jedoch plötzlich alle Ladys geladene Gewehre in der Hand hielten, war ich selbst überfordert. »Halt. Stopp!«, rief ich. »Wir sind hier zwar zum Spaß, aber Waffen sind alles andere als ein Spaß.« Sofort erinnerte ich mich an meine eigene erste Waffenkundestunde während der Jagdscheinausbildung.

---

* Urbanisierungsprojekt, circa 20 Kilometer nördlich von Doha.

»Bitte alle Waffen wieder vor euch ablegen, mit dem Lauf immer nach oben und niemals auf eine Person weisend. Waffen immer vorsichtig hochnehmen und erst laden, kurz bevor ihr schießen wollt und wenn der Lauf bereits zur Schießbahn zeigt.« Alle nickten brav.

So, jetzt noch den Gehörschutz und dann der Reihe nach. Jeder Einzelnen erklärte ich, wie die Flinte gehalten wird und wie man zielt. Den Rest musste jede selber ausprobieren. Es dauerte nicht lange, und die Mädels waren begeisterte Schützinnen.

Die anderen Kollegen im Büro wurden ganz neidisch, als sie am nächsten Tag von unserem Ausflug erfuhren, und wollten mich überreden, noch am selben Nachmittag auch mit ihnen zum Schießstand zu fahren. Doch ich war mit Mohammed zum Fischen verabredet.

Fatma hatte mir erklärt, dass das Fischen eigentlich den *Hathari*, den Stadtmenschen, vorbehalten sei und die Wüste den Beduinen. Doch unter den Beduinen gibt es einige wie Mohammed und Salim, die sehr gute Fischer sind und die Mauserzeit ihrer Falken nutzen, um aufs Meer zu fahren und mit ihren Netzen Fische zu »jagen«. Salim allerdings habe ich noch nicht dazu bringen können, mich einmal auf seinem Boot zum Fischen mitzunehmen. Er vertröstete mich jedes Mal mit »*Inschallah!*«.

Mohammed jedoch – wir hatten uns im Al-Galayel-Reservat kennengelernt – wollte mir zeigen, wie man in Qatar fischt. Mithilfe einer genauen Beschreibung lotste er mich zu seinem Wüstencamp, das an der Küste entlang der saudi-arabischen Grenze, unweit von Al Galayel, lag. Schon von Weitem sah ich sein Zelt, das einzige weit und breit. Doch kurz vor dem Ziel fuhr sich mein Auto im weichen Sand fest. Mohammed kringelte sich vor Lachen, als er mich dabei beobachtete, wie ich unter das Auto kroch, alles in Windeseile freischaufelte und anfing, Luft aus den Reifen zu lassen. »Sehr gut, im Prinzip alles richtig, aber die Energie brauchst du noch zum Tauchen! Ich ziehe dein Auto einfach mit meinem heraus. Das geht schneller.« Da hatte er Recht. Kleinster Aufwand für ein bestmögliches Resultat.

»Und der Hund?« Fragend schaute Mohammed mich an. »Meiner«, sagte ich. Er fragte: »Was soll das? Wieso hast du so einen Handtaschenhund?« Jetzt musste ich lachen. Wenn der wüsste. Ich sagte: »Donald ist ein Jagdhund.« Ungläubig schüttelte Mohammed den Kopf. »Viel zu klein und zu langsam.« Na warte, dachte ich.

Mohammed stattete mich mit Neoprenanzug, Taucherbrille samt Schnorchel, Flossen, Speer und Taschenlampe aus. Ich solle ihm einfach erst mal folgen, dann werde er mir den Safi zeigen, also die Fischart, die wir jagen würden. Während ich hinter Mohammed herschnorchelte, achteten wir darauf, möglichst sanfte Paddelbewegungen mit unseren Flossen zu machen, um keinen Dreck aufzuwirbeln. Vor lauter Aufregung und Jagdfieber hätte ich am liebsten auch noch aufgehört zu atmen, weil ich unnötige Blasen vermeiden wollte, aber ohne Sauerstoff hätte ich nicht lange Freude an dem Abenteuer gehabt.

Plötzlich tippte Mohammed mich an und zeigte mir den Safi, indem er ihn mit der Taschenlampe anleuchtete. Ich hätte ihn niemals entdeckt, denn er besaß die gleiche bräunliche Farbe wie der Fels, in dem er sich versteckte. Mohammed stach zu. Dann ein kurzer fester Schlag an die Felswand, den Fisch von der Speerspitze abnehmen und ab damit in den Beutel, den jeder von uns hinter sich herzog. Mohammed wies mit einem Kopfnicken gen Wasseroberfläche.

»Hast du das gesehen?«, fragte er mich, als wir wieder

sprechen konnten. »Erst ist es ganz wichtig, dass du den Speer keinen Millimeter wegziehst, sobald du ihn erwischt hast. Bleib mit aller Kraft auf dem Felsen drauf, sonst entwischt er dir wieder.« Ich merkte, dass der Erfolgsdruck wuchs. Nun war ich dran. Es dauerte gar nicht lange, da hatte ich auch schon einen Safi entdeckt. Doch bevor ich zustechen konnte, zog Mohammed mich an der Flosse zurück und signalisierte mir mit ernstem Gesicht, an die Oberfläche zu schwimmen.

»Was ist denn los?«, fragte ich. »Lora«, sagte er, »das ist ein *firala* [Steinfisch], ein wahnsinnig gefährlicher Fisch. Sein Stich kann tödlich sein! Merke ihn dir genau: Ein *firala* ist viel rundlicher als ein Safi.«

Etwas erschrocken versuchte ich mein Jagdglück erneut, und als ich wieder einen Safi entdeckt hatte, versicherte ich mich sicherheitshalber mit einem fragenden Blick bei Mohammed, der mir aber aufmunternd zunickte. Allerdings war der echte Safi schneller wieder weg, als ich zustechen konnte. Ich war einfach zu langsam gewesen. Auch beim nächsten klappte es nicht, was mich jedoch nur umso mehr motivierte. Da – noch einer. Jetzt nicht atmen und auf den Fisch fokussieren, den ich heute Abend essen will. Wenn ich diesen Fisch nicht bekomme, dann habe ich nichts zu essen, stachelte ich mich selbst an. Der ganze Aufwand für nichts und wieder nichts. Es geht ums Überleben. Und in der nächsten Sekunde hatte die Speerspitze den Safi mit voller Kraft durchbohrt. Ich hielt den Speer gegen den Felsen gedrückt und nahm den Fisch schließlich mit der anderen Hand auf. Mein erster selbst erlegter Fisch!

Nach einigen weiteren Jagderfolgen schwammen wir wieder ans Ufer. Erschöpft, aber überglücklich ließ ich mich in den Sand plumpsen … Die Sonne war bereits untergegangen, und die Meeresoberfläche glitzerte im Mondschein, als Mohammed und ich uns die frischgegrillte Beute schmecken ließen. Jeder Bissen war ein Genuss. Anspannung und Anstrengung hatten sich gelohnt.

Mohammed sagte: »*Mabrook* al thieba* zu Meer wie auch zur Wüste.« Etwas verlegen bedankte ich mich. Ja, ich war glücklich in Qatar. Ich hatte so viele Freiheiten. Und all das in unmittelbarer Nachbarschaft von Saudi-Arabien. Gibt es dort eigentlich so etwas wie Freiheit? Während ich noch über Freiheit, Politik und Religion nachdachte, buddelte Donald unbeschwert vor sich hin. Kritisch schaute Mohammed ihm dabei zu. »Was macht er da?«, fragte er, und als ich antwortete: »Jagen«, lachte er laut auf. Eine halbe Stunde später aber präsentierte Donald uns eine erlegte Wüstenmaus, was Mohammed durchaus zu schätzen wusste, denn so eine Wüstenmaus ist enorm schnell und wendig. Seitdem wurden Donalds Fähigkeiten als Jagdhund nie wieder infrage gestellt.

* * *

Gefühlt stiegen die Tagestemperaturen stündlich. Nun wurde es selbst zum Fischen zu heiß, und auch am Schießstand war es nicht mehr zu ertragen. Die Menschen in Wüste und Stadt versuchten, sich möglichst in klimatisierten Räumen aufzuhalten. Ramas mauserte unterdessen fleißig weiter – eine Feder nach der anderen. Und ich erhielt vom Züchter die Nachricht, dass die Falken geschlüpft seien. Auch ein Mädchen sei darunter. Ramas würde also bald wieder weibliche Unterstützung bekommen. Jetzt hieß es also,

---

* Aus dem Arabischen übersetzt: Glückwunsch.

Nägel mit Köpfen zu machen, denn Falkenjungen wachsen schnell; und in der Wüste kann man sie im Sommer ja nicht fliegen lassen.

Antonio, ein spanischer Falkner, mit dem ich mich auf dem letzten Falkenfestival angefreundet hatte, erbarmte sich der kleinen Prinzessin und wollte sie bis September bei sich aufnehmen. Erst dann sollte sie nach Doha ausgeflogen werden. Diesmal wollte ich dem Falken einen spanischen Namen geben und entschied mich schließlich für *Isabel la Católica*, benannt nach der ersten spanischen Königin. Der starken, emanzipierten Frau, die sich selbst als Königin proklamiert und Spanien geeint hatte.

Einige Menschen in meinem Umfeld zeigten mir einen Vogel, ihr Name sei schließlich mit religiösem Extremismus verbunden; sie und ihr Mann Ferdinand seien verantwortlich für die brutale Vertreibung und Ermordung von Juden und Muslimen. »Und so willst du einen Falken in einem muslimischen Land nennen?« Das sind wahrlich gute Argumente. Doch mir war es vor allem wichtig, dem Falken einen starken und eindeutig weiblichen Namen zu geben, denn Araber vergaben immer männliche Namen. Und der Zusammenhang von Religion und Politik hat mich sowieso immer interessiert. Ja, Isabel die Katholikin ließ keine andere Religion gelten, führte die Inquisition ein und setzte dem friedlichen Nebeneinander der Religionen ein grausames Ende. Das ist jetzt sechs Jahrhunderte her. Und obwohl die Thematik heute aktueller ist, als es unserer Welt guttut, war Isabel la Católica eine Kämpferin. Und das würde bestimmt zu meinem Falken passen.

In freudiger Erwartung stand ich am Flughafen, um die junge Königin in Empfang zu nehmen. Ihre Reise von Madrid nach Doha mit Qatar Airways war zwar bequem, aber lang gewesen, und in Doha war es immer noch ziemlich heiß. Deshalb fuhr ich, sobald ich den Einfuhrstempel vom Zoll erhalten hatte, sofort nach Hause, um Isabel la Católica das Abendmahl zu geben. Vorsichtig nahm ich dem jungen Falken die Haube ab. Mit strengem Blick schaute Isabel mich an. Dann musterte sie die neue Umgebung, den anderen Falken und das schwanzwedelnde Tier zu ihren Füßen.

Die Spanierin akklimatisierte sich erstaunlich schnell in ihrem neuen Heimatland. Und Ramas war mittlerweile fast durchgemausert und trug ein wunderschönes neues Federkleid. Die große Isabel war ihm jedoch nicht ganz geheuer. Wahrscheinlich wäre ihm männliche Gesellschaft lieber gewesen. Hinzu kam, dass er noch ein bisschen mit dem Fliegen warten musste, während der Backfisch schon in die Wüste durfte.

Über spanischer Erde war Isabel zwar bereits geflogen, aber wie würde ihr die qatarische Wüste gefallen? In aller Frühe stand ich auf, um mit Isabel und Donald in die Einsamkeit zu fahren. Da ich Isabel auf mich prägen wollte, fuhr ich in einen nahe gelegenen Wüstenabschnitt, um dort allein mit ihr zu trainieren. Federspiel, Federspiel, Federspiel, bis sie es intus hatte. Erst wenn ich sie zuverlässig einholen konnte, wollte ich sie jagen lassen. Dabei fiel mir gar nicht auf, wie stark ich sie dadurch auf mich prägte. Als ich zwei Wochen später wieder mit den Beduinen zusammen Falken fliegen ließ – Isabel hatte sich mittlerweile als mutige Jägerin entpuppt –, näherten sich zwei Falkner der Katholikin, die noch auf ihrer Beute stand. Im nächsten Moment aber ließ sie ihren Fang los und griff die weißgewandeten Männer an den Füßen an. Diese Abneigung gegen Araber blieb ihr erstaunlicherweise erhalten, während sie bei mir die Allerliebste der Welt war.

Isabel erlegte Tauben, Enten und Möwen. Doch sobald sie nicht ihr Idealgewicht hatte, machte sie Sperenzchen. Wog sie etwas zu viel, dann drehte sie gerne einige Extrarunden außer Sichtweite. Zwar kam sie immer wieder zurück, hatte dann allerdings keine große Lust mehr zu jagen. Wog sie hingegen etwas zu wenig, so protestierte sie mit lautem Lahnen. Dabei handelt es sich um fast unerträgliche Bettelrufe, wie sie für junge Zuchtfalken typisch sind: Sie kennen den Menschen und wissen, dass er immer Leckereien in seinem Falknerbeutel hat. Darin unterscheiden sie sich von Wildfalken, die früh gelernt haben, dass es immer um Leben oder Tod geht.

Da Isabel nun mal eine Diva in puncto Gewicht war, musste ich sehr darauf achten, dass sie stets in Topform blieb. Schließlich wollte ich sie auf dem Falkenfestival in Abu Dhabi fliegen. Allerdings konnte ich leider nur einen Falken mitnehmen, weshalb Ramas bei Salim bleiben musste. Das Veterinärzeugnis für Isabel bekam ich in Rekordzeit, doch die Behörden weigerten sich, ihr den neu eingeführten Falkenreisepass auszustellen. »Nur für Qataris«, lautete die Begründung. »Und wie soll ich jetzt mit meinem Falken aus- und einreisen?«, fragte ich. Als Antwort erhielt ich nur ein Schulterzucken. Also musste ich mal wieder die sprichwörtlichen Ärmel hochkrempeln und kämpfen – und siehe da: Nach einigem Hin und Her ließen sich die Herren vom Amt auf das alte Formular ein.

Trotzdem warnten Salim und seine Brüder mich vor der Reise: Spätestens bei der Einreise würde man mir den Falken wegnehmen. »Aber wieso das denn? Mit Sieglinde gab es doch auch keine Probleme.« »Stimmt«, sagte Salim, »aber Isabel la Católica ist eine außergewöhnlich schöne Falkendame. Und die werden sie einfach behalten.« Diese Verallgemeinerung gefiel mir überhaupt nicht, aber ich verstand, was die Beduinen mir damit sagen wollten: »Wir sind nicht sonderlich erfreut darüber, dass du allein mit wildfremden Emiratis auf einem Festival jagen wirst.«

Die angespannte politische Lage kam erschwerend hinzu; die Vereinigten Arabischen Emirate hatten sogar ihren Botschafter aus Qatar abgezogen. Trotzdem wollte ich nicht klein beigeben. »Isabel ist Spanierin, ich bin Deutsche. Wir sind nicht in die Auseinandersetzungen involviert. Und wir haben alle nötigen Papiere. Das wird schon klappen.«

* * *

Doch von wegen. Nichts hat geklappt. Der kurze Flug war keine Hürde, aber am Zoll wurde Isabel mir tatsächlich ohne jede Erklärung abgenommen und weggebracht. Innerlich kochte ich vor Wut, riss mich aber am Riemen und sprach mit Engelszungen auf das Personal ein. Die Äußerungen des Veterinärs blieben allerdings schwammig: »Die Papiere sind eventuell nicht gültig, muss man mal schauen.«

Mit Engeln kam ich hier offenbar nicht weiter. Was bildete der sich eigentlich ein? Finster dreinblickend, den Zeigefinger erhoben, machte ich mit tiefer Stimme klar, dass niemand hier es wagen sollte, meinen Falken anzufassen. Ein Falke ist schließlich kein Koffer, den man so einfach von A nach B verschieben kann. Und an den Arzt gewandt, drohte ich: »Sonst sind Sie morgen Ihren Job los, oder ich setze den Flughafen in Brand.« Völlig unbeeindruckt von meinen Drohungen schüttelte er den Kopf und blätterte stoisch durch irgendwelche Unterlagen auf seinem Schreibtisch. »Pass mal auf, Freundchen! Du bringst mich jetzt sofort zu meinem Falken.« Keine Reaktion. »SOFORT!«

Mit einem tiefen Seufzer stand der Arzt auf, öffnete die Tür und gab mir mit einem grimmigen Gesichtsausdruck zu verstehen, dass ich ihm folgen solle. Puh, immerhin etwas, dachte ich, und ging mit ihm in den Nebenraum. Es war das Quarantänezimmer. Hier was es eisig kalt, und in einer sterilen Voliere stand meine schöne Isabel frierend auf einem Block. Es zerriss mir das Herz. »Hier ist es viel zu kalt. Los, sofort die Klimaanlage ausmachen! Außerdem nicht anfassen, Haube drauflassen und auf keinen Fall füttern! Ihr könnt was erleben ...« »Tut mir leid«, sagte der Veterinär mit einem schiefen Grinsen. »*Du* tust *mir* leid«, fauchte ich, »du weißt ja gar nicht, was du mir angetan hast.«

Nach zig Telefonaten, einer schlaflosen Nacht und einem weiteren Dutzend Anrufen war ich endlich an der richtigen Adresse gelandet: Der Tierarzt, der tatsächlich gesetzeswidrig gehandelt hatte, wurde noch am gleichen Tag durch einen neuen Arzt ersetzt – und ich bekam meinen Falken zurück. Allerdings mit einem vollen Kropf. Der Typ hatte ihr also doch etwas gegeben. Ich konnte nur hoffen, dass es kein mit Hormonen verseuchtes Supermarkthuhn oder fieses Hot Dog gewesen war.

Erschöpft saß ich endlich im Auto Richtung Wüste; und als um mich herum nur noch gelber Sand zu sehen war, schlief ich beruhigt ein. »Hallo, Ma'am, wir sind da.« Sofort war ich wieder hellwach. Ich bedankte mich bei dem Fahrer, gab ihm den vereinbarten Geldbetrag und kletterte mit Taschen und Falken aus dem Wagen. Isabel und ich hatten es geschafft. Mit einem Mal fiel alle Anspannung von mir ab, und mich überkam ein Gefühl der tiefen inneren Zufriedenheit. Ich war mitten in einem gigantischen Wüstencamp, bestehend aus Hunderten kleinerer und größerer Zelte für die rund

1000 Teilnehmer. Die konzentrierte Ruhe, die hier herrschte, schlug mich sofort in ihren Bann.

Rasch fragte ich mich zum Organisationsbüro durch, wo ich zunächst gefragt wurde, welcher Landesdelegation ich angehörte. »Ich reise allein«, antwortete ich. »Ach so, dann komm, ich bringe dich zum Frauenzelt.« Als wir dort ankamen, war ich erstaunt, wie groß es war. In dem mit Teppichen ausgelegten Zelt hätten bestimmt 20 Frauen reichlich Platz gehabt, aber wir waren zu zweit: eine Engländerin und ich. Ich deponierte meine Taschen neben meinem Schlafsack, suchte die nötigen Utensilien zusammen und machte mich zusammen mit Isabel auf zu einer ersten Trainingseinheit. Die vertrauten Abläufe zwischen den ausgedehnten Sanddünen taten uns beiden gut. Isabel schien die Nacht in Quarantäne recht gut überstanden zu haben, obwohl sie noch nicht in jagdtauglicher Verfassung war.

An diesem Abend blieb ich nur kurz mit den anderen Falknern des Camps am Lagerfeuer, aß noch eine Kleinigkeit, dann verabschiedete ich mich und zog mich ins Zelt zurück. Neben mir Isabel. Um uns die Wüste mit ihrem sagenhaften Sternenhimmel. Meine Gedanken wanderten zu Alfredo, zu unserem gemeinsamen Weg, zu den vielen guten gemeinsamen Erlebnissen, zu all den schmerzhaften Erfahrungen der letzten Zeit – und plötzlich spürte ich, dass da ganz viel Dankbarkeit in mir war.

Am nächsten Morgen wachte ich glücklich und mit kribbeliger Vorfreude auf den neuen Tag auf. Nach einem schnellen Frühstück mit *karak* und *chapati** erkundete ich auf einem weißen Araberhengst die Umgebung. Diese Wüste war ganz anders als in Qatar. Der feine Sand auf den vielen kleinen

---

* Dünnes Fladenbrot aus Weizenmehl, Olivenöl, Salz und Wasser.

Dünen hatte eine besonders intensive Gelbschattierung. Und weit und breit war kein Stein zu sehen.

Als ich Isabel anschließend die zweite Trainingseinheit vor dem großen Tag angedeihen ließ, merkte ich, ohne sie gewogen zu haben, dass sie zu schwer war. Vermutlich eine Folge von Fastfood, dachte ich und merkte, wie mein Zorn wieder aufflammte. Also achtete ich beim Training darauf, dass Isabel sich nicht zu sehr anstrengen musste, denn ich wollte ihre Belohnung möglichst klein halten. Das Gewicht musste runter und das Biosystem mit hochwertiger Nahrung wieder ins Lot gebracht werden. »Sonst erleben wir beide morgen ein Desaster, meine schöne Königin«, flüsterte ich, während Isabel ihre Diätkost atzte.

***

Um 5 Uhr war die Nacht vorbei. Gemeinsam mit emiratischen Falknern wärmte ich mich an einem der Lagerfeuer auf und trank heißen *gahwa*, bevor wir zusammen mit 60 anderen Falknern aus aller Welt auf die bereitstehenden Kamele stiegen. Inzwischen war ich eine erfahrene Kamelreiterin, für Isabel aber war es der erste Kamelritt ihres jungen Falkenlebens. Doch sie machte ihre Sache gut: Hocherhobenen Hauptes balancierte sie die ungewohnten Wellenbewegungen aus, während ich aufgeregt nach Houbaras Ausschau hielt und den Sand vor und neben mir nach ihren Spuren absuchte. Natürlich wollten alle Emiratis – denn nur sie und ich waren mit Falken unterwegs – lieber früher als später jagen, trotzdem versprachen sie mir die erste gesichtete Houbara, machten sich dabei aber immer wieder über meine »fette kleine Falkendame« lustig.

Ich versuchte, mich nicht davon beirren zu lassen, zumal

keiner der stolzen Falkner Recht hatte. Denn Isabel war ganz und gar nicht zu hoch, sondern offensichtlich viel zu tief.* Ich hätte ihr gestern doch mehr gönnen sollen, warf ich mir vor, immerhin war es nachts ziemlich kalt gewesen. Da hatte sie bestimmt viel mehr verbrannt als normalerweise.

Isabels Protest war kaum noch zu übersehen: Trotz Haube probierte sie zu fliegen, um mir damit zu zeigen, dass sie jetzt jagen und essen will. Aber woher sollte ich jetzt eine Houbara herzaubern? Und schließlich war Isabels Lahnen so laut, dass mir nichts anderes übrig blieb, als die Jagd für heute abzubrechen.

Mit einem kräftigen Ziehen am Halfter brachte ich das Kamel zum Stehen, bat es in die Knie, stieg ab und reichte dem mitreitenden Kameltreiber die Halfterschnur. Erstaunt blickten die Männer zu mir herunter. »Was ist los?« »Ich laufe zum Camp zurück.« »Aber findest du denn deinen Weg?«, fragte ein emiratischer Falkner. »Ja, weil ich genau weiß, wohin ich will.« Und weil ich Salims Schülerin bin, dachte ich. »Aber es gibt Skorpione und Schlangen!« »Ich passe auf. Versprochen.«

Ob Skorpione, Schlangen oder Treibsand: Ich musste dringend zurück und Isabel auf dem Weg ein paar Durchgänge am Federspiel fliegen lassen, denn einfach so darf sie keine Atzung bekommen, sonst lahnt sie irgendwann aus purer Faulheit.

Natürlich war ich enttäuscht, dass ich die Jagd abbrechen musste, aber morgen war ja auch noch ein Tag, tröstete ich mich selbst, und marschierte mit Isabel auf der Faust los.

Doch auch am nächsten Tag blieb Isabel und mir der Jagd-

---

* Wiegt ein Falke zu viel, sagt der Falkner: »Er ist zu hoch«; wiegt der Falke zu wenig, heißt es, er sei zu tief.

erfolg versagt, denn die Emiratis hatten ihr Versprechen, mir die erste Houbara zu überlassen, einfach vergessen. Als die Sonne bereits so tief stand, dass wir umkehren mussten, hätte ich mir die Haare unter meinem Turban am liebsten einzeln ausgerissen, so ärgerlich war ich. »Jetzt bleibt uns nur noch ein Tag«, schimpfte ich vor mich hin, während ich die erwartungsvolle und hungrige Isabel wieder an das Federspiel fliegen ließ.

Der letzte Tag des Festivals brach an, und wieder ging ich zusammen mit den Falknern auf Houbara-Jagd. Isabel machte einen topfitten Eindruck. Offenbar hat sie die Enttäuschungen der letzten Tage besser weggesteckt als ich, dachte ich, als auf einmal ein Emirati sein Kamel neben mich lenkte. »Soll ich dir mal erklären, wie man Houbaras mit einem Falken jagt?« Das war bestimmt nett gemeint, aber lieber wäre es mir, sie gäben mir endlich eine Chance, es selbst zu versuchen. Noch bevor ich antworten konnte, war er schon dabei, mir lang und breit die einzelnen Schritte zu erläutern und mich darauf hinzuweisen, dass mein Falke viel zu klein sei.

»Da ist schon eine Houbara«, sagte der Schlaumeier plötzlich. »Jetzt zeige ich dir, wie man das macht.« Er nahm seinem großen Sakerfalken die Haube ab, dieser erblickte die Houbara sofort und flog hinterher. Doch nach nur 200 Metern brach der Falke die Verfolgung ab und kehrte um, während sich die Houbara unter einem Wüstenbusch verkroch. Das ist unsere Chance, Königin, dachte ich, stieg von dem Kamel ab und machte Isabel flugbereit. Kaum hatte ich die Haube etwas gelockert, schreckte die Houbara hoch und flog weiter. Schnell nahm ich Isabel die Haube ganz ab – und Isabel zischte los, der flüchtenden Houbara hinterher. Es dauerte nur wenige Sekunden, da brachte mein Falke den doppelt so großen Vogel zu Fall. Juhu! Barfuß rannte ich durch den Wüstensand zu ihr und half, die Houbara mit einem Messerschnitt von ihrem Todeskampf zu erlösen. Falknersheil Isabel!

Ein enormes Glücksgefühl durchströmte mich, als ich sah, wie genüsslich sie die Houbara-Federn rupfte. Für diese Leistung hatte sich Isabel la Católica wahrlich eine königliche Belohnung verdient. Und auch mein Abendessen ist dank ihr gesichert. Unsere Kamelkarawane zog weiter, aber ich ritt nicht mehr, ich flog auf dem Kamel, so erleichtert war ich. Jetzt würde bestimmt keiner der Falknerchauvis mehr behaupten, mein Falke sei zu klein. Ha, jubelte ich innerlich, Isabel, die Königin, hatte mich zu einer gleichberechtigten, respektierten Falknerin gemacht. Al Galayel, wir kommen!

* * *

Doch um für Al Galayel gewappnet zu sein, musste ich noch an meiner Reitfitness arbeiten. Darum meldete ich mich beim Racing & Equestrian Club in Doha an. Das sparte mir viel Zeit, denn dort wurde auf der einen Kilometer langen Reitbahn und nur an bestimmten Tagen auf der Endurance-Strecke in der Wüste trainiert. Da Winter war, wurde es erst recht spät hell, so dass ich die Falken nur nachmittags fliegen konnte. Das bedeutete: morgens um 7 Uhr ins Büro, nach der Arbeit um 15.30 Uhr die Falken und Donald holen, raus in die Wüste, Falken fliegen und Donald flitzen lassen, zurück nach Doha, Falken nach Hause bringen, dann in den Reitclub. An manchen Tagen trainierte ich eine, an anderen zwei Stunden, dann folgte ein Tag Pause, um neue Kräfte zu sammeln. Am Wochenende trafen sich alle Reiter im Endurance Village, wo wir auf der eigentlichen Rennstrecke übten. Ich hatte mir ein straffes Trainingsprogramm zusammengestellt, doch nur so konnte ich meine Ausdauer in relativ kurzer Zeit verbessern. Und obwohl mein Alltag extrem eng getaktet war, empfand ich dabei keinen Druck.

Ich bin frei und tue, was ich will, dachte ich, als ich Myra, die Araberstute, nach zwei Stunden im Galopp erschöpft, aber zufrieden mit langen Zügeln abritt, damit sie abkühlen konnte, bevor ich sie gemächlich zurück zum Stall ritt. Sie hatte sich ihre Dusche wahrlich verdient. Doch plötzlich, keine fünf Meter vor dem Stall, rutschte Myra auf dem Asphalt weg und verlor das Gleichgewicht. Wie in Zeitlupe dachte ich, dass ich nicht mehr abspringen könne. Voller Angst sah ich den grauen Asphalt auf mich zukommen, Herz und Atmung setzten aus – und in der nächsten Sekunde lag ich unter dem Pferd. Ich sah weiße Gewänder, die herbeieilten, hörte Rufe und immer wieder »Lora, Lora!«.

Einen Augenblick später merkte ich, dass Myra sich aufzurichten begann, hörte sie kurz wiehern, und da stand sie auch schon auf, als mein rechtes Bein knackte. Ich konnte es nicht mehr bewegen. Während eine Amerikanerin, sie stellte sich mir als Sue vor, mir ein Taschentuch für mein Nasenbluten reichte, erzählte sie, vor einer Woche sei ihre Tochter genau an der gleichen Stelle gestürzt und liege immer noch im Koma. Diese Geschichte war zu viel für mich. Mir wurde fast schwarz vor Augen. »*Are you okay?*«, fragte sie, woraufhin ich nur den Kopf schüttelte. Sie war offenbar sehr besorgt und brachte mich ins Krankenhaus.

Greg, mein Notfallkontakt, wurde informiert und war schon bei mir, noch bevor ich untersucht wurde. Gott sei Dank war es kein Bruch und dem Helm sei Dank auch keine Gehirnerschütterung. Ich hatte nur eine heftige Prellung und immer noch Nasenbluten. Trotzdem konnte ich das Bein nicht bewegen, und es tat höllisch weh. Schmerztabletten lehnte ich allerdings ab. Ich war *al thieba*, ich brauchte so etwas nicht.

Greg fuhr mich nach Hause, sorgte dafür, dass ich genug zu essen und zu trinken am Bett hatte, und nahm Donald mit zu sich, solange ich nicht mit ihm rausgehen konnte. Auf einmal konnte ich nichts mehr machen. Von 250 auf 0 in einer Sekunde. Zwei Wochen lang war ich krankgeschrieben. Die Schmerzen ließen mich nicht schlafen, aber ich versuchte, stark zu bleiben, bis ich es einfach nicht mehr aushielt und nur noch hoffte, dass die Tabletten möglichst schnell wirken würden.

Nach zwei Tagen bat ich Salim, sich um die Falken zu kümmern. Ramas war gar kein Problem, den nahm er gerne, aber auf Isabel freute er sich nicht. »Das Biest werde ich nur am Block füttern und auf keinen Fall fliegen lassen«, erklärte er. Aber in diesem Moment war ich schon froh zu wissen, dass Isabel Sonne, Atzung und ein frisches Bad bekommen würde.

Schließlich blieb ich allein in meiner Wohnung zurück – so allein wie nie zuvor. Aber es war nicht das Alleinsein, das mich bedrückte, sondern der Gedanke, wie schnell sich alles ändern konnte, ohne irgendetwas dagegen tun zu können. Dass ich fit und gesund war, hatte ich immer als völlig selbstverständlich hingenommen, hatte mich über Kleinigkeiten wie Schnupfen und Halsschmerzen aufgeregt, statt meinem Körper dankbar zu sein. Denn ein gesunder Körper ist ein Geschenk.

15
Mosta'hvel ist nur ein Wort

Stärke wächst nicht aus körperlicher Kraft – vielmehr aus unbeugsamem Willen.

Mahatma Gandhi

»Wie schlimm ist es?«, fragte meine Mutter, kaum dass ich mich mit »Hallo Mama!« gemeldet hatte. »Bist du vom Pferd gefallen?« Ich war völlig perplex. Woher wusste sie das? Ich hatte doch bewusst nichts von meinem Unfall gesagt, um sie nicht unnötig zu beunruhigen. »Mein Pferd ist ausgerutscht. Aber wer hat dir denn davon erzählt?« »Niemand, aber jetzt weiß ich, dass mein Gefühl stimmte.« Mütterliche Intuition also.

Pferde waren meiner Mutter nie ganz geheuer. Deshalb gefiel es ihr auch nicht, dass ich schon früh eine Liebe zu Pferden entwickelte und am liebsten wilde Pferde ritt. Die dickköpfigen Ponys haben mir so manches beigebracht, aber vor allem eines: Durchsetzungskraft. Und mein Vater brachte mir bei, sofort wieder aufzusteigen, wenn man runtergefallen ist. Bloß nicht aufgeben! »Du lässt dich doch nicht von so einem Pony unterkriegen!«, pflegte er zu sagen. Meine Mutter hingegen hoffte immer, dass ich aufgeben und mir eine »sichere« Leidenschaft suchen würde. Sie hatte ja schon von »so schrecklichen Reitunfällen« gehört. »Keine Sorge, Mama, es ist ja gar nichts passiert.« »Hörst du denn jetzt endlich damit auf?« »Nein«, sagte ich, »sobald ich wieder laufen kann, werde ich auch wieder reiten.«

Natürlich hatte meine Mutter mit dieser Antwort gerechnet. Ihre Tochter und aufgeben? Das passte nicht zusammen.

Insgesamt war ich zwei Wochen an meine Wohnung gefesselt. Danach konnte ich mein Bein zwar noch nicht stärker belasten – an einen Distanzritt war also nicht zu denken –, doch immerhin konnte ich schon wieder gehen und ohne Schmerztabletten schlafen. Das war herrlich, zumal das auch bedeutete, dass Donald, Ramas und Isabel la Católica endlich wieder bei mir einziehen konnten. Die drei hatten mir unglaublich gefehlt. Wer gesund genug für Falkentraining und Gassigehen ist, kann allerdings auch wieder im Büro am Schreibtisch sitzen. Der Balanceakt zwischen Beruf und Freizeit, Beton und Wüste hatte mich wieder.

In den Wintermonaten sind auch in Qatar die Tage so kurz, dass ich jede kostbare Minute Tageslicht nutzen musste, wenn ich meine Falken vernünftig trainieren wollte. Es war ein Wettlauf gegen die Zeit. Doch endlich stand ich wieder auf eigenen Beinen in der Wüste. Ich hatte das Gefühl, eine Ewigkeit weg gewesen zu sein. Um zu sehen, in welcher Verfassung Ramas und Isabel nach der Trainingspause waren, begann ich mit einer leichten Übung, während Donald zwischen den Wüstenbüschen hin und her peste. Für Falken interessierte er sich nur noch, wenn er für sie Wild treiben durfte oder sie ihm fleischige Knochenreste übrig ließen. Ich hingegen konnte mich an ihren Flugkünsten nicht sattsehen. Es war ein berauschendes Gefühl, meine Falken wieder fliegen zu sehen, zumal ich mir jetzt bewusst war, dass alles auch anders hätte ausgehen können.

Als die Sonne unterging, ließ ich mich dankbar und glücklich auf dem Teppich nieder und versuchte, die vielen interessierten Fragen meiner Beduinenfamilie zu beantworten. Schließlich hatten wir uns lange nicht gesehen. Kurz berichtete ich von meinem Unfall und dass mir glücklicherweise nichts Schlimmes passiert sei, was mit einem allgemeinen »*Alhamdellah*« (Gott sei Dank!) kommentiert wurde. Allerdings waren alle Männer der festen Überzeugung, dass mir jemand den »bösen Blick«* zugeworfen habe. Jemand, der nicht »*Maschallah*«** (Gott schütze dich!) gesagt habe, weil er mir das Rennen nicht gönnte. Die schlimme Eifersucht sei schuld daran, dass ich gestürzt sei, doch Allah habe mich trotzdem beschützt.

Araber bauen jedoch nicht nur auf Allah, sondern tragen zusätzlich »das blaue Auge«, ein Amulett, das den »bösen Blick« abwenden soll. Der Glaube versetzt bekanntlich Berge – und ja, es gibt viele Dinge zwischen Himmel und Erde, die wir Menschen vielleicht niemals werden erklären können. Vermutlich war Myras Sturz nur ein unglücklicher Zufall, doch die Beduinen waren davon überzeugt, dass jemand neidisch auf mich gewesen sei und damit das Pferd zu Fall gebracht habe. Wer weiß.

Danach wollten sie von mir eine genaue Beschreibung meiner Reise nach Abu Dhabi hören. Sie interessierten sich für jedes Detail, und Salim konnte sich ein beiläufiges »Hab ich doch gleich gesagt, die sind so« nicht verkneifen, als ich von den Problemen bei der Einreise erzählte. Am liebsten

---

* Arabischer Aberglaube, wonach man wegen des Neids anderer Menschen zu Schaden kommen kann.
** Wird gesagt, wenn jemand gelobt wurde, um die Person vor dem »bösen Blick« zu schützen.

hätte ich gekontert, dass ich bei »denen« wenigstens mit Kamel, Pferd und Falke auf Beizjagd gehen durfte und nicht wie in Qatar ständig mit Verboten (»*Mamnoueh'!*«) und Neins (»*La!*«) konfrontiert wurde. Inzwischen hatte ich viele sehr selbstbewusste und von den Männern geschätzte qatarische Frauen kennengelernt, aber als Frau allein unter Beduinen zu jagen – das war offenbar doch etwas zu viel Selbstbewusstsein. Ich wollte aber mehr, als bei einem Falkenwettbewerb zuzuschauen: Mein Herzenswunsch war es, in Al Galayel mitzureiten und damit offiziell von meiner neuen Heimat als Beduinin anerkannt zu werden.

※ ※ ※

So ging ein weiteres Jahr vorüber, und mittlerweile war ich auf dem Falkenfestival im Januar die bekannteste fremde Zuschauerin. Als schließlich auch Al Galayel wieder näher rückte, spürte ich eine wachsende Aufregung, weil ich mir die Chance, es noch einmal zu probieren, nicht entgehen lassen wollte. Deshalb war ich auch schon während der Aufbauarbeiten auf dem Gelände, um ja nichts zu verpassen.

Das Base Camp hatte man an die gegenüberliegende Seite verlegt und erheblich erweitert. Jedem Team wurde dort ein Zelt zugeteilt, in dem es die erste Nacht verbrachte, bevor alle am nächsten Tag mit Sack und Pack und eigenem Zelt in der Kamelkarawane loszogen.

Ich saß mit Ali und anderen Personen der Turnierleitung bei *gahwa* und Datteln zusammen und betonte zum x-ten Mal, wie gerne ich mitmachen würde, und zum x-ten Mal erntete ich ein »*La!*«. »Du kennst doch die Regeln, Lora: Erstens männlich, zweitens Qatari.« Dabei hatten sie die Regeln sogar erweitert, indem jedes Team bis zu zwei Teilnehmer anderer GCC*-Staaten aufnehmen konnte. »Na also! Dann kann man ja wohl auch eine klitzekleine internationale Teilnahme genehmigen.« Sofort erschallte lautes Gelächter im *majls***, begleitet von heftigem Kopfschütteln, und jemand sagte mitleidig: »Außerdem würde bestimmt keines der Teams dich dabeihaben wollen, selbst wenn wir es erlauben würden.«

Vermutlich hatte er damit Recht, aber ich wollte es genau wissen: Gleich am ersten Tag des Turniers war auch ich da, um mit meiner Offensivoperation loszulegen. Mit Hamad, einem der Al-Galayel-Schiedsrichter, als Zeugen zog ich von Zelt zu Zelt, um jedes Team zu fragen, ob ich mitmachen dürfe. Team 1: kurze Verwunderung, dann ein Nein. Team 2: kritischer Blick, kurze Verlegenheit, dann ein deutliches Nein. Team 3: kleine Pause, dann ein deutliches Ja. »Hast du das gehört, Hamad?« Ich war so überrascht, dass ich es kaum glauben konnte.

Der Teamleiter hieß Abdullah; er kannte mich offenbar vom Hörensagen und aus den Medien. »Ich weiß, dass man dich *thieba* nennt«, sagte er, ohne eine Miene zu verziehen, »und dass du nicht nur Pferde und Kamele reiten, sondern auch mit Falken jagen kannst. Wieso sollte ich dich da nicht in meinem Team haben wollen?« Hatte er das gerade wirklich gesagt? Ich bedankte mich herzlich. Dass er in aller Öffentlichkeit zu mir stand, machte ihn zu meinem persönlichen Helden.

Danach eilte ich mit Hamad sofort zurück zu den Bürozelten; ich musste unbedingt mit Ali sprechen. Jetzt konnte ich endlich mitmachen!

---

* Gulf Cooperation Council (Golfkooperationsrat, gegründet 1981): Bahrain, Kuwait, Oman, Qatar, Saudi-Arabien und die VAE.
** Eine Art Empfangszimmer für Männer.

Aber Pustekuchen – Ali sagte wieder »*La!*«. Das könne nun mal nicht erlaubt werden. Es war zum Mäusemelken. Tief enttäuscht nörgelte und diskutierte ich so lange herum, bis das Entscheidungsgremium immerhin bereit war, es sich noch einmal ernsthaft zu überlegen. Allerdings, so der Überlegungen vermeintlich letzter Schluss, seien die Teams schon im Dezember aus allen Bewerbern ausgelost worden. Wenn man jetzt eins ändere, sei das den übrigen Teams gegenüber unfair. Außerdem bräuchte ich ja auch ein separates Zelt. Kurzum: Es würde einfach sämtliche kulturellen und traditionellen Regeln brechen, wenn ich mitmachen würde. Deshalb »*La!*«.

»Aber wenn schon nicht bei den Qataris, dann doch wenigstens in einem internationalen Team«, bohrte ich weiter. Ich war schon so weit gekommen. Jetzt bloß nicht aufgeben, flüsterte mir mein Herz zu. Doch die Tage vergingen, und die Ausreden nahmen kein Ende. Al Galayel sei noch nicht bereit für ein internationales Turnier, noch müsse einiges verbessert werden und überhaupt und sowieso.

Meine Enttäuschung war so groß, dass mir endgültig die Geduld riss und ich bei meinem nächsten Besuch im *majls* den angebotenen *gahwa*, ohne einen Schluck getrunken zu haben, vor mir abstellte. Erschrocken schauten mich die Männer an. »Was ist denn los?« »Was soll schon los sein? Mitmachen will ich!« Und wieder die Leier: »Ja, aber das geht doch nicht, du bist weder ein Mann noch ein Qatari.« Da hatten sie Recht.

»Das bin ich nicht und werde es auch nie sein. Wozu auch? Ich bin eine deutsche Frau, aufgewachsen mit europäischen Werten und deutscher Kultur. Darauf kann ich stolz sein und muss das nicht verstecken oder mich verbiegen. Doch ich bin nach Qatar gekommen, um mich zu integrieren. Ich lebe für das Leben in der Wüste und bin nicht allein hier geblieben, nur um jeden Tag in einem Betonkasten zu sitzen. Das kann ich auch überall auf der Welt machen. Ich wollte Arabisch lernen, die Kultur verstehen und jagen wie Beduinen. Ich bin das Endurance-Rennen auf einem Araber geritten, habe gelernt, Kamele zu reiten, das Abtragen von Falken und die traditionelle Jagd mit Salukis.«

Als ich mit meiner flammenden Rede fertig war, herrschte erst einmal Stille, dann verhaltenes Gemurmel, und schließlich wurde hitzig diskutiert. Die einen feuerten wieder ihr »Unmöglich« und »Niemals, egal weshalb und warum« ab, als einer schließlich laut und deutlich sagte: »Das stimmt. Und das, was sie hier gelernt hat, können nicht mal alle qatarischen Männer.« Den Beweis lieferte spätestens Al Galayel selbst, wo immer wieder sich selbst überschätzende Teilnehmer von Pferden und Kamelen purzeln.

Würde sich das Blatt jetzt zu meinen Gunsten wenden? Nun hatte ich immerhin schon einen Fürsprecher im Gremium. Doch wieder war die Entscheidung die gleiche. »Eine Frau unter den qatarischen Männern geht nicht – das würde der Scheich nicht erlauben.« »Dann fragt ihn doch erst mal!«, rief ich. Zunächst traute sich keiner, aber als ich nicht aufgab, wurde dem Scheich mein Anliegen endlich vorgetragen. Am Ergebnis änderte sich allerdings immer noch nichts. Denn auch der Scheich sagte »*La!*«.

Nach diesem Nein war ich drauf und dran, endgültig meine Koffer zu packen. Ausgewiesen wurde ich zwar nicht, aber ich fühlte ich mich einfach nicht richtig wohl. Eines jedoch musste ich den Al-Galayel-Herren noch sagen: »Ihr holt die Fußball-WM nach Qatar, um der Welt mit dieser extrem teuren Werbung zu beweisen, wie modern das kleine Land ist, wie weltoffen ihr seid, wie toll man in Qatar leben kann. Und nun habt ihr jemanden hier, der euer Land kostenlos und von ganzem Herzen liebt, der sich auf allen Ebenen freiwillig integriert hat, der eure Kultur respektiert, der eure beduinischen Traditionen verehrt, als wären es seine eigenen. Aber ihr wollt das alles nicht anerkennen? Wie wollt ihr dann Leute aus aller Welt hier willkommen heißen?«

Traurig verließ ich das *majls* und fuhr nach Doha zurück, während ich Al Galayel im Rückspiegel kleiner und kleiner werden sah, bis es schließlich verschwunden war. Doch in meinem Herzen würde es immer bleiben. Trotz allem.

Am nächsten Tag, es war der 10. Februar, erhielt ich einen Anruf. »Wir haben den Scheich noch einmal gefragt«, begann Ali. Mir stockte der Atem. »Okay, wir können dich mit deinem internationalen Team reinlassen – aber nur für eine Nacht und einen Tag. Länger geht es nicht.« Ein Tag war natürlich recht kurz, aber ich wollte nicht weiter meckern und bedankte mich aufrichtig. Mein Herz tanzte. Der 23. Februar sollte mein Glückstag beim Al Galayel sein.

Da ein Team mindestens sechs Teilnehmer umfassen musste, brauchte ich noch fünf. In den vergangenen Jahren hatte ich ja einige Falkner aus Europa kennengelernt; nun musste ich nur noch herausfinden, wer besonders gut reiten konnte und so kurzfristig Zeit hatte, nach Qatar zu kommen. Doch ehe ich überhaupt erste Erkundigungen einziehen konnte, eröffnete mir Ali, dass in meinem Team nur Expats sein dürften. War das zu fassen? Hoffte man etwa, mich durch diesen Felsbrocken von meinem Weg abzubringen? Mein Jagdinstinkt war geweckt: Obwohl ich die einzige ausländische Falknerin im Land bin, dachte ich, muss es hier doch Leute geben, die ich dafür begeistern, innerhalb von zwei Wochen trainieren und auf den Wettbewerb vorbereiten kann.

Ich musste mindestens fünf willige Residenten finden. Als Salim davon erfuhr, meinte er sofort: »*Mosta'hiel!* Wenn du einen oder zwei fändest, wäre das schon viel. Aber fünf? Wo willst du die hernehmen?« »Keine Ahnung«, sagte ich, »aber es wird klappen. Es *muss* einfach!«

Als Erstes rief ich Richard, den Professor aus Brooklyn, an. Immerhin hatte Al Galayel es ihm damals angetan. Und tatsächlich war er auch jetzt Feuer und Flamme und sagte ohne zu zögern: »Ich bin dabei!« Damit waren wir also schon zu zweit. Nun fehlten noch vier.

Ich rief Baran an, einen Türken, der schon seit einigen Jahren in Doha wohnte und eigentlich für jedes Abenteuer zu haben war. Als Journalist war er schon in Afghanistan, im Irak und einigen anderen Kriegsgebieten unterwegs gewesen, zwar mit dem Auto und nicht auf dem Kamel, aber er war ein sportlicher Typ und konnte reiten. Auch Baran sagte erfreulicherweise sofort zu, als ich ihm von dem Plan erzählte. Die Hälfte des Teams stand!

Von einem spanischen Expat, der im Compound in unserer Nachbarschaft gewohnt hatte, wusste ich, dass er Jäger und ein extrem guter Reiter war. So jemanden konnte ich natürlich gut gebrauchen und rief ihn an. Er würde sehr gerne mitmachen, sagte er, aber zeitlich sei es für ihn einfach nicht zu schaffen. Okay, eine Absage ist keine Absage, also weiter im Takt.

Über meinen Freundeskreis kam ich auf Alistair, einen Schotten, der ebenfalls seit Längerem in Qatar wohnte und Hobbyornithologe war. Auch er war von der Idee begeistert und sofort dabei. Jetzt waren wir schon zu viert, fehlten also nur noch zwei.

Meine Kollegin Betsy schlug ihre irische Nachbarin Sandra vor, diese sei eine begnadete Reiterin und reite sogar Fuchsjagden, erzählte Betsy. Sandra und ich trafen uns auf einen Kaffee, und bereits nach wenigen Minuten war klar: Sie gehört zum internationalen Al-Galayel-Team. Sie brauchte nur das Wort »Reiten« zu hören, um auf der Stelle überzeugt zu sein.

Jetzt brauche ich nur noch einen Letzten zu finden, dachte ich, und im selben Moment fiel mir Freddy ein. Ihn hatte ich noch nicht gefragt! Mein sportlicher Kollege war ein großer Hundenarr und machte gerade seinen Segelschein. Als ich ihn anrief, erzählte er mir gleich ganz stolz, dass er auch schon bei mehrtägigen Kameltouren mitgemacht habe. »Also, wenn du mich brauchst, Laura, lass ich dich natürlich nicht hängen.«

Geschafft – ich hatte ein Team. Die fünf waren zwar weder Jäger noch Falkner, aber motiviert und bereit, mich zu unterstützen. Mehr konnte ich nicht verlangen. Nun musste alles sehr schnell gehen. Ich eröffnete eine WhatsApp-Gruppe namens *»Team Al Thieba for Al Galayel«* und stellte die Mitglieder einander vor. Als Kommentare wie »Was? *Den* willst du auch im Team haben?« zurückkamen, unterband ich diese, indem ich ein Machtwort sprach, und betete, dass sich alle zwei Wochen lang zusammenreißen und wie Erwachsene benehmen würden.

Mit einem Team und zwei Falken allein war es noch nicht getan, nun galt es, die Pferde, Kamele und Salukis zu beschaffen. Doch wo sollte ich leicht zu reitende Kamele, ruhige Araberpferde, die an Falken gewöhnt waren, und brave, aber gut jagende Salukis herbekommen? Ich telefonierte, klingelte Sturm, flitzte von Pontius zu Pilatus, bis ich schließlich fünf Kamele – sicherheitshalber hatte ich ein Tier mehr bestellt, falls eines lahmte –, zwei Pferde und zwei Salukis beisammenhatte. *Inschallah!*

Via WhatsApp schlug ich dem Team vor, sich gleich am nächsten Tag zum Abendessen zu treffen, um einen Trainingsplan zu entwerfen. Unglücklicherweise hatte das Fernsehteam vom Al Galayel inzwischen Wind vom »International Team«

bekommen und wollte gerne dessen erstes Zusammentreffen filmen. Und so bekam unser Arbeitstreffen mit Dinner etwas von einer Realityshow: Wir wurden verkabelt, die Beleuchtung musste eingerichtet werden, bevor wir uns unterhalten durften; und natürlich versuchten wir, nicht mit vollem Mund zu sprechen.

Nach dem Essen verteilte ich erst einmal meine Falkner- und Jägerbücher. »Bitte ein bisschen drüberschauen, um zumindest ein paar Anregungen zu bekommen, und die Bücher dann beim nächsten Treffen untereinander austauschen«, sagte ich. Danach begann ich, Richard, Freddy, Sandra, Baran und Alistair alles Wichtige über Al Galayel zu erzählen und ihnen mit Ramas' Hilfe erstes Falknerwissen zu vermitteln.

»Jeder im Team wird eine ganz bestimmte Aufgabe haben. Welche das sein wird, entscheiden wir im Laufe des Trainings«, erklärte ich, während Ramas wie ein Taler von Faust zu Faust wanderte. Mein Lannerfalke erwies sich als perfekter Lehrlingsfalke.

Am Ende des Abends stand der grobe Trainingsplan fest. Jeder von uns sechsen wusste, wann er wo zu sein hatte, um das enge Zeitfenster bestmöglich zu nutzen. Natürlich wurde ich mit Fragen bombardiert, machte aber klar, dass sich das meiste am besten beim Training in der Wüste beantworten lasse. »Und am 22. Februar werden wir dann gut vorbereitet im Al-Galayel-Base-Camp einziehen. Jeder muss einen Schlafsack mitbringen, Toiletten gibt es vor Ort, aber ansonsten müssen wir uns selbst versorgen.«

Einen Tag später war das komplette Al-Thieba-Team bei meiner Beduinenfamilie in der Wüste. Salim kam aus dem Staunen nicht mehr heraus. »Wo hast du die denn alle aufgetrieben, Lora?« Kritisch beäugte er die Stadtkreaturen und schüttelte den Kopf. »Vergiss es! Das wird nichts. Was willst du denn aus denen in zwei Wochen machen?« »Nur Geduld«, sagte ich, »die wollen alle mitmachen, also werden wir das auch hinbekommen.«

Ich hatte mir mittlerweile genau überlegt, in welchen Schritten ich meine fünf Teammitglieder mit der Beizjagd vertraut machen wollte. Zunächst beobachteten wir, wie die anderen Falkner ihre Falken fliegen ließen, und ich erklärte dabei die wesentlichen Abläufe und Handgriffe. Anschließend gab Salim mir seine Sakerdame Ahmash*, da wir sie am 23. Februar ebenfalls dabeihaben würden, und ich zeigte den frischgebackenen Falknerlehrlingen, was wann zu beachten war. Salim verfolgte mit wachem Blick, wie sich sein eigener Lehrling als Lehrmeister machte.

»Wie finden wir eigentlich unsere Jagdbeute?«, fragte Sandra, als wir nach Sonnenuntergang zusammensaßen. »Bei der Fuchsjagd macht das ja die Hundemeute, machen das hier die Salukis?« »Gute Frage«, sagte ich. »Aber tatsächlich sind Salukis keine sogenannten Vorstehhunde, die das Wild aufspüren und es mit erhobener Pfote anzeigen. Salukis sind Windhunde, die über eine lange Distanz schnell rennen und dabei zum Beispiel Gazellen verfolgen können. Die Gazelle müssen wir allerdings selbst anhand ihrer Spuren im Sand finden, eher seltener nehmen die Salukis eine Fährte auf.«

Am folgenden Tag bat ich Salim, die Spuren in den Sand zu zeichnen. Schließlich ist Spurensuche eines seiner Spezialgebiete; darin ist er besser als jeder seine Brüder. So imitierte er die Trittsiegel aller möglichen Wüstenbewohner – von der kleinen Jerboa-Maus, die hüpft wie ein Kamel, über Skorpion und Wüstenfuchs bis hin zur Daab-Eidechse, die wie ein kleines Wüstenkrokodil aussieht. Auch auf die Spuren der ge-

---

* Bei Al Galayel dürfen nur wilde Saker und Wanderfalken mitmachen.

fährlichen Hornviper, die im Al-Galayel-Gebiet verbreitet ist, machte Salim uns aufmerksam.

Doch wie sollten wir Houbaras, Triele* und Gazellen ausmachen? Denn nur mit diesen drei Jagdbeuten konnte man beim Al-Galayel-Wettbewerb punkten. Bei der Falkenjagd geht es sowohl darum, die jeweilige Spur mit dem richtigen Tier in Verbindung zu bringen, als auch zu interpretieren, ob die Spur frisch oder alt ist. Hat das Tier hier ruhig gefressen, oder war es auf der Flucht?

Salim war sichtlich beeindruckt vom Hobbyornithologen Alistair, der die Fährte eines Triels (englisch *Stone Curlew*, arabisch *Alkaraw*an) sofort erkannte. Auch die folgenden Spuren interpretierte Alistair zu Salims Erstaunen korrekt. Er wusste sogar, ob das Tier männlich oder weiblich war. Doch dass uns der Abstand zwischen den Abdrücken sagt, ob ein Vogel gelandet oder durchgestartet ist, ob er gemütlich lief oder flüchtete, das lernten wir alle sechs neu hinzu.

Salim brachte uns auch bei, dass man an der Tiefe des Abdrucks erkennt, wie alt dieser ist: je tiefer, desto frischer. »Ich wünsche euch, dass am 22. ein Sturm über die Wüste fegt. Der verwischt alle alten Spuren, so dass ihr am 23. nur frische Spuren habt. *Inschallah.*« Das Wetter war wahrlich eine Gottesangelegenheit, und so nickten wir alle bekräftigend und auf Gottes Beistand hoffend.

Zu Ehren des Al-Thieba-Teams machten die Beduinen ein Lagerfeuer und servierten uns selbstgekochtes Essen unter dem Sternenhimmel – glücklicherweise mal ohne Kameras, Mikrofone und Scheinwerfer um uns herum. Diese Gelegenheit nutzte ich, um noch einmal darauf aufmerksam zu machen, dass wir am 22. auch ein Feuer machen und möglichst

---

* Kompakter, hochbeiniger Vogel mit einer Größe von 38 bis 45 Zentimetern.

proteinhaltige Nahrung zubereiten müssten, um an dem großen Tag gut gestärkt zu sein. Richard bot an, ab jetzt eine Liste zu führen mit allem, was wir an den beiden Tagen so brauchen würden. Messer, kleinere Wasserbeutel, Powersnacks und so weiter. Auf dem Nachhauseweg sagte Salim zu mir: »Die sind gar nicht so übel, Lora. Vielleicht wird das doch was.«

An jedem anderen Tag unserer Trainingwochen waren wir verkabelt. Jeder von uns musste auch genau wie die anderen Al-Galayel-Teams ein Interview geben und von seiner Motivation, bei Al Galayel mitzumachen, erzählen. Bislang war Richard der einzige der fünf neuen Teilnehmer, der Al Galayel mit mir zusammen live gesehen hatte, doch das wollte ich an diesem Wochenende ändern.

Am Freitag um 5.30 Uhr sollte sich das Team im Base-Camp einfinden. Ein bisschen verschlafen war mein Team schon, als es losging, aber zumindest waren alle pünktlich und neugierig. Ich führte sie durch das Base-Camp und zeigte ihnen die Team-Zelte, wo wir die Nacht verbringen würden. »Hinter dem Zelt können wir die Kamele anbinden, und daneben sind Pferdeboxen«, erklärte ich. »Und die Falken?«, fragte Richard. »Die schlafen in unserem Zelt auf ihrem Block.«

Zu sechst passten wir gerade so in Alis Auto, dann fuhr er mit uns auf das Wettkampfgelände, und ich übernahm die Moderation: Sie sollten sich das Gebiet möglichst gut einprägen, sagte ich, sich mit den Farben vertraut machen und versuchen, Houbaras mit bloßem Auge ausfindig zu machen. Selbst für den besten Jäger ist es schwierig, in unbekanntem Terrain zu jagen und die Spuren zu lesen. Aber alle waren konzentriert bei der Sache, schauten vor, in und hinter jeden Busch, suchten Spuren im Sand, bis wir schließlich zwei Teams in der Ferne entdeckten, denen wir beim Jagen zusehen konnten. Gleich in den ersten zehn Minuten fiel einer rückwärts von seinem stolpernden Kamel und landete nur knapp neben einem Felsen im Sand. *Alhamdellah!* Auch der Falke kam zu Fall, verletzte sich aber glücklicherweise ebenfalls nicht.

Keiner meiner Schützlinge sagte etwas, aber ich sah ihren erschreckten Gesichtern an, was sie dachten. »Bitte nicht ans Stürzen denken«, sagte ich, wobei ich mich unweigerlich an meinen eigenen Unfall erinnerte. »Beim Gehen schaut ihr doch auch geradeaus und nicht auf eure Schuhe in der Angst, jeden Moment zu stolpern. Und wenn man doch mal hinfällt, steht man halt wieder auf.« Die fünf antworteten mit einem erleichterten Lachen, was mich hoffen ließ, dass keiner von ihnen einen Rückzieher machen würde.

Plötzlich erblickte ich eine Houbara. »Da ist sie! Seht ihr sie ganz flach wie ein Stück Holz neben dem Busch?« Stille, Konzentration. Ali und ich beobachteten, wie die fünf suchten, bis schließlich einer nach dem anderen den sandfarbenen Vogel entdeckt hatte. Das Al-Galayel-Team war allerdings an ihm vorbeigeritten, weil die Houbara sich »unsichtbar« gemacht hatte. »Die perfekte Tarnung«, sagte Freddy bewundernd.

Aufgeschreckt von einem vorbeilaufenden Pferd ergriff eine andere Houbara die Flucht, und fast im gleichen Moment ließ ein Jäger seinen Falken vom Kamel aus starten. Die Jagd begann, und der erfahrene Falke brauchte nicht lange: Schon nach knapp einem Kilometer hat er die Houbara zu Boden gebracht. Auf Kamel und Pferden galoppierte die Gruppe zu ihrer Beute und dem siegreichen Falken. Sobald der Falke auf der Faust fertig geatzt hatte, ging es weiter. »Das Team muss immer zusammenbleiben«, erklärte ich. »Das gehört zu den Regeln von Al Galayel.«

»Was sollen wir eigentlich anziehen?«, fragte Freddy. »Bequeme«, antwortete ich, »am besten weiße, beige oder khakifarbene Hosen und langärmelige Hemden. Nicht umsonst tragen Beduinen lange Kleidung und Turban, denn damit sind sie vor der stechenden Sonne geschützt. Apropos: Denkt auch an Sonnenschutz für Gesicht und Hände und an eine praktische Kopfbedeckung.« Richard notierte wieder alles.

Nach gut zwei Stunden fuhr uns Ali zurück zum Base-Camp, von wo aus wir zur nächsten Trainingseinheit aufbrachen: Kamelreiten auf Mohammeds Farm, wo die sudanesischen Kamelpfleger und das Kamerateam schon auf uns warteten. »Satteln müssen wir zwar auch lernen«, begann ich, »aber die hier sind jetzt schon gesattelt, weshalb wir die Lektion später nachholen. Also: Die Kamele gehen in die Knie, wenn ihr mit dem Kamelstock leicht auf ihre Brust tippt oder am Halfter zieht und dabei laut und deutlich ›Aaaaacchhh‹ macht.«

Sofort probierten alle diesen Wortlaut aus. »Ja, gut so. Jetzt bitte jeder zu seinem Kamel. Streichelt es noch einmal, redet mit ihm, damit es eure Stimme kennenlernt, und bevor ihr aufsteigt: Immer daran denken, dass ihr euch gut am Sattel festhaltet, und möglichst schnell das Bein über den Rücken legt, um nicht runterzufallen, falls das Kamel plötzlich aufsteht. Alles klar?« Die fünf nickten selbstsicher. »Okay, dann aufsteigen.« Fast zeitgleich standen alle Kamele mit dem typischen Ruck auf, wobei Baran und Alistair prompt herunterrutschten, während die anderen auf ihren Kamelen davongaloppierten. Die Kamelpfleger lachten herzhaft.

Als ich wieder alle Teammitglieder samt Kamelen zusammenhatte, probierten wir es noch einmal. Jeder zerrte das Halfter nach unten, tönte sein bestes »Aaaaacchhh« und war zu Recht stolz, als sich das Kamel niederließ. »Bereit zum Aufsteigen? Gut festhalten, Bein schnell, aber nicht hastig überschwingen.« Und schon wenig später saß das gesamte Al-Thieba-Team hoch zu Kamel.

Ich ritt voran zur Koppel, doch die anderen Kamele wollten wieder zum Stall rennen. »Kontrolliert euer Kamel!«, schrie ich. »Ihr seid verantwortlich für euer Kamel. Setzt euch durch und benutzt den Stock, wenn nötig.« »Aber das arme Kamel!« »Ich habe nicht gesagt, dass ihr es verprügeln sollt, doch wenn es durchgeht oder euch runterschmeißen will, müsst ihr ihm schon zeigen, wo's langgeht. Und so ein Kamel kapiert schnell.«

Es dauerte eine gute Stunde, dann war ich ziemlich sicher, dass jeder sein Kamel im Griff hatte. Nun konnten wir üben, Gegenstände von Kamel zu Kamel weiterzugeben. Das erfordert einiges an Geschicklichkeit, zumal dabei gleichzeitig das Kamel kontrolliert werden muss. Die Kamelpfleger schauten und staunten.

Nach dieser Trainingseinheit war die Mannschaft ziemlich erschöpft, und mit einem langen, müden »Aaaaacchhh« wurden die Kamele wieder gebeten, sich hinzulegen. »Eines müsst ihr jetzt allerdings noch lernen«, sagte ich, »damit euch die Kamele nicht plötzlich abhauen.« Ich zeigte ihnen, wie man das lange Halfterseil um eines der beiden liegenden Vorderbeine bindet. Eigentlich hätte ich den fünfen jetzt gerne noch das etwas knifflige Satteln beigebracht, doch das verschob ich lieber bis nach der Mittagspause, die sich Reiter und Kamele redlich verdient hatten. Wir waren schließlich seit 4 Uhr in Aktion.

Als wir nach erfolgreicher Sattellektion und einer einstündigen Autofahrt wieder bei Salim und seiner Familie ankamen, hatten wir noch genügend Zeit für ein weiteres Falkentraining. Wir besprachen weitere Fragen und Strategien und konnten schließlich auch die verschiedenen Aufgaben verteilen: Freddy war der Hundeführer und somit verantwortlich für die Salukis. Alistair wurde natürlich unser Spurensucher, obwohl wir natürlich alle würden Ausschau halten müssen. Richard und Baran machte ich zu meinen Assistenzfalknern, womit sie auch die Verantwortung für Isabel und Ramas hatten. Sandra und ich würden auf den anspruchsvollen Arabern reiten, um gegebenenfalls schnell bei dem jeweils erfolgreichen Falken oder Saluki sein zu können. Es war wichtig, dass sich jeder in seiner Rolle wohlfühlte – und ab jetzt hieß es üben, üben, üben.

* * *

Der 22. Februar bedeutete für das gesamte Al-Thieba-Team Anspannung pur. Salim hatte mir Ahmash schon am Tag zuvor mitgegeben, weshalb ich an dem Morgen mit drei jagdbereiten Falken in der Wohnung erwachte. Heute musste alles wie am Schnürchen klappen, bis wir am Abend endlich in unser Beduinenzelt im Base-Camp einziehen konnten. Noch konnte ich es nicht recht glauben, dass wir es nach all der Hektik der vergangenen Tage tatsächlich bis hierher geschafft hatten.

Die Salukis, die mir versprochen worden waren, konnten in letzter Minute doch nicht antreten, weil sie sich von einem anderen Rennen erholen mussten. Das hätte man ja wohl auch früher wissen können – doch solche Erkenntnisse halfen in dem Moment auch nicht weiter, und so suchte ich tapfer nach anderen Salukis. Aber es war wie verhext; entweder waren sie erschöpft oder hatten just an dem Tag ein Rennen.

Ich hatte mich schon darauf eingestellt, keine Windhunde dabeizuhaben, bis ich vorgestern an einer Tankstelle von einem Qatari angesprochen wurde: »Bist du *die* Laura?«, fragte er. Ich nickte. »Ich bin Khalifa. Ich hab dich im Fernsehen gesehen.« Wir kamen ins Gespräch – und der Zufall oder wer oder was auch immer wollte es, dass dieser Mann Salukis hatte, die er mir für Al Galayel zur Verfügung stellte. Ich konnte mein Glück kaum fassen.

Nun waren Baran und ich auf dem Weg zu Khalifa, um die Hunde abzuholen. Khalifa erwartete uns schon auf der Straße und zeigte uns dann freundlich sein Heim und den Zwinger mit seinen zehn geliebten Salukis. Ich hatte schon diverse Hundezwinger gesehen, doch dieser war eher ein Hundeapartment mit Fenster und Aircondition. Jeder Hund hatte seinen eigenen Platz mit flauschiger Decke und einem Napf mit kristallklarem Wasser. Khalifa nahm zwei Saluki-Hündinnen an die Leine und streichelte sie liebevoll: »Das sind Khatur und Shadida, sie sind in jedem Rennen unter den zehn Besten und haben auch schon so manchen Preis gewonnen. Sie werden deine perfekten Begleiter beim Al Galayel sein.« Als mir Khalifa die Hundeleinen übergab, bedankte ich mich herzlich und sagte, dass ich sie ihm schon morgen Abend nach einem hoffentlich erfolgreichen Jagdtag zurückbringen werde. »*Inschallah*«, sagte Khalifa. In dem Moment wurde mir bewusst, welch große Verantwortung ich gerade übernahm.

Khatur und Shadida sprangen in den Kofferraum meines Autos, wo bereits drei Falken auf der Rückbank saßen. Weiter ging es zum Endurance Village, um das Verladen der beiden Pferde samt Sattel und Trensen zu kontrollieren. Auch beim Entladen im Base-Camp würden wir dabei sein. Nun fehlten noch die Kamele. Baran und ich fuhren in Qatars Westen, nach Shahanyia, wo unsere Kamele mithilfe eines Krans auf einen Transporter gehoben wurden. Wir überprüften, ob Halfter, Sattel, Decken komplett waren, bevor wir schließlich die letzte Station ansteuerten: Al Galayel.

So oft war ich in den vergangenen zwei Jahren in Al Galayel gewesen, aber noch nie hatte mein Herz so einen Freudentanz aufgeführt. All die Kämpfe, all die Enttäuschungen, all die Anspannungen und Anstrengungen, die meinen Weg bis hierher gesäumt hatten, lösten sich mit einem Mal in einem wunderbaren Gefühlscocktail aus erwartungsvoller Aufregung, Stolz und Freude auf. Ich hätte den Augenblick gerne noch länger ausgekostet, doch dafür blieb keine Zeit. Ali empfing uns mit einem freundlichen »*Marhaba*«*, aber sein Blick verriet, dass er sich fragte, wo die vier anderen Teammitglieder waren. »Sind unterwegs!«, sagte ich schnell. »Sehr gut. Ihr habt übrigens zwei Zelte zur Verfügung, damit Frauen und Männer getrennt schlafen können.«

Natürlich würden wir uns den hiesigen Gepflogenheiten anpassen. Zur Abwechslung war ich mal nicht die einzige Frau. Doch zuerst mussten die Tiere versorgt werden. Die Falken wurden aufgeatzt, verhaubt und zum Schlafen auf ihren Blöcken im Zelt abgestellt. Freddy kümmerte sich um die Hunde: Spaziergang, Futter und Schlafplatz auf ihren gewohnten Decken im Zelt. Sandra übernahm das Ausladen und Einstellen der Araber in den Pferdeboxen, versorgte sie mit Wasser, frischem Heu und Hafer. Die Ankunft der fünf Kamele schließlich beaufsichtigten Richard und Alistair. Jedes Kamel musste mit einem Gurt festgemacht und dann – abermals mit einem Kran – herausgehoben werden. Endlich hatten die Kamele wieder Wüstensand unter ihren Zehen. Baran und ich deckten sie zu, banden sie an und gaben ihnen Wasser und Heu. Klasse, dachte ich, so sieht ein funktionierendes Team aus!

Am Abend machte uns Ali mit einem anderen Team bekannt. Der Teamleiter war Qatars Sportikone Nasser Al-Attiyah, der erfolgreiche Sportschütze und zweifache Rallye-Da-

---

* Willkommen.

kar-Sieger. Sehr höflich wurden wir von ihm und seinen acht Teammitgliedern, allesamt beduinische Profifalkner und Spurenleser, begrüßt. »Habt ihr vielleicht Lust, morgen mit uns gemeinsam zu jagen«, fragte er, »als *ein* Team?«

Damit hatte ich nun wirklich nicht gerechnet. Sofort tuschelten meine fünf Mitstreiter, ob es mit erfahrenen Falknern und mehr Falken nicht wirklich viel besser sei. »Ja«, sagte ich, »es wäre einfacher. Aber dafür haben wir nicht gekämpft. Jetzt sind wir so weit gekommen, da werden wir doch nicht den Turban in den Sand schmeißen!« – und im Nu waren Teamgeist und Abenteuerlust wieder wach. Also bedankten wir uns bei Nasser für sein freundliches Angebot, machten aber klar, dass wir es allein versuchen wollten.

Bevor ich mich mit den anderen zum Essen an unser Lagerfeuer setzte, machte ich noch einen Rundgang: Standen die Pferde ruhig in der Box? Hatten sie genügend Wasser? Waren die Kamele gut zugedeckt? Den Hunden gab ich noch einmal frisches Wasser, und die Falken hatten noch reichlich Nahrung im Kropf. Es war also alles in Ordnung, doch der Countdown lief, und ich spürte eine wachsende Unruhe: Fehlte noch etwas? Musste noch etwas vorbereitet werden? Sollte ich noch einen Rundgang machen? Eigentlich bin ich überhaupt kein nervöser Mensch. Doch die Verantwortung, die ich für die Erfüllung meines Traumes übernommen hatte, wog schwerer, als ich gedacht hatte.

Plötzlich kam ein starker Wind auf. Salims *Inschallah* hatte offenbar geholfen, dachte ich und lief zu unseren Zelten zurück, an denen der Wind bereits kräftig zuckelte und zerrte. Im Schutz des Zeltdachs brutzelte unser Abendessen auf dem Feuer vor sich hin und verbreitete einen herrlichen Duft. Gerade als wir es uns auf der Picknickdecke bequem machten und uns auf eine stärkende Mahlzeit freuten, schaute Ali noch einmal vorbei: »Mmmmh, das riecht aber lecker! Verhungern werdet ihr schon mal nicht«, sagte er grinsend. Wir luden ihn ein mitzuessen, aber er wollte nicht stören. »Ab 6 Uhr könnt ihr in das Gebiet einziehen. Oder ausschlafen. Wie ihr wollt!«, sagte er zum Abschied und lachte.

Nach dem Essen gingen wir noch einmal die Einzelheiten für den großen Tag durch. »So gut der Sturm auch für unsere Spurensuche ist«, dachte ich laut, »hoffentlich beunruhigt er die Kamele nicht zu sehr, sonst sind sie morgen womöglich nicht ausgeruht. Und wenn er bis morgen anhält, werden Kamele und Pferde vermutlich nervös sein, und je stärker der Wind, desto schwieriger ist es, mit den Falken zu jagen.« Besorgt schauten mich die anderen an. Mist, dachte ich, das hätte ich lieber für mich behalten sollen.

»Aber das bekommen wir bestimmt hin, wir sind ja gut vorbereitet! Wie besprochen ziehen wir zunächst in den Südwesten, um die Sonne im Rücken und nicht im Gesicht zu haben.« Alle nickten. »Es sei denn, der Wind kommt von hinten, dann müssen wir umswitchen, damit das Wild uns nicht wittert. Und Baran, Richard, Alistair, Freddy, denkt dran …« »Die Kamele zu kontrollieren!«, unterbrach Richard mich mit einem Augenzwinkern. Ich lachte. »Ja, ich weiß, mein Mantra, aber es ist wirklich wichtig, dass ihr eure Kamele lenkt. Und bitte nicht in einer Karawane *hinter*einander reiten, sondern in einer Suchlinie *neben*einander, damit wir gut auf dem Gelände verteilt nach Spuren suchen können.« Obwohl ich diesen Vortrag sicher schon zehnmal gehalten hatte, lauschten die Jägerneulinge aufmerksam. Ich war ja so stolz auf meine Mannschaft. Hoffentlich ging alles gut.

* * *

Um 4.30 Uhr klingelte der Wecker. Sandra und ich waren sofort hellwach und sagten fast gleichzeitig: »Der Sturm hat nachgelassen!« Als wir vor das Zelt traten, kamen Richard und Alistair bereits mit zwei Kamelen um die Ecke. Sandra kümmerte sich um die Pferde, Freddy um die Hunde, und Baran und ich halfen überall: Kamele satteln, Ferngläser, Walkie-Talkies, Messer, Federspiele und sonstige Ausrüstung zusammenpacken und befestigen.

Zuletzt machte ich Ramas und Isabel la Católica auf Barans und Richards Kamelen fest, als plötzlich Badria zusammen mit ihrem Bruder auftauchte. Ich freute mich riesig, sie zu sehen. Badria, die an dem Mädelsnachmittag am Schießstand ihre Leidenschaft fürs Schießen entdeckt hatte und mittlerweile besser schoss als ich, war so frühmorgens den weiten Weg nach Al Galayel gefahren, um das Al-Thieba-Team zu unterstützen. Was für ein Freundschaftsbeweis! Sie drückte mich fest und sagte: »Du hast es geschafft!«

Es war 5.45 Uhr. Noch ein letzter Check, ob wir wirklich alles hatten, bevor wir aufstiegen. »Die Kamelstöcke«, rief Alistair. »Wo sind die Kamelstöcke?« Das gab's doch nicht. Die hatten wir tatsächlich vergessen. Schnell holte ich den Kamelstock, den ich als Ersatz im Auto hatte, die übrigen Stöcke würden wir später in der Wüste suchen müssen, denn jetzt hatten wir keine Zeit mehr zu verlieren. Die Männer stiegen auf ihre Kamele, Sandra und ich auf die Pferde. Ahmash saß fest auf meiner Faust. Ein Araberpferd mit einer Hand im rechten Zügel und einem Falken auf der linken Faust zu reiten ist gar nicht so einfach. Die Salukis waren an einer langen Leine an Freddys Kamel angebunden und liefen neben diesem her.

Wir hielten Ausschau nach Spuren von Houbaras, Trielen und Gazellen – und nach geeigneten »Kamelstöcken«, aber der Wind, der immer noch kräftig blies und uns Sandkörner ins Gesicht peitschte, erschwerte die Suche. Hoffentlich wird es kein Sandsturm, dachte ich, dann können wir die Jagd ganz abblasen – und womöglich verweht der Wind frische Spuren auch sofort. Außerdem war es noch immer dunkel, weshalb wir manchen kleinen Busch auf den ersten Blick für eine Houbara hielten.

Nach anderthalb Stunden hatten wir keine einzige vielversprechende Spur entdeckt, obwohl die Sonne inzwischen aufgegangen war. Freddy fragte, ob er die Hunde ein wenig laufen lassen könne. »Sie zerren so nervös an der Leine.« Eigentlich sollten sie erst auf einer Fährte losgelassen werden, doch vielleicht brauchen sie tatsächlich mal ein wenig Auslauf, überlegte ich und stimmte zu. Es dauerte allerdings keine fünf Minuten, da waren die beiden Hunde auf und davon. Freddy war vollkommen aufgelöst. »Khatur! Shadida!«, rief er durch die Gegend. Da ich keine Hand frei hatte, bat ich Sandra, ihm zur Hilfe zu eilen, immerhin hatte sie schon oft mit Hunden gejagt. Tatsächlich brauchte sie auch nur einen dominanten Pfiff von sich zu geben, und schon kamen die Salukis herbeigesprintet. Dankbar und erleichtert band Freddy die beiden Ausreißer wieder an die Leine.

Das Al-Thieba-Team war hoch konzentriert, aber auch ziemlich aufgeregt, weshalb Falschmeldungen nicht ausblieben: Jeder meinte mal, er habe die erste Houbara oder eine sichere Spur entdeckt. So vergingen die Stunden. Inzwischen stand die Sonne bereits hoch am wolkenlosen Himmel und brannte auf unsere Rücken. Der Wind aber hatte sich allmählich gelegt, was das Reiten erheblich erleichterte. Da der Falke Wind am liebsten von vorn mag, drehte und wendete ich mein Handgelenk jeweils so, dass Ahmash es möglichst bequem hatte. Zwischendurch schaute ich auch immer wieder zu Richard und Baran, ob Isabel und Ramas ebenfalls gut standen.

Plötzlich sprang Alistairs Kamel über einen Busch, sein Reiter verlor das Gleichgewicht und fiel Hals über Kopf herunter. Vor Schreck blieb mir die Luft weg, doch Alistair stand sofort wieder auf, klopfte sich den Sand von der Kleidung, band den Turban neu und rief: »Nichts passiert!« Ich atmete tief durch und winkte ihm zu.

Dann war es endlich so weit: Richard und Baran sichteten die erste Houbara. Vom Jagdfieber erfasst, galoppierte ich auf die Houbara los, zog Ahmashs Haube herunter und ließ Salims Falken von der Faust, noch bevor dieser sich im aufgewirbelten Staub orientieren konnte. Die Houbara flog in die eine, Ahmash in die andere Richtung. So ein Pech! Nein, es war kein Pech, sondern mein Unvermögen: Ich hätte einfach etwas weniger übermütig und ungeduldig sein sollen. Die Houbara hatte sich im wahrsten Sinne des Wortes aus dem Staub gemacht. Genauso wie Ahmash: Ich beobachtete, wie sie über dem Canyon verschwand.

»Soll ich Isabel losschicken?«, fragte Richard. »Lieber nicht«, sagte ich. »Wenn die Beute außer Sicht ist, ist es zu riskant.« Ich galoppierte hinter Ahmash her, bis ich die Kante des Canyons erreicht hatte. Einen Meter weiter, und ich würde samt Pferd in die Tiefe stürzen. Von hier aus schwang ich das Federspiel und rief, so laut ich konnte. Ahmash dachte aber gar nicht daran, zu mir zurückzukommen, weshalb ich mit jedem Schwung nervöser wurde. Ausgerechnet heute – und ausgerechnet an der saudi-arabischen Grenze. Bitte komm zurück, dachte ich, während ich das Federspiel noch mal und noch mal auf und ab schwang. Hinter mir stand das mitfiebernde Al-Thieba-Team.

Eine gute halbe Stunde ließ Ahmash uns schwitzen, bis sie

endlich angeflogen kam. Schnell stieg ich wieder aufs Pferd, nickte den anderen aufmunternd zu und rief: »Bitte wieder Suchlinie formieren. Und kontrolliert euer Kamel!«

Ahmashs Ausflug hatte kostbare Zeit und Nerven gekostet. Die Ermüdung des Teams war nicht zu übersehen; dabei war gerade jetzt höchste Aufmerksamkeit gefragt: Wir hatten Houbara-Spuren entdeckt! Wir folgten ihnen und versuchten, alles Gelernte anzuwenden. Wo war der Anfang? Lief sie etwa im Kreis? War es vielleicht doch die von vorhin? Dann verloren wir die Spur, fanden aber kurze Zeit später eine neue. Ob es ein und dieselbe Houbara war? Oder waren es sogar mehrere?

Wir waren so vertieft in den Blick auf den Boden, dass wir ein Kamel-Pferdeknäuel gebildet hatten. »Zurück in eine Suchlinie«, sagte ich. »Alle auf der gleichen Spur bringt nichts. Wir müssen uns strategisch positionieren.« Eine weitere Stunde verging, doch jeder achtete darauf, sein Kamel zu kontrollieren, in der Suchlinie zu bleiben – und die wachsende Enttäuschung im Zaum zu halten.

Plötzlich tauchte hinter einem Busch die nächste Houbara auf. Ich machte das Zeichen zum Anhalten und wies alle an, möglichst still zu sein. »Nur mit der Ruhe!«, ermahnte ich mich leise. Diesmal wollte ich es richtig machen. Vorsichtig trabte ich auf die Houbara zu, zog die Haube herunter, ließ Ahmash einen Moment, um sich umzusehen. Als die Houbara eine Sekunde später zur Flucht ansetzte, fokussierte Ahmash sofort ihr Ziel – und erst dann ließ ich sie fliegen. Hektisch flog die Houbara davon, Ahmash schnurstracks hinterher.

Die Verfolgungsjagd war in vollem Gange, während Sandra und ich auf unseren »Töchtern des Windes« hinterhergaloppierten. Baran, Alistair, Richard und Freddy folgten uns, so schnell sie konnten, auf ihren Kamelen. Ahmashs erstem

Sturzflug wich die Houbara geschickt aus. Der Falke aber gab nicht auf, blieb ihr auf den »Fersen«, stieg noch ein Stückchen über das Ziel und startete einen erneuten Angriff. Diesmal mit Erfolg. Ahmash schlug ihre Beute in der Luft, und in einem Luftkampf flatterten die beiden Vögel zu Boden, wo die Houbara mit dem tödlichen Kuss durch den Falkenzahn erlegt wurde. Das Al-Thieba-Team hatte seinen ersten Jagderfolg zu vermelden. »*Namus fariq al thieba!*«* Ali, der es sich nicht hatte nehmen lassen, uns als Team-Schiedsrichter zu begleiten, gratulierte uns herzlich, und Ahmash erhielt ihre verdiente Belohnung.

Nun war alle Erschöpfung wie verflogen und unser Jagdfieber voll entfacht. Ein paar Stunden hatten wir ja noch. Jeder Busch wurde umgedreht, jede Spur im Sand verfolgt. Doch wieder wurde unsere Geduld auf eine harte Probe gestellt – und schließlich mahnte Ali, dass es an der Zeit sei zurückzureiten. Doch kaum hatten wir den Rückweg angetreten, erspähte Richard eine Gazellenspur. »Ist die frisch?«, fragte er aufgeregt. »Ja, natürlich!«, rief Alistair begeistert. Freddy ließ Khatur und Shadida von den Leinen, und schon machten sich die beiden Salukis wie der Wind auf die Fährte. Nach einigen hundert Metern war die Verfolgungsjagd zu Ende und die Gazelle zur Strecke gebracht worden. Auch hier wird das »*Alhamdullilah!*« (Lob gebühre Allah!) ausgesprochen, da man Gott für diese Gabe der Natur dankt.

---

* Aus dem Arabischen übersetzt: »Falknersheil, Team der Wölfin!«

Kulturwissen

In einem muslimischen Land wie Qatar gelten für die Jagd spezifische Regeln. So darf nur jagen, wer voll bei Sinnen ist. Beutetiere dürfen ausschließlich mit scharfen Waffen beziehungsweise abgerichteten Falken oder Hunden getötet werden, um unnötiges Leiden der Beutetiere zu vermeiden. Und es darf niemals als Hobby oder Sport, sondern stets nur für den Eigenverzehr, sprich für das eigene Überleben, gejagt werden. Während einer Pilgerreise ist das Jagen sogar ganz verboten.

Koran, Sure 5, Vers 4:

Sie fragen dich, was ihnen erlaubt sei. Sprich: »Alle guten Dinge sind euch erlaubt und was ihr die Jagdtiere gelehrt habt, indem ihr sie zur Jagd abrichtet und sie lehrt, was Allah euch gelehrt hat.« Also esset von dem, was sie für euch fangen, und sprecht Allahs Namen darüber aus. Und fürchtet Allah; denn Allah ist schnell im Abrechnen.

Mit einer Houbara hätten wir zu sechst tatsächlich nicht viel zum Abendessen gehabt, aber die Gazelle würde uns alle sattmachen. Behutsam legten wir unsere Beute über Alistairs Kamel und banden sie gut fest. Daraufhin brachten Sandra und ich alle Teammitglieder wieder in eine Suchlinie, denn wir wollten die verbleibende Zeit auf jeden Fall nutzen. Die flirrende Hitze mit ihren Luftspiegelungen machte uns jedoch zu schaffen, und wir konnten auch nirgends eine weitere Spur entdecken. Besonders gerne hätte ich Isabel noch die Chance gegeben eine Qatarische Houbara zu jagen.

Da tauchte in der Ferne bereits das Base-Camp auf. Trotzdem schien der Weg immer länger statt kürzer zu werden. Hitze und Müdigkeit, Hunger und Durst zehrten an unseren

Kräften. Seit fast zehn Stunden waren wir ununterbrochen unterwegs gewesen, als wir schließlich ins Base-Camp einritten. Alle außer Alistair, er ritt am Eingang vorbei, weiter in Richtung Saudi-Arabien. »Kontrolliere dein Kamel, Alistair! Dreh um!«, schrie ich ihm hinterher, doch Alistair hatte nicht mehr die mentale Kraft dazu. Das Kamel machte, was es wollte. Schließlich sprang er einfach ab und führte es bis zum Base-Camp hinter sich her.

Erschöpft, aber ansonsten gesund und munter und unendlich stolz auf unsere erfolgreiche gemeinsame Jagd versorgten wir die Tiere, während das Kamerateam eifrig filmte. Auch das Team Dakar, sprich Nasser und seine Beduinen, kehrte zurück. Sie hatten zwei Houbaras (2 mal 20 Punkte) und ein Triel (10 Punkte) erlegt. Somit waren wir punktgleich, denn eine Gazelle zählte 30 Punkte. Nasser war beeindruckt und schüttelte mir viel kräftiger die Hand als bei seiner Begrüßung am Abend zuvor. War das wirklich erst gestern, fragte ich mich verwundert. So viel war seitdem passiert.

In diesem Moment musste ich auch an Alfredo denken und dankte ihm innerlich dafür, dass er mich nach Qatar mitgenommen hatte. Wo sonst hätte ich meinen Traum von Falken und Araberpferden im Wüstensand leben können?

Dann ging die komplette Logistikleistung von vorn los: All das, was wir gefühlt gerade eben mit Müh' und Not ins Base-Camp transportiert hatten, musste nun wieder in alle Himmelsrichtungen zurückgebracht werden. Schlafsäcke und Ausrüstung verstauen, Hunde in den Kofferraum, Falken auf die Rückbank, fünf Kamele und zwei Pferde auf die Transporter. Ein immenser Aufwand, den nur auf sich nimmt, wer mit Begeisterung bei der Sache ist. Als dann endlich Kamele, Pferde und Hunde in ihren heimischen Ställen waren und die Falken mit gut gefülltem Kropf unter ihren Hauben standen, konnte auch das Al-Thieba-Team erschöpft, vollzählig, gesund und zufrieden nach Hause gehen.

Gazelle und Houbara kamen küchenfertig neben das Macadamia-Eis in meine Gefriertruhe. An diesem Abend beging sicher jeder von uns eine Fastfood-Sünde, um danach nur noch ins Bett zu fallen, denn am nächsten Tag mussten wir ja wieder in der Enge der Stadt arbeiten. Unbeschreiblicher Muskelkater spielte da keine Rolle.

Am Wochenende aber galt es zu feiern. Als begeisterter Hobbykoch freute sich Baran, die Gazelle am Freitagabend für uns alle zuzubereiten. Das Fleisch war köstlich und wunderbar zart, und wir genossen es, uns während des Essens gegenseitig immer wieder die Erlebnisse der letzten zwei Wochen zu erzählen, lachten über Missgeschicke und Pannen, freuten uns, am nächsten Morgen nicht um 4 Uhr früh aufstehen zu müssen. »Und kein Kamel, das ich zu kontrollieren habe!«, sagte Alistair lachend. »Ich glaube, davon werde ich noch so manche Nacht träumen.«

Salim übernahm die Houbara, die er uns am Samstag auf seine traditionelle Art in der Wüste servierte. Er war sichtlich stolz auf das Al-Thieba-Team, als wir alle zusammen bei ihm auf dem großen Teppich saßen. »Ich glaube, ich habe noch nie etwas so Köstliches gegessen«, sagte Freddy, als er in die gut gewürzte Houbara biss. »Ja«, sagte ich, »Selbstgejagtes schmeckt um einiges besser als Selbstgekauftes!«

* * *

Eine Woche später besuchte ich Mohammed, der mich in sein Wüstencamp am Meer eingeladen hatte, um sich von mir alles über mein Al-Galayel-Erlebnis erzählen zu lassen. Friedlich saßen wir nebeneinander am Ufer und schauten über das im

Mondschein schimmernde Meer.« »Thieba, wie war der Tag bei Al Galayel für dich?«

Ich wusste gar nicht, wo ich anfangen sollte. Immerhin war ein jahrelanger Traum nach vielen Diskussionen und einem hartnäckigen Kampf in Erfüllung gegangen. Und so beschrieb ich ihm mein Glücksgefühl genauso wie die Schwierigkeiten bei der Vorbereitung und am Tag selbst, wie kompliziert es gewesen sei, Kamele, Pferde, Salukis und bereitwillige Expats zu finden. Natürlich war mir klar, dass nicht jedermann und jedefrau dieselbe Leidenschaft in sich trägt wie ich. Al Galayel war mein Traum, für den ich mich aus ganzem Herzen auf die qatarische Kultur eingelassen hatte, für den ich Tag für Tag in aller Herrgottsfrühe aufgestanden und Risiken eingegangen war. Wie konnte ich das alles von anderen Expats erwarten? Aber ich habe es getan. »Du hast die Grenze ihrer Belastbarkeit überschritten«, sagte Mohammed. »Al Galayel ist kein einfaches Turnier. Nicht mal jeder Beduine hat das Zeug dazu, dort mitzumachen. Dafür ist man nicht geboren, sondern man bereitet sich vor und kämpft dafür.«

Ich erschrak, sah die ganze Aktion plötzlich in einem anderen Licht. Mohammed hatte Recht. Gewohnt, für mich allein zu kämpfen, war ich komplett auf mich und meine Ziele fixiert gewesen, ohne Rücksicht auf die Grenzen und Bedürfnisse der anderen zu nehmen. Sandra und Richard hatten zwar am besten durchgehalten, doch auch sie waren nach dem wochenlangen Training und der zehnstündigen Jagd völlig erschöpft gewesen. Die drei anderen hatten ihre Grenze bereits nach wenigen Stunden auf dem Kamel überschritten. Aber ich war hart geblieben, hatte immer wieder gefordert: »Kontrolliert euer Kamel!«, und keine Pause zugelassen.

Jagen, jagen, jagen – bis zum Umfallen. Das kann ich von mir selbst verlangen, weil Jagen, Falken, Reiten mein Leben sind, aber nicht von anderen. So hatte mein unerbittlicher Wille mir zwar geholfen, meinen Traum wahrzumachen und zu beweisen, dass *mosta'hiel* nur ein Wort ist. Aber er hatte mich blind gemacht für die Grenzen anderer Menschen, in meiner Ehe genauso wie im Job und nun auch beim Al Galayel. Im Leben ist es wie in der Wüste, dachte ich. Jeder ist auf sich allein gestellt, doch auf Dauer kann niemand auf die Unterstützung der anderen verzichten. Eine Feder allein lässt keinen Vogel fliegen.

Falknersprache[*]

Abhauben
Dem Beizvogel die Haube herunternehmen.

Abnicken
Der Falke durchbeißt den Halswirbel des erbeuteten Federwilds.

Abtragen
Die Gesamtheit aller notwendigen Maßnahmen, um mit einem Greifvogel jagen zu können. Umfasst das Gewöhnen an den Falkner und an das falknerische (menschliche) Umfeld, die Beireiteübungen sowie das Einjagen des Beizvogels.

---

[*] Quellen: www.falknerverband.de, www.vpnk.de, Horst Schöneberg: *Falknerei. Der Leitfaden für Prüfung und Praxis.*

Atzen
Dem Beizvogel seine Nahrung (Atzung) reichen. Der Beizvogel wird vom Falkner geatzt (= gefüttert). Der aktive Vorgang der Nahrungsaufnahme durch den Beizvogel heißt hingegen kröpfen (= fressen): Der Beizvogel kröpft die Atzung; hier spricht man also nicht von atzen.

Badebrente
Wanne zum Einfüllen von Wasser, damit der Beizvogel baden und schöpfen kann.

Beireiten
Das Anfliegen eines Greifvogels auf die Faust oder auf das am Boden liegende Federspiel.

Beize, Beizjagd
Die Jagd mit dem abgetragenen Greifvogel.

Beizvogel
Ein Greifvogel, der für die Jagd ausgebildet wurde beziehungsweise wird.

Block
Holzblock mit Erdspieß oder Fußplatte als Sitz für die Falken, an dem sie mit der Langfessel angebunden werden.

Dach
Rücken des Beizvogels.

Drahle
Doppelwirbel aus Metall, der zum Verbinden der Geschührienmen mit der Langfessel dient.

Durchgang
Nach einem Fehlstoß steilt der Falke erneut in den Himmel auf, bevor er wieder das Federspiel anjagt: Er gibt Durchgang. Beim Federspieltraining: die Anzahl der Stöße (Durchgänge).

Falknerknoten
Spezieller Knoten, der mit einer Hand zu öffnen und zu schließen ist, da der Falkner in der Regel auf der anderen Hand den Vogel trägt.

Faustfalke
Ein Falke, der von der Faust aus Wild anjagt; im Gegensatz zu einem »Anwärterfalken«, der über dem Falkner ringholt (kreist) und darauf wartet, dass ihm Flugwild hochgemacht wird. Dazu treibt entweder der Falkner oder der Jagdhund Wild am Boden zur Flucht an.

Federspiel
Früher wurden sowohl der Beizvogel als auch die Beizjagd selbst als Federspiel bezeichnet. Heute versteht man darunter ein Hilfsmittel aus Leder, häufig mit aufgenähten Vogelflügeln, auf das Atzung gebunden wird. Es dient zum Trainieren und Einholen des Beizvogels.

Geschirr
Gesamtbezeichnung für Geschüh, Drahlen und Fesseln des Beizvogels.

Geschüh
Der »Schuh des Vogels« – und der muss natürlich genau passen. In Europa werden vorwiegend Ledermanschetten mit Ösen um den Greifvogelständer befestigt und die Geschühriemen (eben-

falls aus Leder) durch die Ösen gezogen. Diese werden dann an die Langfessel mit einer Drahle gebunden, um den Beizvogel an der Faust zu sichern oder am Block anzubinden. Zum Fliegen werden die Geschühriemen aus den Ösen gezogen. In der arabischen Falknerei wird ein festgeknotetes Geschüh aus einer Schnur verwendet, die beim Fliegen nicht gelöst wird.

Gewölle
Unverdauliche Stoffe wie Haare und Federn, die ein Greifvogel nach 12 bis 16 Stunden in Form eines länglichen Ballens durch den Schnabel wieder auswirft.

Grimale (Hungermale)
Lückenhafte Querstreifen im Gefieder, die durch Stress oder mangelhafte Ernährung während des Federwachstums entstehen.

Hände
Die Fänge des Falken. Bei Bisstötern wird der »Fuß« als *Hand* und jede »Zehe« als *Finger* bezeichnet, da sie diese nur zum Festhalten der Beute benutzen und nicht zum Töten. Die »Beine« werden *Ständer* genannt.

Haube
Zum Verhauben der Beizvögel, um sie vor Stress zu schützen, besonders beim Transport oder in ungewohnten Situationen. Alle visuellen Reize, die den Vogel beunruhigen könnten, werden »ausgesperrt«, und die Nacht wird vorgetäuscht.

Hohe Warte
Falke, der in großer Höhe über dem Falkner in der Luft steht und dort durch Umherkreisen wartet, bis am Boden ein Beutetier aufgeht und der Falke dieses mit einem rasanten Sturzflug angreift. Solche Falken werden als *Anwärterfalken* bezeichnet.

Hosen
Die abstehende Befiederung am Schenkel (Dien) eines Greifvogels.

Kondition (Form)
Jagdkondition oder Mauserkondition; das Zusammenspiel aus Fitness und Gewicht des Vogels, das für die Jagd sehr relevant ist. Die körperliche Verfassung des Beizvogels.

Kröpfen
wenn der Falke Nahrung, also Atzung aufnimmt. Es kommt daher, weil der Falke es erst in seinem Kropf aufbewahrt und erst später in den Magen drückt (siehe Verdrucken).

Lahnen
Bettellaute, die vor allem ein junger Falke macht, um von seinen Eltern Nahrung zu erbetteln.

Langfessel
Ein Seil oder Lederband, das durch die Drahle gezogen wird, um den Vogel anzubinden. In Europa ist es klassischerweise aus Leder, inzwischen aber oft aus Kunststoff.

Lockschnur (Creance)
Trainingsschnur an der Hand des Falken, um diesen während der ersten Trainingsflüge zum Falkner zu sichern und das Wegfliegen zu verhindern.

Manteln
Das Abdecken der Beute durch den Beizvogel mit ausgebreiteten Schwingen und gesträubtem Gefieder.

Mauser
Jährlicher Gefiederwechsel, der normalerweise zur Brutzeit erfolgt.

Mauserkammer
Unterkunft/Voliere, in der sich der Greifvogel während der Mauser frei bewegen kann.

Motivation
Beutebereitschaft des Beizvogels. Die Motivation bestimmt neben der Kondition seine jagdliche Leistungsfähigkeit.

Pennen (*penna*, lat.: Feder)
So heißen die zehn Handschwingen (Schwungpennen) und zwölf Großfedern des Schwanzes (Staartpennen).

Ringholen
Das Kreisen des Beizvogels im Flug.

Sakret
Männlicher Sakerfalke.

Säule
Die äußerste (zehnte) Schwungpenne.

Schlagen (auch: Niederschlagen)
Der Falke stößt auf Flugwild und wirft es durch einen Schlag mit seinen Händen zu Boden.

Schmelz
Der Kot des Greifvogels.

Stoß (Staart)
Schwanz des Greifvogels.

Terzel
Männlicher Greifvogel.

trocken
Ein Beizvogel ist trocken, wenn das Wachstum der Federn abgeschlossen ist und die Pennen (Federn) keine Blutspeilen (Blutkiele) mehr aufweisen. Solange die Feder wächst, ist sie durchblutet; ist das Wachstum abgeschlossen, stoppt die Durchblutung.

Verdrucken
Der aufgeatzte Beizvogel drückt die Atzung von Zeit zu Zeit unter ruckartigen Bewegungen aus dem Kropf in den Magen.

Vergrämen
Den Beizvogel enttäuschen, scheu machen, erschrecken.

Verhauben
Dem Falken die Haube aufsetzen. Man spricht auch von Verkappen oder Bedecken.

Verstoßen
Verfliegen/Wegfliegen eines Beizvogels.

Wildfang
Ein aus der Wildnis eingefangener junger Greifvogel, der bereits selbstständig gejagt hat. In Arabien werden die Falken traditionell auf ihrer Zugroute im Herbst eingefangen.

Nachwort/Afterword

In the name of God, the most merciful, the most compassionate

I first met Laura many years ago at the Souq Waqif Falcon Hospital. I was there with my son Sultan, then only five years of age, and his falcon for a checkup. We were both amazed to see a European girl carrying a small falcon on her fist. An unusual sight that we had never come across before as falconry is traditionally considered a male sport in the Arab society. Laura herself seemed equally stunned to see a small child holding a big falcon. This mutual amazement led to a first conversation that was unfortunately abbreviated by the language barrier. Despite his young age Sultan spoke more English than me and tried to answer some of Laura's questions. Laura was impressed that a child as young as Sultan had already taken up this ancient tradition and immediately asked me to teach her as well. She insisted to exchange phone numbers. Initially, I was rather hesitant to follow her request as this is an uncommon practice in our culture, but eventually I gave in and offered my contact details.

When Laura joined us falconers, I was somewhat perplexed. I did not know how to handle the situation as it is uncommon to have a lady amongst male falconers and I was worried working side by side might be a little awkward. I was also concerned whether a European girl would be able to handle the blood involved in hunting. But when Laura showed me pictures of her past experiences, I quickly understood that "fear" is not part of her vocabulary. Hence, I finally decided to teach her everything I know about falconry. Just like my father and forefathers taught me.

This is how we departed on the path of learning and began to make her a 'real' falconer. The biggest challenge we had to overcome was communication: I did not speak English and she did not speak Arabic. Thus, I resorted to teach by example: I demonstrated a technique and asked her to copy my movements. If I wanted to explain something I used sign language which worked sometimes (usually including a great deal of hilarious misunderstandings) but was also quite frustrating at times. However, Laura soon proved that she was up to the challenge. – Despite the cultural barrier of being the only woman among us and the linguistic barrier of not being able to understand an explanation or ask a question. From that we progressed quickly: Laura mastered all the basics of training a falcon and I learned enough English words to communicate properly. She was a very determined student and also began to pick up Arabic.

After Laura had gained a good grasp on the basics, I introduced her to a more advanced level of falconry which included learning about different types of falcons, different types of prey, ways of hunting and a lot more. There was something new to learn every day – for her as well as for me. Thanks to Laura I came to learn a lot about the European culture as well as European falconry. She in turn, soon understood the ancient history of Arab people who have cherished and respected falcons for many centuries. Falconry was not simply "a way of life" but a means of survival in the desert.

I also taught her about the desert. If you want to become a falconer, you must understand the natural habitat of falcons which in this case, of course, was the desert. She learned how to navigate like a Bedouin using the sun, sand and stars instead of a compass or any modern technology. She also learned how to ride Camels, hunt with our Saluki dogs and ride with Arab horses as well as where to watch out for scorpions and snakes and what else needs to be considered in the desert. Laura fell in love with the desert, and easily took to the Bedouin way of life. It was as if she was born there which left me in awe. I called her "The Daughter of the Desert".

To my dear student Laura, "the Daughter of the Desert":
I'm very, very proud of you.
I feel honoured that I have had the chance to be your falcon mentor. You were the perfect student.

I hold you in high esteem, always. You excelled.

Salim Al Humeidi
Al Khor, July 2018

Danksagung / Shukran!

Ich sage »Danke! – Shukran!« an alle Leser, die sich auf mein Abenteuer eingelassen haben. Hoffentlich hat es Spaß gemacht, Qatar aus meinen Augen zu sehen, meine persönliche Entwicklung nachzuverfolgen – und vielleicht auch ein bisschen Abenteuerlust zu bekommen.

Am allerwichtigsten ist es mir, meinen Eltern zu danken. Besonders dankbar bin ich, dass sie mich zu einer eigenständigen, selbstbewussten Person erzogen haben. Und meinen älteren Geschwistern danke ich dafür, dass sie mir schon so manches vorgemacht haben.

An dieser Stelle möchte ich auch Alfredo danken: für die gemeinsamen Jahre, für die schönen Zeiten, an die ich mich gerne erinnere, aber auch für die schweren, die mich viel über mich selbst und das Leben gelehrt haben. Aber am meisten danke ich ihm dafür, dass ich an seiner Seite nach Qatar ziehen durfte.

Ich danke Fatma Al Sayed, einer der stärksten qatarischen Frauen, die ich kenne. Nichts hat sie aufgehalten, das zu erreichen, was sie wollte. Sie war es auch, die mir dabei geholfen hat, meine Leidenschaft nicht nur zu träumen, sondern zu verwirklichen. Shukran Fatma!

Ich danke Stephan Wunderlich, der vielleicht noch nie gehört hatte, dass man einen Falken als Gastgeschenk bekommen kann, aber nicht zögerte, mich über Tausende Kilometer hinweg und rund um die Uhr mit falknerischem Fachwissen zu unterstützen.

Ein ganz großes Dankeschön gebührt Salim Sultan Al Humeidi, meinem Falkenmentor, der mich unter seine Fittiche genommen und mit mir auch sein traditionelles Beduinenleben geteilt hat, und das mitten in seinem Familienkreis.

Danke an Qatar für die unermessliche Gastfreundschaft: an alle *Bedus*, die mich trotz kultureller und sprachlicher Barrieren herzlich aufgenommen haben und respektieren, und an alle *Hatharis*, die sich stundenlang geduldig meine Wüstengeschichten anhören.

Ich danke auch allen Expats, die wie eine Familie für mich geworden sind. Danke an Christiana Hebel, der deutschen Tierärztin die nicht nur für Donald immer da war. Ein Dankeschön auch an Joanne Harris, meine beste Mitarbeiterin, die mir eine wunderbare Freundin wurde, an Greg Bergida, den besten Notfallkontakt, und an Anne-Sophie Lozano Kramer, die viel Verständnis für alle möglichen »wilden« Begleiter und absurden Situationen aufgebracht hat. Genauso wie Emre, Figen und Naz Yunt für die ab und zu späten gemeinsamen

Abende. Besonders an meine lieben und geduldigen Nachbarn: Minou, Jean-Paul und ihre Kinder Feline und Julius Engelen.

Mein Al Galayel-Team hat einen besonderen Platz in meinem Herzen. Danke Richard Lombard, Sandra Bleakley, Alistair Crighton und Freddy Phiroz, dass ihr an mich geglaubt und mit all euren Kräften mitgemacht habt!

Freunden und Familienmitgliedern, die an meiner Seite standen und stehen, danke ich. Danke auch an jene, die dafür sogar den weiten Weg nach Qatar auf sich genommen haben, manchmal sogar mehrmals ☺: Sinje Gottwald, Julia Leeb, Gregor Nicolai, Felicitas Luerssen, Nadine und Peter Wagner, Ashley Reynolds, Christina Schmidt und Veronika Hummel.

Danke an Cindy Witt und den Lübbe Verlag, dieses Buch zu ermöglichen, an Professor Wolfgang Kaschuba und Barbara Wenner, die mich dabei mit Rat und Tat unterstützt haben. Besonders danke ich auch meiner Lektorin Swantje Steinbrink, die nicht einfach meine Texte überarbeitet, sondern alles dafür getan hat, sich in mich und meine Gedankenwelt hineinzuversetzen, um dem Leser das größtmögliche Lesevergnügen zu bereiten.

Jenen, die nicht an mich geglaubt haben, danke ich auch: Ohne euch hätte ich gar nichts zu beweisen gehabt.

Eine Reise hinter den saudischen Vorhang

Stefan Bauer
DER RETTER VON RIAD
Als Sanitäter in
Saudi-Arabien - wo
Tradition mehr zählt als
Menschenleben
336 Seiten
mit Abbildungen
ISBN 978-3-404-60944-4

Stefan Bauer weiß nicht viel über den Wüstenstaat, als er seinen Dienst als Rettungssanitäter in Riad aufnimmt. Doch was er dann dort erlebt, übersteigt seine Vorstellungskraft: Er trifft Beamte, die ihm arglos den Hitlergruß zeigen, junge Saudis, die Nacht für Nacht ihr Leben in illegalen Autorennen aufs Spiel setzen, und einen Gefängnisdirektor, der mit ihm lieber über die touristischen Attraktionen Deutschlands plaudern will, anstatt ihn zum Patienten vorzulassen. Stefan Bauers Erfahrungen sind fesselnd, zwiespältig – und ermöglichen einen einzigartigen Blick in eine Gesellschaft, die uns fremd erscheint und doch mehr mit uns zu tun hat, als wir glauben.

Bastei Lübbe

Eine bezaubernde Geschichte über das Reisen, die Liebe und die Suche nach sich selbst.
Kirkus Reviews

Clara Bensen
NO BAGGAGE
Ein Date, drei Wochen,
acht Länder – und
kein Gepäck
Aus dem amerikanischen
Englisch von
Viola Krauß
336 Seiten
mit Abbildungen
ISBN 978-3-7857-2549-8

Clara steckt in einer Lebenskrise: Nach dem Ende der Immobilienblase drohen die Träume der jungen Amerikanerin zu zerplatzen. Doch dann lernt sie Jeff kennen. Nach nur einem Date schmieden die beiden einen ungewöhnlichen Plan: 21 Tage wollen sie quer durch Europa reisen. Das Besondere: Sie verzichten auf jegliches Gepäck. Mit minimaler Ausstattung, ohne Hotels und festgelegte Route fliegen sie von Austin, Texas nach Istanbul. Die anschließende Reise stellt Claras Leben auf den Kopf. Und nach drei Wochen weiß sie: Die schönsten Dinge passieren, wenn man sie nicht geplant hat.

Bastei Lübbe